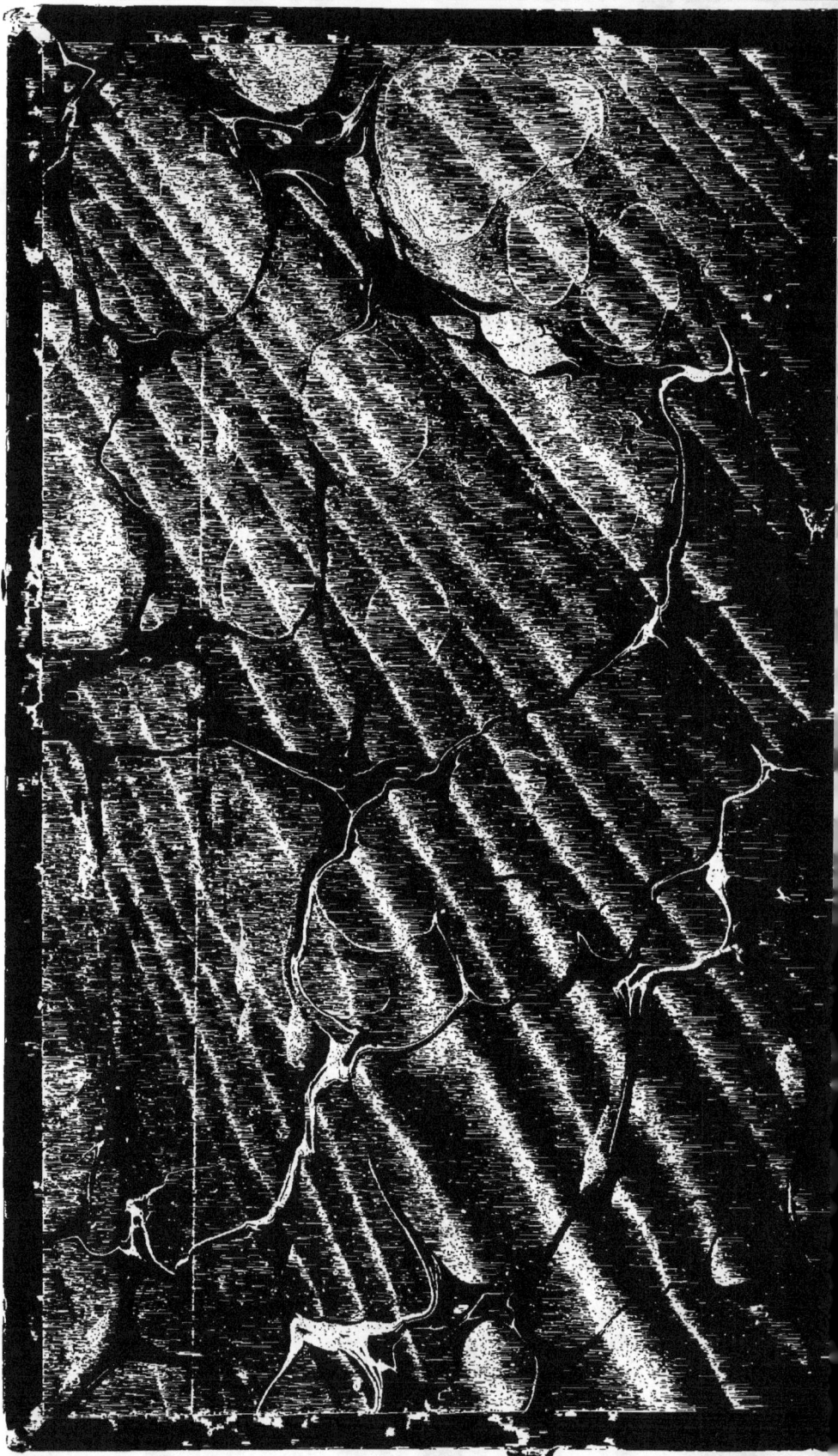

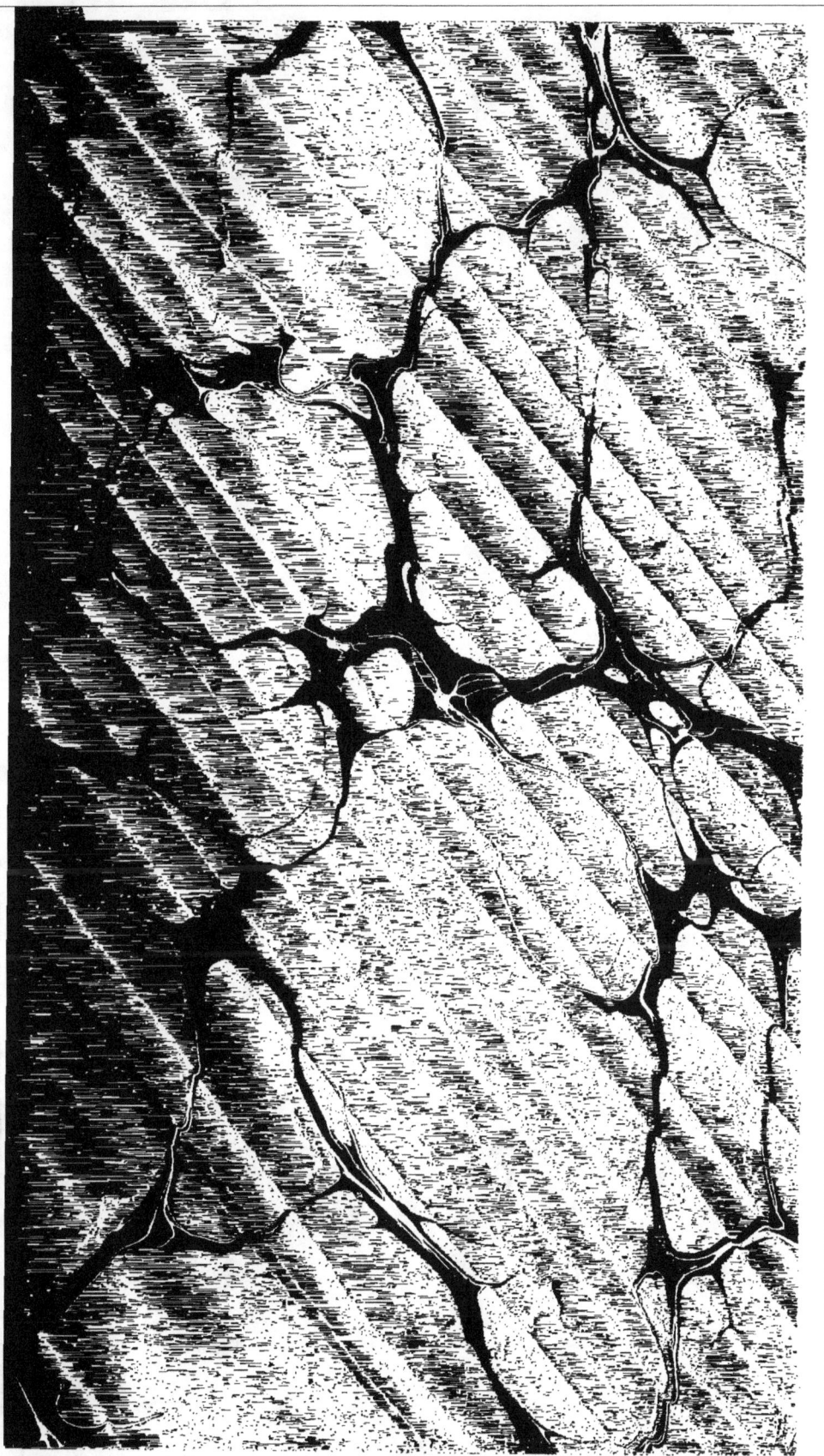

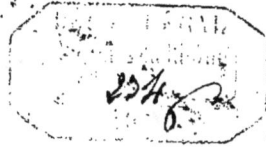

LÉGISLATION FRANÇAISE

CONCERNANT

LES OUVRIERS

AIX. — IMPRIMERIE DE FRÉDÉRIC VITALIS,
rue Pont-Moreau, 2. — 1856.

LÉGISLATION FRANÇAISE

CONCERNANT

LES OUVRIERS

Enseignement; — Législation professionnelle; — Assistance.

PAR

L.-J.-D. FÉRAUD-GIRAUD,

Docteur en droit, Conseiller à la Cour Impériale d'Aix, Membre
de l'Académie de Législation de Toulouse.

PARIS

AUG. DURAND, LIBRAIRE, RUE DES GRÈS.
DENTU, LIBRAIRE, AU PALAIS ROYAL.

1856.

Lorsque la révolution de 1789, détruisant violemment les anciennes institutions de la France, eut aboli les maîtrises et les jurandes, les membres des corporations des arts et métiers recouvrèrent toute leur liberté, et les réglements nombreux qui les régissaient disparurent avec les institutions dont leurs prescriptions étaient appelées à assurer le fonctionnement.

Dans cette époque terrible où les ruines étaient amoncelées les unes sur les autres, où la destruction poursuivait aveuglément son œuvre ; le commerce et l'industrie étaient nuls et les lois qui régissaient leurs agents étaient inutiles ; mais lorsque la France vit renaître des jours meilleurs, lorsque l'œuvre de reconstitution de la société commença et qu'un génie puissant eut assuré au corps politique une existence normale et régulière, l'industrie, fille de la paix et des lumières, reçut de nouveau son droit de cité dans notre pays où elle n'a cessé de grandir.

Dès la naissance de ce mouvement industriel qui se produisait dans des conditions toutes nouvelles, il fallut régulariser les rapports qui s'établissaient entre les divers membres des populations industrielles. Des dispositions clairsemées dans les lois si nombreuses de l'époque, furent promulguées au fur et à mesure que la nécessité les dictait; pendant quelque temps elles ont été considérées comme suffisantes; mais le développement qu'a reçu l'industrie en France depuis un demi-siècle ayant attiré dans les ateliers et les manufactures des populations nombreuses, placées dans des conditions toutes particulières, les dispositions réglementaires disséminées dans les lois promulguées au commencement du 19ᵉ siècle, devinrent insuffisantes.

On a signalé de toute part les graves abus auxquels donnaient naissance ces lacunes fâcheuses ou ces prescriptions que la marche rapide des événements avait fait vieillir avant le temps.

Le gouvernement s'est efforcé de porter remède à ces maux, et depuis quelques années plusieurs documents législatifs promulgués sur la matière ont créé un code complet pour les ouvriers.

C'est un rapide exposé de l'ensemble de cette législation que je publie.

Ces lois sont généralement peu connues, et cependant à leur rigoureuse exécution sont liés les intérêts sociaux de l'ordre le plus élevé. Dans nos sociétés modernes, les lois qui concernent le travail des enfants dans les manufactures, l'apprentissage, la police des établissements industriels, les conventions entre les ouvriers et les patrons, ont acquis une portée et une influence qu'elles étaient loin d'avoir autrefois. Il importe également de répandre et populariser les statuts de ces institutions spéciales aux ouvriers qui ont pour but de moraliser l'homme par la pratique des sentiments religieux, de favoriser le travail, l'ordre et l'économie.

Mais s'il est utile à tous de connaître ces lois; s'il est prescrit aux chefs des ateliers et des établissements industriels de les observer plus religieusement, il est essentiel pour les ouvriers de s'y conformer scrupuleusement. Ces réglements sont tous dictés par la préoccupation constante qu'a le pouvoir d'améliorer le bien-être matériel et les conditions morales d'existence des ouvriers; que ceux-ci acceptent donc sincèrement, sans regrets et sans défiance des règles qui n'ont été établies que dans leur intérêt et ceux du pays.

En parcourant seulement l'objet de ces lois, on retrouve sans cesse la preuve du sentiment de bien-

veillante sollicitude qui les a dictées. C'est pour
l'ouvrier qu'est établie la crèche où est reçu et
soigné l'enfant qui vient de naître ; c'est pour cet
enfant que s'ouvrent la salle d'asile et l'école primaire où il reçoit les soins et l'instruction appropriés à son jeune âge, les écoles professionnelles où
il perfectionne utilement cette instruction première.
Puis le législateur se préoccupe de l'apprenti ; il
veille sur lui dans l'atelier du maître ; il suit l'ouvrier dans la manufacture de l'industriel, et toujours avec la même sollicitude pour ses intérêts
moraux et matériels. Il n'est pas d'efforts que le
pouvoir ne fasse, d'institutions qu'il ne crée pour
prémunir l'ouvrier contre les misères de la vie, les
résultats fâcheux des maladies, les impossibilités de
la vieillesse. A côté de cette tutelle constante de
l'Etat, se développant sous des règles sages, une
large place est laissée à l'assistance privée et à la
charité chrétienne, dont on retrouve à chaque pas
le zèle et le dévoûment.

Que l'ouvrier espère tout de ces lois et de ce noble
et puissant concours ; qu'il compte sur les améliorations que l'expérience et le temps pourront faire
introduire dans cette législation ; qu'il s'y montre
soumis et obéissant, car c'est une loi de protection
et de progrès qui a été faite pour lui.

C'est sur l'ouvrier que se portent généralement

les efforts de ceux qui poussent à la désobéissance
aux lois, et c'est lui qui souffre le plus des conséquences déplorables qui en sont la suite. Les catas-
trophes qu'entraîne le mépris des lois, portent atteinte à sa moralité et détruisant tout à coup les
éléments du bien-être matériel, le plongent dans la
misère et la dégradation.

Sa position a, par elle-même, de la dignité, de
la sécurité et de l'indépendance ; mais c'est à condition que l'ouvrier n'abjure pas cette dignité personnelle en se mettant au service de l'émeute ; qu'il
n'aliène pas cette indépendance en se livrant au
caprice des ambitieux ou des méchants ; qu'il ne
détruise pas cette sécurité en menaçant l'ordre, la
paix publique et l'industrie.

Il faut aussi savoir s'inspirer de l'amour du pays.
Les ouvriers doivent songer que dans leurs ateliers
ils sont les soldats de l'industrie française, qui, elle
aussi, a ses jours de fêtes et de victoires et distribue
des triomphes et des récompenses, qui sait briller
avec grand éclat dans ces luttes pacifiques où les
nations viennent déployer la richesse de leurs produits et tous les avantages de leurs progrès.

Je répète avec plaisir ici ce que j'entendais dire
il y a quelques mois à peine à un personnage qui,
après avoir occupé longtemps les plus hautes positions de l'État, a été appelé comme administrateur
de l'un de nos plus importants établissements in-

dustriels, à porter ses observations sur les ouvriers et leurs tendances. Un mouvement heureux, disait-il, s'opère dans leurs esprits : ces folles idées qui les poussaient vers l'anarchie, la ruine, la misère et la dégradation, s'éloignent et disparaissent; c'est une révolution pacifique qui se prépare. Une ambition qui se fonde sur de plus nobles sentiments se fait jour de tout côté; l'ouvrier recherche l'instruction qu'il se montre apte à recevoir; il compte sur l'ordre et la conduite pour améliorer son sort; il veut arriver à tout, mais par une voie droite et honnête. En présence de ces grandes machines que sa volonté dirige, il a compris que sa force intellectuelle et le travail de l'intelligence sont supérieurs à la force matérielle dont il a été longtemps si fier. En présence d'anciens camarades que leur ordre, leur conduite et leur travail ont élevés aux honneurs et à la fortune, il comprend que la véritable égalité n'est point celle qui nivelle tout en abaissant tout, mais celle qui permet à chacun de grandir et de s'élever par le développement libre de son travail, de son intelligence et de sa moralité.

Quelques mots encore et je termine ces observations. Notre législation moderne donne l'État comme appui à l'ouvrier dans tous les moments de sa vie. Cet appui tutélaire ne doit pas être repoussé; mais si l'ouvrier ne doit pas chercher à s'en affranchir, il ne faut pas non plus qu'il s'y abandonne trop complètement : sa position de fils, de mari, de père, lui impose des obligations et des devoirs qu'il doit s'efforcer de remplir lui-même directement. Que la mère obligée de déposer son enfant à la crêche pour se livrer au travail, profite des bienfaits de cette institution ; mais qu'elle ne se décharge jamais volontairement des soins et des peines dont la pratique fait grandir l'amour et le dévoûment maternels! Que le père soit, tant qu'il le pourra, le patron de son fils ; que l'amour paternel développe ainsi l'amour filial, qui doit protéger le vieillard dans ses derniers jours ; que la famille ne demande à l'assistance publique et privée que les secours que ses membres ne peuvent mutuellement se fournir ! Que des pratiques religieuses viennent cimenter l'union de la famille, en purifier les joies, en soutenir les misères! La famille développe des sentiments intimes qui moralisent l'homme et le rendent meilleur ; elle est la plus sûre garantie pour la société. L'unité de la famille fait comprendre l'unité de l'État ; le respect pour le père fait accepter l'autorité du souverain ; le dévoûment pour les frères inspire le dévoûment pour ses concitoyens. Il faut donc qu'en aucune circonstance l'ouvrier ne cherche à s'exonérer de ses devoirs dans la famille. Les bons époux , les bons pères, les bons fils font les bons citoyens; c'est là une vérité triviale, mais elle est de tous les temps.

Sachons la respecter, car aujourd'hui encore elle est vraie.

Ce travail est divisé en trois parties : la première contient les règles relatives à l'enseignement ; la seconde comprend la législation professionnelle ; la troisième est consacrée à l'assistance.

LIVRE I.

ENSEIGNEMENT.

LIVRE I.

ENSEIGNEMENT.

En exposant les règles qui concernent l'enseignement au point de vue des populations ouvrières, j'ai dû faire connaître plus particulièrement les conditions d'admission dans les écoles professionnelles et le programme des connaissances qu'on y enseigne; mais ce travail eût été incomplet si je n'avais indiqué également les conditions auxquelles les enfants des ouvriers sont reçus dans les premières écoles où tous les enfants sont appelés à recevoir l'instruction primaire élémentaire. C'est ainsi qu'il est parlé dans cette première partie des salles d'asile et des éoles primaires. Dans un titre préliminaire j'ai même cru devoir indiquer le mode de fonctionnement des Crèches, qui sont appelées dans les villes industrielles à rendre de si grands services aux populations ouvrières, en permettant aux parents des jeunes enfants de se livrer à un travail utile à l'industrie, productif pour les familles, sans que ces enfants soient laissés pendant de longues heures dans un état d'abandon toujours fâcheux et souvent dangereux.

TITRE PRÉLIMINAIRE.

DES CRÈCHES.

Les Crèches sont des établissements où soit gratuitement, soit moyennant une faible rétribution, sont gardés pendant le jour les enfants encore au berceau des mères pauvres travaillant hors de leur domicile.

C'est à Paris, dans le premier arrondissement, qu'ont été ouvertes en 1844 et 1845, par les soins de M. Marbeau, adjoint au maire de l'arrondissement, les deux premières crèches. Voici comment il nous indique lui-même, dans un petit ouvrage sur les Crèches, le but de cette institution : « Augmenter et améliorer la population, épurer les mœurs de la classe pauvre ; l'exciter à la propreté, à la résignation, et lui faciliter les moyens de travailler ; lui inspirer de la reconnaissance et du respect pour les institutions et les lois du pays ; la contraindre à force de bienfaits à ne pas haïr les riches ; donner aux riches une occasion de plus de venir efficacement au secours des malheureux et de développer dans le cœur de leurs enfants le sentiment de la pitié, de la charité ; faire sentir de mieux en mieux la nécessité de l'harmonie entre le pouvoir temporel et le pouvoir

spirituel , entre la charité légale et la charité pieuse ;
diminuer la misère et peut-être les crimes : tels sont les
effets qu'on peut attendre des Crêches, si elles sont dirigées toujours dans l'esprit de charité qui a présidé à leur
fondation. »

Les Crêches n'ont point été établies pour recevoir
exclusivement les enfants des ouvriers, mais c'est particulièrement à eux qu'elles sont utiles. L'enfant pendant les deux premières années au moins de son existence est un obstacle au travail de la mère. Ou elle néglige
son enfant, au péril des jours ou tout au moins de la
santé de ces pauvres créatures, ou elle néglige, si elle
n'abandonne pas, un travail qui lui était d'autant plus
indispensable , que ce nouveau-né lui imposait des
charges nouvelles. Grace à la Crêche, les parents des
jeunes enfants pourront continuer à se livrer à leurs
travaux, sans préoccupation ni inquiétudes et surtout
sans danger.

Les Crêches fondées et entretenues jusqu'à ce jour par
la charité privée n'ont encore aucun caractère public.
Si elles ont été recommandées plusieurs fois par des circulaires ministérielles aux autorités locales , ce n'a été
que comme des établissements privés dont le but émi-
nemment utile devait naturellement attirer leur sollicitude.

Je n'ai point à indiquer ici les régles à suivre pour
leur établissement; ces matières sont du domaine de la
législation charitable; seulement j'indique comment dans
la pratique et lorsqu'elles existent, les ouvriers peuvent
profiter des avantages qu'elles leur offrent.

Admission des enfants dans les Crèches.

Avant de pouvoir placer les enfants dans les Crèches, les parents doivent y être préalablement autorisés. Cette autorisation est donnée sous les justifications imposées par les statuts spéciaux de chaque Crèche; elle est donnée par un comité d'administration, ou par la directrice préposée à l'administration de cette Crèche par ce comité.

En général, on ne reçoit dans les Crèches que les enfants âgés de moins de deux ans et qui n'ont plus besoin de la présence continuelle de leurs mères.

Soins que l'enfant reçoit à la Crèche de ses parents et des employés de la Crèche.

La mère autorisée à placer son enfant à la Crèche, l'y porte le matin à l'heure fixée par les statuts de l'établissement et qui doit concorder avec l'heure habituelle de l'ouverture des travaux dans la localité. Les enfants sont apportés emmaillotés. A des heures déterminées la mère vient allaiter son enfant ou lui donner le biberon ; si l'enfant est sevré , la mère garnit le panier pour la journée.

La directrice a sous ses ordres dans la Crèche des berceuses, ordinairement une par six enfants ; chaque enfant doit être placé dans un berceau séparé. Les berceuses prennent soin de l'enfant dans la journée , lui donnent la soupe lorsque besoin est.

Le soir, à l'heure fixée et correspondant à l'heure où finit la journée de l'ouvrier, la mère doit reprendre son enfant.

Temps pendant lequel sont ouvertes les Crèches.

Nous venons de voir que les enfants ne sont pas admis la nuit dans les Crèches et qu'ils doivent y être déposés le matin au moment où commencent les travaux, pour être repris le soir quand ils finissent ; les dimanches et jours de fête les Crèches sont fermées. Libres ces jours-là les mères peuvent et doivent soigner leurs enfants; des considérations morales et sociales de l'ordre le plus élevé doivent faire maintenir cette règle ; au surplus elle est encore nécessaire dans l'intérêt des berceuses auquel un jour de repos per semaine est bien nécessaire.

Rétribution à exiger des parents.

C'est la bienfaisance privée qui est appelée à faire face à tous les frais nécessaires pour l'établissement et l'organisation des Crèches et qui doit supporter la majeure partie de ceux qu'entraîne leur fonctionnement ; mais les mères doivent contribuer à cette dernière dépense; la charge qui leur est imposée doit être légère, mais une rétribution doit être exigée, ne fusse que pour imprimer aux bienfaits résultant de la Crèche un autre caractère que celui de l'aumône. D'ailleurs la Crèche en permettant aux ouvriers de se livrer à leurs travaux , qui sans cela seraient entièrement suspendus, est pour eux un moyen puissant de conserver de l'aisance dans le ménage et elle ne doit pas les décharger complètement du devoir qu'ils ont d'élever leurs enfants, alors qu'elle a pour but de leur faciliter l'accomplissement de ce devoir.

Cette rétribution doit d'ailleurs être peu élevée : elle est fixée à Paris à 20 centimes par jour pour un enfant et à 30 centimes quand il y en a deux. Elle doit essentiellement varier suivant les ressources des Crèches, leurs besoins, l'état des populations au milieu desquelles elles sont établies.

TITRE I.

ENSEIGNEMENT PRIMAIRE.

CHAPITRE I.

SALLES D'ASILE.

—

Les salles d'asile sont en réalité des maisons de première éducation ; on s'y applique moins à instruire les
enfants qu'à former leur cœur, à leur inspirer de bons
principes, de bonnes habitudes, à leur faire contracter
le goût du travail, à développer, sans la fatiguer, leur
jeune intelligence, tout en leur donnant les soins physiques que réclame leur faible constitution et que la plupart d'entr'eux ne recevraient pas de familles retenues
au loin, pendant la journée, par d'impérieuses néces-
sités. (Rapport à l'Empereur en 1855 par le Min. de
l'inst. publique).

C'est à Paris, dans le premier arrondissement, que
Mad. la marquise de Pastoret avait donné le premier
exemple d'une salle d'asile. C'est en Angleterre que le

2

développement de cette institution a été le plus rapide
et le plus complet; il n'est pas aujourd'hui un seul pays
en Europe où elle n'ait pénétré à la fois dans les lois et
les mœurs : elle a la charité privée et la bienfaisance
publique pour appui, la famille pour modèle, l'éducation pour principe et pour but.

Elle est surtout utile aux ouvriers en ce qu'elle con-
tribue de la manière la plus efficace au bien être moral
et physique de l'enfance partout où les familles demandent leurs moyens d'existence à des travaux qui les éloignent nécessairement de leur domicile. (Préambule du
D. du 16 mai 1854).

Un décret du 16 mai 1854 a placé sous la protection de l'Impératrice les salles d'asile de l'enfance ; un
autre décret du même jour créait un comité central de
patronage placé sous les auspices de l'Impératrice, près
le ministère de l'instruction publique et des cultes, pour
la propagation et la surveillance des salles d'asile en
France. Le Décret du 21 mars 1855 a créé en outre des
comités locaux de patronage. L'Ordonnance du 21 décembre 1837, la loi du 15 mars 1850, titre 2 sect. III,
le décret du 21 mars 1855 et un règlement du 22 mars
ont fixé le régime de ces établissements.

Nous n'avons pas à analyser ici ces documents qui
font partie de la législation sur l'instruction publique;
nous nous bornerons à en extraire les dispositions qu'il
peut être utile de connaître aux ouvriers qui sont dans
le cas d'y envoyer leurs enfants.

Des Salles d'asile ;
De l'Enseignement et des exercices.

Les salles d'asile publiques ou libres sont des établissements d'éducation où les enfants des deux sexes, de deux à sept ans, reçoivent les soins que réclame leur développement moral et physique. (D. 21 mars 1855, art. 1).

L'enseignement dans les salles d'asile, publiques et libres, comprend :

1° Les premiers principes de l'instruction religieuse, de la lecture, de l'écriture, du calcul verbal et du dessin linéaire ;

2° Des connaissances usuelles à la portée des enfants;

3° Des ouvrages manuels appropriés à l'âge des enfants;

4° Des chants religieux, des exercices moraux et des exercices corporels. (D. 1855 art. 2).

Les leçons et les exercices moraux ne durent jamais plus de dix à quinze minutes et sont entremêlés d'exercices corporels. (D. 1855, art. 2).

L'instruction religieuse est donnée sous l'autorité de l'évêque dans les salles d'asile catholiques.

Les ministres des cultes non catholiques reconnus président à l'instruction religieuse dans les salles d'asile de leur culte. (D. 1855 art. 3.)

Cette instruction religieuse ne comporte pas de longues leçons ; elle comprend surtout les premiers chapitres du petit catéchisme: elle résulte aussi de réflexions morales appropriées aux récits de l'histoire sainte et destinées à présenter aux enfants des exemples de piété, de charité et de docilité, rendus plus clairs et plus attrayants à l'aide d'images autorisées pour être mises sous leurs yeux. Les exercices moraux comprennent des récits d'histoire qui tendent constamment à inspirer aux enfants un profond sentiment d'amour envers Dieu, de reconnaissance envers l'Empereur et leur auguste protectrice; à leur faire connaître et pratiquer leurs devoirs envers leur père et leur mère et leurs supérieurs, à les rendre doux, polis et bienveillants entre eux. (R. 22 mars 1855, art. 8).

L'enseignement de la lecture comprend les voyelles et les consonnes, l'alphabet majuscule et minuscule, les différentes espèces d'accents, les syllabes de deux ou trois lettres, les mots de deux syllabes.

L'enseignement de l'écriture se borne à l'imitation des lettres sur l'ardoise.

L'enseignement du calcul comprend la connaissance des nombres simples, leur représentation par les chiffres arabes, l'addition, la soustraction enseignées à l'aide du boulier-compteur, la table de multiplication apprise de mémoire à l'aide de chants, l'explication des poids et mesures donnée à l'aide de solides ou de tableaux.

L'enseignement du dessin linéaire comprend la formation sur le tableau et sur les ardoises des plus simples figures géométriques et de petits dessins au trait.

Les connaissances usuelles comprennent la division du temps, les saisons, les couleurs, les sons, les formes, la matière et l'usage des objets familiers aux enfants ;

des notions sur les animaux, sur les plantes, sur les industries simples, sur les éléments, sur la forme de la terre, sur ses principales divisions; les noms des principaux états de l'Europe avec leurs capitales, les noms des départements de la France avec leurs chefs-lieux, et toutes les notions élémentaires propres à former le jugement des enfants.

Les travaux manuels consistent en travaux de couture, de tricot, de parfilage et autres appropriés aux localités.

Le chant comprend les premiers principes de la musique vocale, soit d'après la méthode de M. Duchemin-Boisjousse, soit d'après les autres méthodes qui pourraient être ultérieurement autorisées.

Les leçons et les exercices religieux et moraux commencent et finissent par une courte prière; ils ont lieu dans les salles d'asile publiques de dix heures du matin à midi et de deux à quatre heures.

Les exercices corporels se composent de marches, d'évolutions et de mouvements hygiéniques exécutés en mesure par tous les enfants à la fois dans la salle et dans le préau. Ils se composent aussi, pendant les récréations, de jeux variés suivant l'âge des enfants, organisés autant que possible et, dans tous les cas, surveillés par la directrice.

Il est interdit de surcharger la mémoire des enfants de dialogues ou scènes dramatiques destinés à figurer dans les solennités publiques. (R. 1855, art. 9 et suiv.)

De l'admission des enfants dans les salles d'asile.

Les enfants des deux sexes peuvent être reçus dans les salles d'asile publiques ou libres de deux à sept ans. (D. 1855, art. 1).

Lorsqu'un enfant est présenté dans une salle d'asile, la directrice fait connaître à la famille les conditions de propreté, de soins et de nourriture auxquelles elle devra se conformer en ce qui concerne son enfant. (R. 1855 art. 3).

Aucun enfant n'est reçu même provisoirement par la directrice dans une salle d'asile publique ou libre, s'il n'est pourvu d'un certificat de médecin dûment légalisé, constatant qu'il n'est atteint d'aucune maladie contagieuse et qu'il a été vacciné. (D 1855, art. 10).

L'enfant doit être pourvu par sa famille d'un petit panier pour les provisions de bouche; une éponge et un gobelet qui sont dès l'admission définitive de l'enfant marqués d'un numéro d'ordre. Le comité local de patronage supplée, s'il y a lieu, à l'impossibilité où se trouveraient les familles de fournir ces objets. (R. 1855, art. 3, § 2 et 3).

L'admission des enfants dans les salles d'asile publiques ne devient définitive qu'autant qu'elle a été ratifiée par le maire.

Dans les huit jours qui suivent l'admission provisoire d'un enfant dans une salle d'asile publique, les parents sont tenus de présenter à la directrice un billet d'admission délivré par le maire. (D. 1855, art. 10 §, 2 et 3).

Gratuité.

La gratuité absolue a généralement prévalu dans les salles d'asile ; peut-être était-il nécessaire qu'il en fût ainsi dès le principe , pour déterminer les familles à envoyer leurs enfants dans ces établissements; mais tout en respectant les usages reçus , il importait de n'en admettre le principe qu'à titre exceptionnel. Les salles d'asile, comme les écoles, reçoivent beaucoup d'enfants dont les familles sont en état de payer une rétribution. Quelque faible qu'elle soit, cette rétribution versée par un grand nombre est une ressource trop importante pour qu'un gouvernement prévoyant n'en dût pas tenir compte. Aussi les salles d'asile publiques ne doivent être ouvertes gratuitement qu'aux enfants dont les familles sont hors d'état de payer la rétribution mensuelle. (D. 1855, art. 11).

Le Maire, de concert avec les ministres des différents cultes reconnus, dresse la liste des enfants qui doivent être admis gratuitement, et cette liste est définitivement arrêtée par le conseil municipal (id. art. 13). Les billets d'admission délivrés par les maires ne font aucune dis-tinction entre les enfants payants et les enfants admis gratuitement. (id. art. 13.

Rétribution mensuelle.

Les parents dont les enfants ne sont pas admis gratui-tement sont soumis à une rétribution mensuelle dont le taux est fixé par le préfet en conseil départemental, sur l'avis des conseils municipaux et des délégués cantonaux. Cette rétribution est perçue pour le compte de la commune par le receveur municipal et spécialement affectée aux dépenses de la salle d'asile. (D. 1855, art. 33 et 34).

Il est interdit aux directrices, sous-directrices, ainsi qu'aux femmes de service, d'accepter des parents aucune espèce de cadeaux. (R. 1855, art. 24).

Temps pendant lequel les salles d'asile restent ouvertes.

Les salles d'asile publiques sont ouvertes du 1er mars au 1er novembre, depuis sept heures du matin jusqu'à sept heures du soir ; du 1er novembre au 1er mars, depuis huit heures du matin jusqu'à six heures du soir.

Des exceptions à cette règle peuvent être autorisées, suivant les circonstances locales, par le maire, sur la proposition du comité de patronage.

Les salles d'asile sont fermées les dimanches et les jours fériés, savoir : le jour de la Toussaint, le jour de la Noël, le 1er janvier, les jours de l'Ascension et de l'Assomption.

Il est défendu aux directrices de les fermer d'autres jours sans l'autorisation du comité local de patronage.

Dans les cas d'urgence, les directrices doivent garder les enfants après les heures déterminées.

La surveillance et les soins particuliers auxquels cette exception peut donner lieu sont réglés par le comité local de patronage.

Les enfants qui n'ont pas été repris par leurs parents à l'heure où la salle d'asile doit être fermée, sont conservés par la directrice ou confiés en mains sûres pour être ramenés à leur demeure.

L'enfant n'est plus admis à la salle d'asile si les parents, après avoir été dûment avertis, retombent habituellement dans la même négligence : l'exclusion ne peut toutefois être prononcée que par le maire, sur la proposition du comité local de patronage. (R. 1855, art. 1 et 2.)

Soins que doivent recevoir les enfants.

Les directrices des salles d'asile doivent veiller à tous les besoins physiques, moraux et intellectuels des enfants; à leur langage et à leurs habitudes dans toutes les circonstances de la journée; elles s'assurent que la femme de service ne leur donne, sous ce rapport, que de bons exemples. (R. 1855, art. 19.)

A l'arrivée des enfants à la salle d'asile, la directrice doit s'assurer par elle-même de leur état de santé et de propreté, de la quantité et de la qualité des aliments qu'ils apportent dans leurs paniers.

L'enfant amené dans un état de maladie n'est pas reçu ; s'il devient malade dans le courant de la journée, il est aussitôt dirigé vers la demeure de ses parents, et, en cas d'urgence, vers la demeure de l'un des médecins de l'établissement.

Les enfants fatigués ou incommodés sont déposés, soit sur un lit de camp ou hamac, soit dans le logement de la directrice, jusqu'à ce qu'on puisse les rendre à leur famille.

En cas d'absence réitérée d'un enfant sans motif connu d'avance, la directrice s'informe des causes de cette absence. Elle en donne dans tous les cas avis au comité local de patronage, qui fait visiter, s'il y a lieu, cet enfant dans sa famille.

A l'entrée et à la sortie de chaque classe, les enfants sont conduits en ordre aux lieux d'aisance ; ils y sont toujours surveillés par la directrice elle-même.

A deux heures, avant la rentrée en classe, les enfants sont également conduits en ordre dans le préau couvert. En passant devant sa case, chacun d'eux reçoit son éponge des mains de la directrice, et se présente à son rang devant la femme de service chargée du lavage des mains et de la figure. Après ce lavage, les enfants repassent dans le même ordre devant leur case où leur éponge est déposée de nouveau par la directrice ; ils rentrent ensuite en classe. (R. 1855, art. 4, 5 et 6.)

Encouragements, — Punitions, — Exclusion.

Des images et des bons points peuvent être donnés à titre de récompense aux enfants qui font preuve de docilité. Un certain nombre de bons points peut être échangé par le comité local de patronage en objet utile.

Les enfants ne doivent jamais être frappés ; ils sont toujours repris avec douceur.

Il ne peut leur être infligé que les punitions suivantes:

Les faire lever et tenir debout pendant dix minutes au plus lorsque leurs camarades sont assis.

Les faire sortir du gradin.

Leur interdire le travail en commun.

Leur faire tourner le dos à leurs camarades. (R. 1855, art. 7.)

Ils peuvent être exclus par le maire, sur la proposition du comité local de patronage des salles d'asile publiques, si les parents, dûment avertis de reprendre leurs enfants à l'heure où l'asile doit être fermée, négligent habituellement de le faire. (R. 1855, art. 2, § dernier).

Le maire, investi par la loi du droit de délivrer les billets d'admission, a le droit de les retirer toutes les fois que la présence de l'enfant dans la salle d'asile, pourrait nuire à la santé des autres élèves, à la morale, ou à l'ordre et à la discipline de l'établissement.

CHAPITRE II.

ÉCOLES PRIMAIRES.

La loi de 1850, en disposant par son article 36 que toute commune devait entretenir une ou plusieurs écoles primaires, n'a fait que consacrer un principe proclamé en France plusieurs fois depuis l'édit de 1698 qui prescrivait l'établissement d'une école dans chaque paroisse.

En s'occupant de l'instruction primaire, en la répandant, l'État n'accomplit pas seulement un grand devoir; il pourvoit au premier intérêt moral et politique du pays. Les populations de leur côté doivent seconder les vues du gouvernement et les ouvriers surtout ne doivent pas négliger de faire participer leurs enfants à un enseignement qui doit leur être de la plus grande utilité dans la vie industrielle qu'ils sont appelés à parcourir. Nous n'allons pas exposer ici la législation sur l'instruction primaire ; nous nous bornerons à indiquer les règles qu'il peut être utile de connaître pour les populations ouvrières.

L'Enseignement primaire est-il obligatoire?

L'obligation de l'instruction primaire admise notamment en Suisse, en Prusse, en Hollande, en Lombardie, a été longtemps sanctionnée en France; sans remonter à des temps très reculés où on pourrait l'induire de textes plus ou moins difficiles à comprendre, elle résultait formellement de la déclaration de 1598 et elle a été consacrée encore sous Louis XIV. Elle avait cependant depuis longtemps disparu de nos lois, lorsque le législateur en 1849 proposa de la rétablir. Malgré les efforts qui furent faits plus tard dans ce sens, elle n'a pas été écrite dans la loi du 15 mars 1850 qui régit la matière. Mais à l'égard des ouvriers, elle semble leur être implicitement imposée par d'autres lois spéciales.

Déjà, lors de la discussion de la loi de 1833, le rapporteur de la loi à la chambre des députés demandant que la loi fît de l'instruction primaire une obligation légale dans l'intérêt des enfants, des familles et du pays, signalait tout spécialement la position de ces malheureux enfants des pays d'industrie et de fabriques auxquels les écoles sont si nécessaires , et qui avaient besoin d'être protégés par la loi contre l'avidité et la négligence des familles.

Le législateur de 1841 traduisit ce vœu en prescription légale pour les jeunes ouvriers ; réglementant le travail des enfants employés dans les manufactures, ateliers à moteur mécanique ou à feu continu, ou dans les fabriques occupant plus de vingt ouvriers réunis en ateliers , il décide que dans ces établissements : nul enfant, âgé de moins de douze ans, ne peut être admis qu'autant que ses parents ou tuteurs justifient qu'il fréquente une des écoles publiques ou privées existant dans la localité. Tout enfant admis doit , jusqu'à l'âge de douze ans, suivre une école. Les enfants âgés de plus de douze ans en sont seuls dispensés , lorsqu'un certificat donné par le maire de leur résidence atteste qu'ils ont reçu l'instruction primaire élementaire. Les maires délivrent au père un livret sur lequel, entre autres mentions, se trouve l'indication du temps pendant lequel l'enfant a suivi l'enseignement primaire et cette mention doit être portée également sur un registre spécial que doivent tenir les chefs d'établissement. (L. 22 mars 1841, art. 5 et 6.)

La législation n'a pas voulu qu'indifférente aux efforts du gouvernement pour répandre l'instruction, la population ouvrière restât dans une ignorance que les progrès des autres classes rendaient chaque jour plus préjudiciable pour elle et pour l'industrie française.

La loi du 22 février 1851 sur les contrats d'apprentissage porte, article 10 : si l'apprenti, âgé de moins de 16 ans, ne sait pas lire, écrire et compter, ou s'il n'a pas encore terminé la première éducation religieuse, le maître est tenu de lui laisser prendre sur la journée du travail le temps et la liberté nécessaires pour son instruction sans que ce temps puisse excéder deux heures par jour.

Des Écoles.

La loi reconnaît deux espèces d'écoles primaires : les unes fondées ou entretenues par les communes, les départements, ou l'Etat, et qui prennent le nom d'écoles publiques ; les autres fondées ou entretenues par des particuliers ou des associations et qui prennent le nom d'écoles publiques. (L. 15 mars 1850, art. 17.)

Conditions d'admission ; — âge.

Les crèches sont ouvertes aux enfants jusqu'à l'âge de deux ans ; les salles d'asiles sont destinées à les recevoir de deux ans à sept ans. Pour être admis dans une école publique élémentaire, il faut être âgé de six ans au moins et de treize ans au plus ; toutefois les autorités locales peuvent autoriser l'admission d'enfants au-dessous et au-dessus de cet âge (arrêté du 15 avril 1834, art. 2. R. 17 août 1851, art. 6.) Cette prescription étendue par

les instructions ministérielles aux établissements libres a
été de nouveau restreinte, par des instructions plus récentes et depuis la loi sur la liberté de l'enseignement,
aux écoles publiques. D'un autre côté, les écoles d'adultes
ne recevant que des personnes de dix-huit ans. (L. 15
mars 1850, art. 54.) Il résulterait de l'exécution littérale
de l'arrêté de 1834 que les établissements publics primaires seraient fermés pour l'individu âgé de treize à
dix-huit ans, ce qui n'est ni dans la volonté du législateur, ni dans les intentions du gouvernement. Aussi
faut-il dire : c'est principalement pour les enfants de six
à treize ans que sont créées les écoles publiques primaires,
mais non exclusivement pour eux seuls.

Santé.

Avant d'admettre un enfant, l'instituteur s'assure qu'il
a été vacciné ou qu'il a eu la petite vérole, et qu'il n'est
pas atteint de maladies ou d'infirmités de nature à
nuire à la santé des autres élèves. (R. 17 août 1851,
art. 7.)

Gratuité.

Toute commune a la faculté d'entretenir une ou plusieurs écoles entièrement gratuites, à la condition d'y
subvenir sur ses propres ressources. (L. 15 mars 1850,
art. 36.) Cette gratuité absolue, et qui n'est pas de droit
commun en France, présente bien des inconvénients qu'il
ne m'appartient pas de signaler ici; mais la gratuité est

incontestablement nécessaire lorsque les familles sont hors d'état de payer l'enseignement primaire; aussi la loi l'a-t-elle formellement consacrée dans ce cas. (L. 15 mars 1850, art. 14.)

A la fin de chaque année scolaire, le préfet, ou, par délégation, le sous-préfet, fixe, sur la proposition des délégués cantonaux et l'avis de l'inspecteur de l'instruction primaire, le nombre maximun des enfants qui pourront être admis gratuitement dans chaque école publique dans le cours de l'année suivante.

Dans les limites ainsi fixées, le maire dresse chaque année, de concert avec les ministres des différents cultes, la liste des élèves gratuits; cette liste est approuvée par le conseil municipal, puis arrêtée par le préfet.

Lorsque la liste a été arrêtée par le préfet, il en est délivré par le maire un extrait sous forme de billet d'admission à chaque enfant qui y est porté.

Aucun élève ne peut être reçu gratuitement dans une école communale, s'il ne justifie d'un billet d'admission délivré par le maire. (L. 15 mars 1850, art. 24 et 45, et D. du 31 déc. 1853, art. 13 combinés.)

Les modifications apportées à la liste dans le cours de l'année ne peuvent être faites que sur la proposition du maire, l'approbation du conseil municipal et la décision du préfet. (D. 7 oct. 1850, art. 10.)

Diverses instructions ministérielles recommandent aux maires et aux préfets d'exécuter rigoureusement la loi en ne donnant l'enseignement primaire gratuitement qu'aux enfants dont les familles sont hors d'état de le payer.

Rétribution.

Tous les élèves qui suivent les classes de l'école et qui ne sont pas portés sur la liste des enfants admis gratuitement doivent payer une rétribution, qui porte le nom de rétribution scolaire (D. 7 oct. 1850, art. 21).

Le taux en est fixé par le conseil départemental sur l'avis des conseils municipaux et des délégués cantonaux (L. 15 mars 1850, art. 15).

Le rôle de la rétribution scolaire est annuel ; il est rendu exécutoire par le préfet ou le sous-préfet délégué; il est ensuite transmis au receveur municipal par l'intermédiaire du receveur particulier (D. 7 oct. 1850, art. 22).

La rétribution scolaire est perçue dans la même forme que les contributions publiques directes; elle est exempte de droit de timbre (L. 15 mars 1850, art. 41).

Elle est payable par douzième (D. 7 oct. 1850, art. 23).

Lorsque l'enfant entre dans le courant d'un trimestre, elle est due à partir du premier jour du mois dans lequel il a été admis (Id. art. 24).

Tout enfant qui vient à quitter l'école postérieurement à l'émission du rôle est affranchi de la rétribution à partir du premier jour du mois suivant. Avis de son départ est immédiatement donné par l'instituteur et par les parents au maire qui, après avoir vérifié le fait, en informe le receveur municipal (Id. art. 26).

Les réclamations auxquelles la confection des rôles peut donner lieu sont rédigées sur papier libre et déposées au secrétariat de la sous-préfecture. Lorsqu'il s'agit de décharges ou de réductions, il est statué par le conseil de préfecture sur l'avis du maire, du délégué cantonal et du sous-préfet. Il est procédé sur les demandes en remise par le préfet, après avis du conseil municipal et du sous-préfet (Id. art. 30).

Ces réclamations doivent être présentées dans les trois mois de la publication des rôles (L. 21 avril 1832, art. 28).

Il y aura lieu à décharge ou à réduction quand les cotes auront été indûment ou mal établies, et à remise ou modification quand les redevables se trouveront dans l'impossibilité d'acquitter la totalité ou une partie de leur cotisation (Instr. min., 24 déc. 1850).

Lorsque le redevable paie, il lui est donné une quittance détachée d'un livre à souche, alors même que l'instituteur, autorisé à percevoir lui-même directement la rétribution, ferait cette perception (Instr. min., 24 déc. 1850).

Enseignement.

L'enseignement primaire comprend :
L'instruction morale et religieuse ;
La lecture ;
L'écriture ;
Les éléments de la langue française ;
Le calcul et le système légal des poids et mesures.
Il peut comprendre en outre :
L'arithmétique appliquée aux opérations pratiques ;
Les éléments d'histoire et de géographie ;

Les notions des sciences physiques et de l'histoire naturelle applicables aux usages de la vie ;

Des instructions élémentaires sur l'agriculture, l'industrie et l'hygiène ;

L'arpentage, le nivellement et le dessin linéaire ;

Le chant et la gymnastique (L. 15 mars 1850, art. 23).

Heures des classes, — absences.

Les classes durent au moins trois heures le matin et trois heures le soir. Celle du matin commence à huit heures et celle de l'après-midi à une heure. Toutefois, cette règle, suivant les localités, peut être modifiée sous l'approbation des autorités compétentes (D. 17 août 1851, art. 15).

Chaque jour, à l'ouverture de la classe, l'instituteur prend note des absences ; il a soin de les faire connaître aux parents. Celles qui ne sont pas justifiées sont punies (Id., art. 32).

Après l'appel, le maître fait l'inspection de tenue et de propreté (Id., art. 33).

Récompenses et Peines.

Les principales récompenses sont :

1° Les bons points ;
2° Les billets de satisfaction ;
3° L'inscription au tableau d'honneur ;
4° Les places au banc d'honneur ;
5° Les médailles ;
6° Les prix (Id., art. 37).

Les seules punitions dont l'instituteur puisse faire usage sont :

1° Les mauvais points ;

2° La réprimande ;

3° La privation partielle ou totale de récréations ;

4° L'exclusion provisoire de l'école ;

5° Le renvoi définitif.

Ce renvoi sera prononcé par l'autorité supérieure compétente, après avis des autorités locales préposées à la surveillance de l'école (Id. , art. 38).

Dimanches, — Fêtes, — Vacances.

Les écoles seront fermées les dimanches, les jours de fêtes consacrées et les jeudis après-midi (R. 17 août 1851, art. 39).

Les jours de congé extraordinaire sont :

Le premier jour de l'an ;

Les trois derniers jours de la semaine sainte ;

Les jours de fêtes nationales (Id. , art. 40).

L'ouverture des classes est obligatoire pendant toute l'année, le temps des vacances excepté. La durée des vacances est déterminée par l'autorité compétente (Id., art. 41).

L'instituteur doit conduire les enfants aux offices, les dimanches et fêtes consacrées, à la place qui leur aura été assignée par le curé ; il est bon de les y surveiller (Id. , art. 22).

CHAPITRE III.

ÉTABLISSEMENTS DIVERS D'INSTRUCTION PRIMAIRE.

Outre les écoles primaires proprement dites, l'enseignement primaire est donné encore dans différentes écoles qui semblent plus spécialement destinées aux ouvriers et à leurs enfants dans les villes.

C'est ainsi que la loi de 1850, art. 54, sanctionnant le règlement du 22 mars 1836 , reconnaît des écoles primaires communales pour les adultes au – dessus de dix-huit ans.

La loi consacre également :

Les écoles primaires communales pour les apprentis au-dessus de douze ans (L. 15 mars 1850, art. 54).

Les écoles du dimanche (Id., art. 56), particulièrement ouvertes en faveur des jeunes apprentis par des maisons de patronage qui veulent les préserver contre les dangers de l'atelier.

Les écoles dans les ateliers et les manufactures (Id., art. 56), telles que celles de diverses fabriques de Gisors (Eure), de la verrerie de M. Maës, à Clichy (Seine), des mines de Blanzy (Saône-et-Loire) , de celles de Decazeville (Aveyron), de celles de Firminy (Loire), etc.

Les classes dans les hôpitaux (Id., art. 56), et notamment dans les établissements charitables destinés aux enfants.

Les cours publics sur les matières de l'enseignement primaire (Id., art. 77).

Chacun de ces établissements a, suivant les localités, des règles spéciales qu'il nous est impossible d'indiquer ici ; nous nous bornons à signaler aux ouvriers ces moyens multiples qui leur sont donnés pour acquérir et donner à leurs enfants une instruction élémentaire indispensable dans le cours de la carrière qu'ils sont destinés à parcourir.

TITRE II.

ENSEIGNEMENT PROFESSIONNEL.

En dehors des développements qu'a reçus la partie scientifique de l'enseignement secondaire, comme initiation aux professions industrielles, il existe dans les limites de l'instruction primaire des écoles libres professionnelles où les ouvriers peuvent puiser des notions spéciales qui leur sont d'une grande utilité dans l'exercice de leur profession. Ces établissements libres sur lesquels se porte tout particulièrement la sollicitude du gouvernement, soumettent chacun les élèves à des conditions particulières. Ce sont donc leurs prospectus qu'il faut consulter pour connaître ces conditions. Dans quelques-unes de ces maisons on s'attache surtout à préparer les élèves qui se destinent à entrer dans les écoles impériales d'arts et métiers.

Outre ces établissements particuliers, il existe des cours publics communaux et diverses écoles communales où les ouvriers peuvent acquérir des connaissances qui leur sont on ne peut plus utiles, sinon indispensables. Je citerai notamment les écoles de dessin dont les programmes comprennent l'enseignement du dessin linéaire.

Dans certaines villes industrielles ces cours publics de dessin sont même plus particulièrement appropriés aux besoins des industries locales. C'est ainsi qu'à Saint-Pierre-les-Calais on forme des dessinateurs pour les tulles ; à Lyon pour les étoffes de soie ; à Nîmes pour les tissus ; à Mulhouse pour les impressions sur étoffes et sur papiers ; à Saint-Etienne pour les rubans. A Paris, il existe une école impériale de dessin appliquée aux arts industriels dont l'origine remonte à 1766.

Plusieurs villes possèdent des écoles communales industrielles : l'école de la Martinière, établie à Lyon pour former des ouvriers tisseurs de soie, mérite d'être signalée. Fondée par le général Martin, elle est administrée par une commission du conseil municipal présidée par le maire. On y est reçu comme externe, après examen, entre 10 ans et 14 ans ; la durée des études est de deux années. Nîmes a des cours communaux gratuits de teinture et une école pour la fabrication des étoffes. Dieppe a aussi une école communale de dentelles pour les filles. Un très grand nombre de villes ont des cours publics communaux pour l'enseignement des sciences appliquées à l'industrie. En m'occupant de l'apprentissage, je si-

gnalerai encore diverses écoles destinées à l'enseignement professionnel.

Enfin il existe des établissements publics distribuant
aux ouvriers des divers états un enseignement professionnel spécial. Nous allons indiquer quels sont ces établissements et les conditions à remplir pour y être admis.
Dans plusieurs d'entre eux la pratique est jointe à la
théorie. Toutefois c'est l'enseignement théorique qui do-
mine. Nous consacrerons à l'enseignement pratique un
chapitre spécial : ce sera le chapitre relatif à l'apprentissage.

CHAPITRE I.

ÉCOLE DES ARTS ET MÉTIERS.

—

Il y a en France trois écoles impériales d'arts et métiers dépendant du ministère de l'agriculture, du commerce et des travaux publics. Ces écoles sont placées à
Aix, Angers et Châlons–sur–Marne.

But.

Ces écoles sont destinées principalement à former des
chefs d'ateliers et des contre-maîtres habiles.

Conditions d'admission à l'école.

Pour pouvoir être admis il faut être Français, âgé de
15 ans au moins et de 17 au plus , avoir été déclaré admissible par un jury spécial et avoir été nommé par le
ministre (Arr. 19 déc. 1848, art. 4, 5 et 7).

Conditions d'admission au concours.

Tout Français qui voudra concourir pour être admis
dans une de ces écoles devra en faire, par écrit, la déclaration au moins trois mois à l'avance au chef-lieu de
la préfecture de son arrondissement.

Il produira en même temps :

1° Son acte de naissance ;

2° Un certificat d'un docteur en médecine constatant
que le candidat est d'une constitution forte et robuste et
particulièrement qu'il n'est atteint d'aucune maladie
scrofuleuse, etc. ;

3° Un certificat de vaccination ;

4° Un certificat d'apprentissage indiquant la date de
l'entrée en apprentissage et la profession ;

5° Un certificat de bonnes vie et mœurs délivré par
l'instituteur ou les autorités locales ;

6° L'engagement pris par les parents d'acquitter la
totalité ou la portion de pension laissée à la charge de
la famille, ainsi que le prix du trousseau de 200 fr. et
les 50 fr. destinés à la masse particulière d'entretien de
l'élève (Arr. 19 déc. 1848, art. 4) ;

7° Une déclaration visée par le maire ou le commissaire de police, indiquant le domicile, la profession et l'état de fortune des parents, ainsi que le nombre de leurs enfants (Arr. 1848, art. 7, § dernier).

Réunion du jury, — Programme d'examen, — Liste d'admissibilité.

Au chef-lieu de chaque département un jury spécial, convoqué par le préfet dans la première semaine du mois d'août, procède à l'examen des candidats aux écoles d'arts et métiers (Arr. 19 déc. 1848, art. 5).

Cet examen porte sur :

La lecture, l'écriture, l'orthographe ;

La pratique et la démonstration des quatre premières règles de l'arithmétique, les fractions et le système décimal inclusivement ;

Les premiers éléments de géométrie, jusques et y compris tout ce qui concerne les surfaces planes, du dessin linéaire ou d'ornement ;

La pratique du métier dans lequel le candidat a fait son apprentissage.

Indépendamment de l'examen oral, les candidats auront à faire sous les yeux du jury :

Une dictée ;

Deux problèmes d'arithmétique ;

Deux problèmes de géométrie ;

Un dessin linéaire ou d'ornement (Arr. de 1848, art. 6).

Le jury d'examen dresse la liste d'admissibilité par ordre de mérite. Cette liste, ainsi que les procès-verbaux à l'appui, est transmise par le préfet au ministre de l'agriculture et du commerce (Id., art. 7).

Les élèves admis par le ministre sont soumis à un nouvel examen en arrivant à l'école , et ceux qui sont incapables ou d'une constitution trop faible , sont rendus à leurs familles.

Régime de l'école, — Nombre des élèves.

Le régime de l'école est l'internat.

Le nombre des élèves boursiers ou pensionnaires libres est de 300 par école (Arr. 1848, art. 1).

Prix de pension, — Bourses.

Le prix de pension est de 500 fr. payables par trimestre et d'avance.

Le prix du trousseau est de 200 fr. Chaque élève doit payer, de plus , 50 fr. destinés à sa masse particulière (Arr. 1848, art. 4, § 6).

Dans chaque école l'Etat prend à sa charge :

1° 75 Pensions entières ;

2° 75 Trois quarts de pension ;

3° 75 Demi-pensions.

Il est affecté sur ce nombre à chaque département une pension entière , deux trois quarts de pension , deux demi-pensions.

Il est en outre affecté à chaque école **25** bons de dégrèvement d'un quart de pension, pour être répartis, à la suite des examens de fin d'année, à titre de récompense et encouragement, à ceux des élèves qui s'en seront montrés dignes par leurs progrès et leur bonne conduite (Arr. 1848, art. 2).

Les bourses vacantes affectées aux départements, et celles à la nomination du ministre, né pourront être accordées qu'aux seuls candidats reconnus admissibles par le jury.

Les bourses départementales appartiendront de droit aux candidats dans l'ordre de leur inscription.

Les autres bourses seront accordées en tenant compte tout à la fois du rang d'admissibilité, de l'âge, des services rendus au pays par la famille du candidat et de sa position de fortune (Arr. 1048, art. 7).

Durée des Etudes.

La durée des études est de trois années.

Toutefois les élèves qui, dans le cours de la troisième année, se seront le plus distingués par leur conduite et leurs progrès, pourront obtenir, à titre de récompense, de faire une quatrième année dans une des écoles d'arts et métiers, autre que celle à laquelle ils appartenaient. (A. 1848, art. 8.)

Enseignement.

L'instruction est théorique et pratique.

Elle est donnée conformément aux programmes adoptés par le ministre sur la proposition d'une commission spéciale chargée de leur rédaction (A. 1848, art. 8).

L'instruction théorique comprend la grammaire, le dessin des machines, l'arithmétique, la géométrie, la mécanique, la chimie et la physique.

L'enseignement moral et religieux, au point de vue de l'éducation, est confié à l'aumônier et au pasteur protestant (A. 1848, art. 9).

Il y a pour l'instruction pratique quatre ateliers dans chaque école : forges; —fonderies et moulages divers; —ajustage et serrurerie; — tours, modèles et menuiseries (Arr. 1848, art. 10).

Encouragements.

Il sera distribué des prix aux élèves qui s'en seront rendus dignes. L'examinateur nommé par le ministre présidera à leur distribution. Il désignera parmi les élèves de la troisième année les quinze jeunes gens qui se seront le plus distingués par leurs progrès. Chacun de ces élèves recevra une médaille d'argent portant son nom, avec ces mots : *École d'Arts et Métiers. — Récompense.* Indépendamment de cette récompense, le ministre pourra allouer un encouragement pécuniaire à ceux qu'il en jugera dignes; mais cet encouragement ne sera délivré qu'après avoir justifié d'une année entière passée dans les ateliers particuliers (A. 1848, art. 15).

Il est affecté à chaque école vingt-cinq bons de degrèvement d'un quart de pension pour être répartis à la suite des examens de fin d'année à titre de récompense et encouragement à ceux des élèves qui s'en seront montrés dignes par leurs progrès et leur bonne conduite (Id. art. 2, § dernier).

Une rente de 3,000 fr. a été léguée par la dame de Lorme, veuve Leprince, aux écoles de Châlons et d'Angers. Les élèves dont les droits à cette rente auront été reconnus ne recevront le prix qu'à leur sortie de l'école (Id. art. 16).

CHAPITRE II.

CONSERVATOIRE IMPÉRIAL DES ARTS ET MÉTIERS.

Aux termes de la loi du 19 vendémiaire an III, il a été formé à Paris, sous le nom de Conservatoire des Arts et Métiers, un dépôt de machines, modèles, outils, dessins, descriptions et livres dans tous les genres d'arts et métiers. L'original des instruments et machines inventés et perfectionnés devait y être déposé ; on devait en outre y expliquer la construction et l'emploi des outils et machines utiles aux arts et métiers.

L'administration de cet établissement, souvent modifiée, est régie aujourd'hui par le décret du 10 décembre 1853 et l'arrêté ministériel du 19 janvier 1854.

Les collections se sont successivement accrues, par suite de circonstances diverses, de dons émanant des particuliers, d'acquisitions faites par l'Etat, de dépôts en exécution de diverses lois. La bibliothèque contient environ 15,000 volumes.

L'enseignement est aujourd'hui un des plus complets : on y fait quatorze cours ; ils ont pour objet : la géométrie appliquée aux arts; l'agriculture; la mécanique ; la législation industrielle ; la chimie appliquée à l'industrie ; la chimie appliquée aux arts ; la chimie agricole ; la filature et le tissage ; la teinture, l'impression et l'apprêt des tissus ; la zoologie appliquée à l'agriculture et à l'industrie ; la physique appliquée aux arts ; la géométrie descriptive ; l'administration et la statistique industrielles ; les constructions civiles ; les arts céramiques. A cette haute école d'application des connaissances scientifiques au commerce et à l'industrie est annexée une école élémentaire dont la fondation remonte à l'année 1806. Cette école a passé par diverses phases; à ses débuts elle eut pour élèves des personnes qui se sont fait un grand nom dans l'industrie, MM. Schneider et Dolfuss entre autres. Actuellement les études de cette école annexe comprennent seulement la géométrie élémentaire et descriptive , le dessin appliqué aux machines et à l'architecture, le moulage d'ornements et de figures.

Les cours du Conservatoire sont publics. Ils sont fréquentés par un auditoire nombreux au milieu duquel se pressent non-seulement des chefs d'industrie, mais encore beaucoup de simples ouvriers.

CHAPITRE III.

ECOLE CENTRALE DES ARTS ET MANUFACTURES.

Objet.

Cet établissement placé à Paris est sous la protection du ministre de l'agriculture, du commerce et des travaux publics; il est destiné à former des ingénieurs civils, des directeurs d'usines, des chefs de manufactures et des professeurs de sciences appliquées.

Conditions d'admission, — âge, — examen.

Les candidats doivent avoir seize ans au moins. Ils doivent subir un examen préalable : à Paris, devant les professeurs de l'école ; dans les départements, devant les professeurs de mathématiques des lycées ou collèges. Ces examens ont lieu à Paris, du 1er août au 10 novembre; dans les départements, du 1er août au 20 octobre. L'examen oral porte sur l'arithmétique, l'algèbre, la géométrie élémentaire, la géométrie des lignes et surfaces courbes. Les candidats traitent par écrit un sujet de composition pour constater si leur écriture est lisible et s'ils ont une orthographe correcte; ils doivent construire

avec la règle et le compas quelques problèmes de géométrie élémentaire.

D'après cet examen, le conseil des études constate
s'ils sont en état de suivre les cours.

Prix, —Bourses.

Le prix est fixé à 775 fr. par an ; il y a des bourses
et fractions de bourses accordées par l'Etat et divers départements. Ces bourses sont données par le ministre
après un concours spécial qui a lieu à Paris, en octobre, à des jeunes gens français et âgés de 18 à 21 ans.

Régime de l'Ecole, —Enseignement, —Diplômes.

Le régime de l'école est l'externat; la durée de l'enseignement est de trois ans.

Cet enseignement porte surtout sur les sciences et leur
application à l'industrie.

Les élèves de troisième année , qui satisfont aux
épreuves du concours, reçoivent le diplôme d'ingénieur
civil. Ceux qui ne subissent avec distinction qu'une
partie des épreuves reçoivent un brevet de capacité.
(Circul. des 4 juillet 1833 et 31 juillet 1837.)

CHAPITRE IV.

ÉCOLES DES MINES.

—

Une ordonnance du 2 août 1816 a réorganisé à Paris l'école des mines destinée à former des ingénieurs pour l'État. Une seconde école instituée également en 1816 et placée à Saint-Etienne a pour objet de former des directeurs d'exploitations et d'usines minéralurgiques et des conducteurs gardes-mines ; enfin une ordonnance du 22 septembre 1843 établit à Alais une école pratique destinée à former des maîtres ouvriers.

Nous nous bornons à signaler ici l'existence de l'école impériale des mines, mais nous allons indiquer les règles qui président au fonctionnement des écoles de Saint-Etienne et d'Alais.

SECTION I.

ÉCOLE DES MINEURS.

L'école des mineurs est située à Saint Etienne (Loire); elle est dans les attributions du ministre de l'agriculture, du commerce et des travaux publics. Elle est régie par les ordonnances des 2 août 1816 et 7 mars 1831, par les règlements du directeur général des mines et par les délibérations du conseil d'administration de l'école revêtues de l'approbation de ce directeur général. Nous avons déjà indiqué quel est son but.

Conditions d'admission.

Les élèves ne peuvent être admis avant l'âge de quinze ans accomplis, ni après l'âge de vingt-cinq ans; toutefois les militaires et marins sortant des corps de l'armée pourront être admis jusqu'à vingt-huit ans, toujours en se conformant aux règles ci-après (D. 22 août 1849). Les élèves doivent, pour obtenir leur admission, faire preuve de bonne conduite et justifier qu'ils possèdent les connaissances ci-après : 1° la langue française ; 2° le calcul comprenant la numération, les quatre règles, les fractions ordinaires et décimales et les proportions ; 3° le système légal des poids et mesures ; 4° l'arpentage comprenant la mesure des angles, la théorie des lignes proportionnelles et des triangles semblables et la mesure des surfaces.

Les candidats seront examinés publiquement dans les lieux et aux époques qui auront été déterminés chaque année par le directeur général des mines. C'est ordinairement du 1er août au 1er septembre. Les procès-verbaux d'examen sont envoyés au conseil d'administration de l'école, formé à cet effet en jury spécial. Ce jury déclare quels sont les candidats admissibles ; ces derniers prévenus de leur admission provisoire passent un examen définitif devant le jury dans la seconde quinzaine d'octobre. L'admission définitive est prononcée par le ministre sur les propositions du jury.

Les candidats qui ont subi l'examen d'admission à l'école polytechnique sont dispensés de l'épreuve préalable.

Enseignement.

Il a pour objet : 1° l'exploitation proprement dite ; 2° la connaissance des principales substances minérales et de leur gisement, ainsi que l'art de les essayer et de les traiter; 3° les éléments de mathématiques, la levée des plans et le dessin; 4° la tenue des livres en partie double; 5° les notions les plus essentielles sur la nature, la résistance et l'emploi des matériaux en usage dans les constructions, nécessaires pour les mines, usines et voies de transport.

Le cours d'études est généralement de trois années.

Régime de l'École.

Le régime de l'école est l'externat.

L'instruction est gratuite, mais les élèves sont tenus de se procurer les livres et autres objets nécessaires à leur instruction.

Brevets.

Des brevets de différentes classes seront délivrés à leur sortie de l'école à ceux des élèves qui s'en seront rendus dignes par leur capacité et leur bonne conduite.

Classe d'ouvriers mineurs.

L'ordonnance du 7 mars 1831, article 6, a créé à l'école des mineurs de Saint-Etienne une classe spéciale en faveur des ouvriers mineurs ou de ceux qui se destinent à cette profession. Il peut aussi leur être délivré des brevets à la fin de leurs études.

SECTION II.

ÉCOLE DES MAITRES OUVRIERS MINEURS.

Objet.

Une ordonnance du 22 septembre 1843 a institué à Alais (Gard), une école pratique destinée à former des maîtres ouvriers mineurs.

Conditions d'admission.

Tout candidat devra justifier qu'il a seize ans accomplis avant le 1er janvier de l'année dans le cours de laquelle il se présentera. Il produira un certificat de bonnes vie et mœurs, et un certificat dûment légalisé d'un médecin ou officier de santé, constatant qu'il a été vacciné, ou qu'il a eu la petite vérole, qu'il est d'une bonne constitution et exempt de toute infirmité permanente, le rendant impropre au travail des mines (Ordon. 22 sept. 1843, art. 3 ; — Arr. du 15 juillet 1845, art. 1).

Le candidat devra justifier soit par un livret, soit par un certificat légalisé délivré par un directeur d'exploitation, qu'il a travaillé dans une mine, comme ouvrier mineur , pendant une année entière s'il est âgé de moins de dix-huit ans, pendant dix-huit mois s'il est âgé de dix-huit à vingt ans , et pendant deux ans s'il a satisfait à la loi sur le recrutement (Ord. 1843, art. 3 ; —Arr. 1845, art. 2).

Les candidats devront en outre produire l'engagement, signé de leurs parents s'ils sont mineurs, de payer aux époques fixées, la pension à leur charge, de fournir le trousseau et de verser d'avance à la caisse de l'école le premier terme de la pension payable le 1er novembre (Arr. 1845, art. 3).

Ils subiront dans le courant d'août un examen préalable devant un examinateur désigné par le sous-préfet de leur résidence. Les connaissances exigées sont : la lecture; une écriture lisible et courante; une orthographe à peu près correcte; la pratique de la numération écrite et parlée et des quatre premières règles de l'arithmétique; les notions élémentaires du système métrique des poids et mesures (Ordon. 1843, art. 3; — Arr. 1845, art. 4, 5 et 6). Il est dressé procès - verbal de ces examens. Les procès-verbaux transmis au préfet du Gard sont soumis à une commission sur le rapport de laquelle le préfet détermine les candidats admissibles. Avis est donné à ceux-ci de l'époque où ils devront se présenter devant cette même commission qui , après examen nouveau, présente au préfet une liste par ordre de mérite des candidats. C'est sur cette liste que le préfet du Gard prononce définitivement l'admission ou le rejet (Arr. 1845, art. 7, 8 et 9).

Enseignement.

Les leçons s'ouvrent chaque année dans les cinq premiers jours de novembre ; faute par les élèves d'être rendus à cette époque à l'ouverture des cours sans motif légitime et admis par le conseil de l'école, ils sont considérés comme démissionnaires et rayés du tableau (Ar.1845, art. 12).

La durée des leçons et exercices est de deux ans (Ordon. 1843, art. 6 ; — Arr. 1845, art. 13). L'enseignement est théorique et pratique.

L'enseignement théorique embrasse les objets suivants dans les limites des programmes spéciaux : l'arithmétique, la géométrie, la physique et la chimie, la minéralogie et la géologie, la mécanique, l'exploitation des mines, la langue française.

Les exercices pratiques consistent en levée des plans ; travaux manuels dans les exploitations en compagnie des autres ouvriers des mines, sous la direction des chefs de ces établissements, et les explications et instructions des professeurs de l'école (Ordon. 1843, art. 5, 6, 7 et 8 ; — Arr. 1845, art. 13, 14, 15 et 16).

Régime de l'Ecole, — Prix.

Le régime habituel de l'école en exécution de l'arrêté de 1845, article 24, est l'internat. Le prix de la pension entière, calculé à raison de 48 fr. par mois, est fixé à 360 fr. pour un séjour d'environ sept mois et demi à l'école. Cette somme devra être acquittée en trois paiements égaux les 1er novembre, 1er février et 1er juin. Sur cette somme sont comprises les dépenses de blanchissage, raccommodage, fournitures des papiers, plumes et encre, entretien de literie. La fourniture et le renouvellement du trousseau restent à la charge des élèves. Pendant la durée du travail dans les mines, la pension est suspendue, mais les élèves devront pourvoir eux-mêmes à toutes leurs dépenses de logement et d'entretien. Toutefois les élèves employés dans les mines rapprochées d'Alais pourront continuer à loger à l'école. En cas de maladie, les élèves sont soignés à l'hôpital de la ville, dans une salle particulière, sans augmentation de prix de pension (Arr. 1845, art. 24, 15, 16, 17, 28 et 29). Les élèves sont tenus de se procurer les livres nécessaires à leur instruction (Arr. 1845, art. 10). Les bourses et fractions de bourses instituées à l'école sont accordées de préférence aux mineurs, ou fils de mineur (Id. art. 11).

Mesures d'ordre et de discipline.

A l'exception de la préparation des repas, tout le service intérieur est fait par les élèves à tour de rôle (Arr. 1845, art. 30).

Les élèves, pendant leur séjour à l'école, comme pendant la durée des exercices, sont sous la surveillance du directeur et des professeurs (Id. art. 10).

Toute infraction à la discipline de l'école, tout désordre

donnant lieu à un rapport de police ou à une plainte, soit des particuliers, soit des exploitants qui emploieront temporairement un élève, entraînera, pour cet élève, une des punitions prévues par le règlement intérieur de l'école. Cette punition sera prononcée par le directeur (Id. art. 32).

Si la faute commise est de nature à entraîner le renvoi de l'élève, ce renvoi ne pourra être prononcé que par le préfet du Gard sur le rapport du directeur et l'avis du conseil d'administration (Id. art. 33).

Ce renvoi sera prononcé immédiatement par le préfet lorsqu'un élève, ses parents ou tuteurs seront en retard de plus de quinze jours pour le paiement d'un terme échu de la pension, ou lorsqu'ils négligeront d'entretenir le trousseau (Id. art. 34).

Brevets, — Récompenses.

Il sera délivré par le préfet, sur le rapport du conseil d'administration, des brevets de maîtres mineurs à ceux des élèves de deuxième année qui en seront jugés dignes; les noms de ces élèves seront portés à la connaissance du public. Une récompense pourra être accordée à titre d'encouragement sur les fonds de l'école aux élèves qui se seront particulièrement distingués (Ordon. 1843, art. 10 : — Arr. 1845, art. 19.

TITRE III.

ENSEIGNEMENT PROFESSIONNEL PRATIQUE.

CHAPITRE I.

DE L'APPRENTISSAGE.

—

L'apprentissage est l'enseignement pratique d'une profession industrielle donné à de certaines conditions par celui qui l'exerce et reçu par un élève mineur ou majeur qui a l'intention de l'exercer.

Obligatoire sous nos anciennes institutions, il est aujourd'hui facultatif.

Cette éducation professionnelle ne peut être abandonnée aux hasards d'une liberté sans limites. Les relations du maître et de l'apprenti ont quelque chose d'intime que le législateur n'a pas à règlementer; l'atelier touche de près au foyer domestique et l'Etat n'a pas le droit d'y pénétrer sans une absolue nécessité. Il est des garanties cependant que la loi a dû exiger, et l'Etat doit intervenir pour veiller à ce que l'apprenti reçoive dans

l'atelier du maître non seulement l'éducation professionnelle, mais encore l'éducation morale qui doit tant
influer sur le reste de sa vie. Il faut qu'un travail exagéré ne vienne pas épuiser ses forces naissantes; qu'il soit
protégé contre des exigences excessives. D'un autre côté,
ne faut-il pas également protéger la bonne foi du maître
contre l'ignorance ou l'avidité des parents, et contre la
mauvaise foi des apprentis ? La loi, en maintenant à
l'apprentissage son caractère moral, devait veiller à ce
qu'il ne devînt pas un indigne trafic.

Autrefois des statuts nombreux réglaient les rapports
entre les apprentis et les maîtres. La plupart de ces actes
témoignent d'une vive et touchante sollicitude pour les
ouvriers. Aussi dès 1789, lorsque le Tiers-Etat dans les
Etats généraux proposait la suppression des maîtrises, il
demandait expressément qu'on rédigeât en corps de loi
les anciennes coutumes sur l'apprentissage.

En 1791, le lien entre les maîtres et les apprentis fut
violemment rompu. Le défaut absolu de législation
donna bientôt lieu à des inconvénients sans nombre.
On essaya d'obvier à quelques-uns d'entr'eux par la
loi du 22 germinal an XI, qui contient des dispositions
utiles, mais incomplètes. L'institution de la juridiction
des prud'hommes, après 1810, paralysa en partie dans
les localités où elle fonctionna les effets fâcheux des lacunes de la législation. Ce ne fut qu'en 1845 que le gouvernement essaya résolument de réaliser le vœu qu'é-
mettait en 1789 le Tiers-Etat. Un projet de loi fut com-
muniqué au Conseil général des Manufactures et du
Commerce dont on sollicita les observations. L'idée fut

reprise en 1848 par M. Peupin, qui fit alors une proposition modelée sur le projet de 1845. Les corps consultatifs de l'industrie et du commerce furent appelés de nouveau à donner leurs avis. M. de Parieu présenta un savant rapport sur cette proposition qui, étudiée de nouveau, donna naissance au projet présenté au Corps législatif en 1851 et devint, après de longues discussions, la loi du 22 février 1851.

SECTION I.

DU CONTRAT D'APPRENTISSAGE.

Nature du contrat; — Prix.

Le contrat d'apprentissage est celui par lequel un fabricant, un chef d'atelier ou un ouvrier s'oblige à enseigner la pratique de sa profession à une autre personne qui s'oblige en retour à travailler pour lui; le tout à des conditions et pendant un temps convenus (L. 22 fév. 1851, art. 1).

Le prix de l'apprentissage peut consister soit dans une somme d'argent, soit dans un travail prolongé après l'apprentissage, soit dans un paiement moindre que le prix ordinaire, d'un travail fait après l'apprentissage.

L'objet principal de la convention pour qu'il y ait

contrat d'apprentissage doit être l'enseignement professionnel de l'enfant, quelles que soient les conditions. Le
paiement d'un salaire à titre d'encouragement peut donc
subsister avec l'apprentissage; mais le paiement d'une
prime aux enfants et plus encore aux parents pour recevoir chez eux un enfant et l'employer à leurs travaux
ne constituerait plus qu'un contrat de louage de la part
des chefs d'atelier.

Forme du contrat.

Le contrat d'apprentissage est fait par acte public ou
par acte sous-seing privé.

Il peut également intervenir verbalement; mais la
preuve testimoniale n'en est reçue que conformément aux
règles posées dans le titre du Code Napoléon, *des Contrats ou des Obligations conventionnelles en général*
(L. 1851, art. 2, § 1 et 2).

Je ne puis rappeler ici toutes les dispositions de ce titre, qui n'admet pas la preuve testimoniale pour toutes
choses excédant la somme ou valeur de 150 fr. Je me
borne à faire remarquer que l'article 1781 du Code Napoléon, d'après lequel le maître est cru sur son affirmation pour la quotité des gages et le payement de divers
salaires, est ici inapplicable.

Les notaires, les secrétaires des conseils de prud'hommes et les greffiers de justices de paix peuvent recevoir
l'acte d'apprentissage.

Cet acte est soumis pour l'enregistrement au droit fixe
d'un franc, lors même qu'il contiendrait des obligations

de sommes ou valeurs mobilières ou des quittances (L. 22 fév. 1851, art. 2, § 3 et 4). L'acte sous-seing privé doit être fait sur papier timbré, à peine d'amende.

Les honoraires dus aux officiers publics sont fixés à 2 francs (L. 1851, art. 2, § 5).

L'acte d'apprentissage contiendra :

1° Les nom, prénoms, âge, profession et domicile du maître.

2° Les nom, prénoms, âge et domicile de l'apprenti.

3° Les noms, prénoms, professions et domicile de ses père et mère, de son tuteur ou de la personne autorisée par ses parents, et à leur défaut par le juge de paix.

4° La date et la durée du contrat.

5° Les conditions de logement, de nourriture, de prix et toutes autres arrêtées entre les parties.

Il devra être signé par le maître et par les représentants de l'apprenti (L. 1851, art. 3).

Si l'apprenti est majeur, il agit seul et sans assistance de parents ou tuteurs; les mentions les concernant que doit contenir l'acte ne s'y trouvent point alors et l'acte est signé par le maître et l'apprenti seuls.

Voici une formule que je crois bonne à suivre. J'ai cru parfaitement inutile d'y reproduire toutes les dispositions de la loi à laquelle les parties sont de plein droit soumises sans qu'il soit besoin d'une stipulation expresse.

Par les présentes faites à double original

Entre les soussignés :

M. Durand Jean, maître serrurier, domicilié à Lyon,

Et M. Coste Etienne, âgé de 14 ans, domicilié également à Lyon, fils mineur de M. Coste Joseph, charron, domicilié à Lyon , et de la dame Eugénie Blanc , sans profession, son épouse, ledit Coste Etienne agissant avec l'autorisation et l'assistance de son père qui, en sa qualité de tuteur, stipule conjointement avec son fils (si c'est un étranger qui stipule, dire en quelle qualité et en vertu de quels pouvoirs).

Il est convenu ce qui suit :

M. Durand, sur la demande de M. Coste père, prend en apprentissage le mineur Coste fils, pour trois ans, qui finiront le 1er janvier 1858, sauf à remplacer à la fin de l'apprentissage le temps des maladies et absences ayant duré plus de quinze jours consécutifs, lorsqu'il en aura été fait mention au bas des deux originaux des présentes, et sauf à rendre un temps double, lorsque l'apprenti aura été gardé pendant la maladie chez M. Durand.

Pendant la durée de l'apprentissage, M. Durand s'oblige à enseigner progressivement et complètement à l'apprenti la profession spéciale qui fait l'objet du contrat; et il s'engage à cet effet à lui prêter tous les outils nécessaires à son travail.

Il s'oblige à loger, nourrir, chauffer, éclairer et blanchir l'apprenti d'une manière convenable ; à le traiter et le faire traiter par les chefs d'atelier et ouvriers avec humanité et douceur.

M. Coste fils promet à son maître fidélité, obéissance et respect; il s'engage à l'aider par son travail dans la mesure de son aptitude et de ses forces.

Le présent contrat d'apprentissage est fait moyennant la somme de 300 fr. remise par M. Coste père à M.

Durand, ainsi que ce dernier le reconnaît et en concède quittance. (Pour prévenir des difficultés pour le règlement des indemnités qui pourraient être dues en cas de résiliation, on stipule ici un dédit à forfait qui peut être réduit proportionnellement à l'exécution qu'a reçue le contrat).

Les parties s'en rapportent pour la fixation de tous autres droits et devoirs respectifs aux dispositions de la loi du 22 février 1851 sur les contrats d'apprentissage.

Fait à Lyon le 1ᵉʳ *janvier* 1856.

Signés : DURAND , COSTE père , COSTE fils.

Des conditions requises pour pouvoir stipuler dans un contrat d'apprentissage.

Nul ne peut recevoir des apprentis mineurs s'il n'est âgé de vingt-un ans au moins (L. 1851, art. 4). La femme mariée même non commune ou séparée de biens ne peut s'engager en qualité de maître sans autorisation du mari (C. N., art. 217), à moins qu'elle ne soit marchande publique (C. de comm., art. 5).

Aucun maître, s'il est célibataire ou en état de veuvage, ne peut loger comme apprenties des jeunes filles mineures (L. 1851, art. 5). Cette prohibition , si l'on combine l'article 5 de la loi du 22 février 1851 avec le paragraphe 4 de l'article 15, semble devoir s'étendre au mari séparé de corps avec sa femme.

Les règles qui précèdent sont applicables dans les cas où les apprentis sont des mineurs. Les incapacités suivantes sont plus générales; elles sont décrétées sans distinctions à raison de l'âge de l'apprenti, elles frappent :

Les individus qui ont subi une condamnation pour crime ;

Ceux qui ont été condamnés pour attentat aux mœurs;

Ceux qui ont été condamnés à plus de trois mois d'emprisonnement pour les délits prévus par les articles 388, 401, 405, 406, 407, 408, 423 du Code pénal (L.1851, art. 6), c'est-à-dire pour vols dans les champs, ventes, carrières, viviers; vols simples, larcins et filouteries ; escroquerie, abus de confiance ou de blanc-seing ; tromperie sur la nature des marchandises , ou la quantité des choses vendues, par usage de faux poids, ou de fausses mesures.

En règle générale :

L'amnistie emporte l'abolition des délits, des poursuites et des condamnations, de sorte que, sauf les droits des tiers, tous ces faits sont considérés comme n'ayant jamais existé.

La grâce au contraire remet la peine, mais n'anéantit pas la condamnation.

La réhabilitation fait revivre avec l'ancien état tous les anciens droits.

De sorte que l'amnistie et la réhabilitation relèvent des incapacités que nous venons d'énumérer ; mais il n'en est pas de même de la grâce.

Au surplus, cette incapacité peut être levée par le préfet sur l'avis du maire, quand le condamné, après l'expiration de sa peine, a résidé pendant trois ans dans la même commune. A Paris, les incapacités sont levées par le préfet de police (L. 22 février 1851, art. 7).

On avait eu l'idée de limiter le nombre des apprentis que pourrait recevoir un patron ; mais, s'il est difficile à un maître de donner des leçons profitables à des apprentis trop nombreux, comme on ne peut nier qu'un ouvrier intelligent, ayant la main prompte et le coup d'œil sûr, ne forme aisément trois ou quatre apprentis, dans le même temps où un ouvrier moins habile réussit à peine à en façonner un seul, on a cru ne pas devoir admettre une règle inflexible qui pût empêcher, au détriment de l'industrie, un bon ouvrier de faire à la fois plusieurs bons apprentis (Rapport à la chambre sur la loi de 1851).

Nous venons de voir quelles sont à l'égard du maître les conditions du contrat ; à l'égard de l'apprenti, nous devons remarquer que, à cause de son âge ou de sa position de femme mariée, il peut ne pas jouir d'une capacité entière pour figurer seul dans le contrat d'apprentissage. S'il est mineur, il devra être assisté de son tuteur, à moins qu'il ne soit émancipé ; s'il s'agit d'une femme mariée, elle devra être assistée et autorisée par son mari, à moins qu'elle ne soit marchande publique. Si le mineur est un orphelin élevé dans un établissement public, c'est l'administrateur spécialement désigné qui stipule en son nom (L. 15 pluviôse an XIII, art. 1).

La loi n'a pas fixé d'âge au-dessous duquel un enfant ne pourrait être mis en apprentissage. Cette limite a paru au législateur présenter de graves inconvénients et n'avoir aucun avantage qu'il ne fût facile d'obtenir par d'autres moyens. Au-dessus de douze ans, disait-on, l'enfant ne peut être un véritable apprenti ; si on l'emploie aux travaux domestiques, il perd son temps ; si on l'emploie aux rudes labeurs d'une profession industrielle, il perd ses forces. On a répondu : il faut protéger l'enfance contre l'abus qu'on peut faire de ses forces et surtout de sa faiblesse, mais il ne faut pas empêcher les familles de mettre les enfants jeunes encore à l'apprentissage ; c'est un moyen le plus souvent pour les soustraire à la misère, au vagabondage, aux mauvais exemples en leur faisant sentir, dès leurs plus jeunes ans, la nécessité du travail et en leur inspirant des goûts laborieux (Rapport à la chambre, L. de 1851).

Toutefois, ce silence de la loi au moyen duquel elle a repoussé l'opinion de ceux qui voulaient fixer un minimum d'âge, a respecté la disposition générale de la loi du 22 mai 1841 sur le travail des enfants dans les manufactures, d'après laquelle (art. 1 et 2) les enfants, pour être admis dans les manufactures, usines et ateliers à moteur mécanique, ou à feu continu, dans leurs dépendances et dans toute fabrique occupant plus de vingt ouvriers réunis en ateliers, doivent avoir au moins huit ans. Dès-lors, si l'apprentissage se fait dans un de ces établissements, il ne peut être commencé au plus tôt qu'à huit ans ; dans les autres ateliers, aucune loi ne fixe de limite d'âge.

Devoirs et responsabilité des Maîtres.

Le maître doit se conduire envers l'apprenti en bon père de famille (L. 1851, art. 8). Ces mots résument l'esprit de la loi de 1851, qui considère l'apprenti pendant la durée de l'apprentissage comme le fils d'adoption du maître.

En conséquence, il doit surveiller sa conduite et ses mœurs, soit dans la maison, soit au dehors, et avertir ses parents ou leurs représentants, des fautes graves qu'il pourrait commettre, ou des penchants vicieux qu'il pourrait manifester.

Il doit aussi les prévenir sans retard en cas de maladie, d'absence ou de tout fait de nature à motiver leur intervention.

Il n'emploiera l'apprenti, sauf conventions contraires, qu'aux travaux et services qui se rattachent à l'exercice de sa profession. Il ne l'emploira jamais à ceux qui seraient insalubres ou au-dessus de ses forces (L. 1851, art. 8).

La loi de 1851 n'a pas reproduit la prohibition portée dans la loi de germinal an XI et dans les articles 5 et 7 de celle du 22 mars 1841, d'infliger des mauvais traitements aux enfants. Mais ces lois, confirmées par la disposition de la loi de 1851, qui prescrit au maître de se comporter en bon père de famille, restent par suite en vigueur en ce qui concerne cette défense.

Chaque contrat particulier détermine les règles auxquelles se soumettent les parties pour ce qui concerne la nourriture, le coucher, le blanchissage de l'apprenti ; à défaut, les usages servent de règle. Il est généralement admis que le maître est tenu de soigner chez lui l'apprenti pour les maladies dont la durée n'excède pas huit jours; les frais de traitement restent à la charge de l'apprenti.

La durée du travail effectif des apprentis de moins de quatorze ans ne peut dépasser dix heures par jour.

Pour les apprentis âgés de quatorze à seize ans, elle ne pourra dépasser douze heures.

Il ne pourra être imposé aux apprentis âgés de moins de seize ans aucun travail de nuit, c'est-à-dire entre neuf heures du soir et cinq heures du matin.

Un arrêté du préfet, rendu sur l'avis du maire, peut seul autoriser des dérogations à ces règles.

Les dimanches et jours de fêtes reconnues ou légales, les apprentis, dans aucun cas, ne peuvent être tenus vis-à-vis de leur maître à aucun travail de leur profession. Dans le cas où l'apprenti serait obligé, par suite de conventions ou conformément à l'usage, de ranger l'atelier aux jours ci-dessus marqués, ce travail ne pourra se prolonger au-delà de dix heures du matin (L. 1851, art. 9); toutefois cette règle doit être combinée avec l'article 7 de la loi du 22 mai 1841, qui autorise l'administration à tolérer même les jours fériés et de la part des enfants des travaux indispensables dans les usines à feu continu, telles que les verreries ; cette observation a été faite lors de la discussion de la loi de 1851.

Si l'apprenti, âgé de moins de seize ans, ne sait pas lire, écrire et compter, ou s'il n'a pas encore terminé sa première éducation religieuse, le maître est tenu de lui laisser prendre sur la journée du travail, le temps et la liberté nécessaires pour son instruction; néanmoins ce temps ne pourra excéder deux heures par jour (L. 1851, art. 10).

Le maître doit enseigner à l'apprenti progressivement et complètement l'art, le métier ou la profession spéciale qui font l'objet du contrat (L. 1851. art. 12).

Toutefois, si c'est là une des obligations principales du maître, elle n'est pas tellement personnelle, qu'il ne puisse, sous sa surveillance propre, confier à un chef d'atelier ou ouvrier capable, le soin de guider l'apprenti.

L'enseignement du maître doit être complet; mais à moins de conventions contraires, il ne comprend pas l'initiation à des procédés particuliers de fabrication, notamment ceux pour lesquels le maître aurait obtenu un brevet.

A la fin de l'apprentissage, le maître délivre à l'apprenti un congé d'acquit ou certificat constatant l'exécution du contrat.

Cette pièce peut être rédigée ainsi :

Je soussigné, Durand Jean, maître serrurier, demeurant à Lyon, certifie que Coste Etienne, de Lyon, a terminé chez moi, le 1er janvier 1858, son apprentissage comme ouvrier serrurier et qu'il a rempli toutes les obligations auxquelles il était soumis par suite des accords intervenus entre nous; en conséquence, je lui ai délivré le présent congé d'acquit. A Lyon, le 2 janvier 1858. Signé, Jean Durand.

Si le maître refusait à tort de délivrer cette pièce, l'apprenti, après l'avoir mandé devant les prud'hommes, pourrait obtenir d'eux une décision qui en tînt lieu; au surplus, l'article 11 de la loi du 12 germinal an xi qui défendait de recevoir un apprenti sans congé d'acquit a été textuellement abrogé par l'article 22 de la loi du 22 février 1851 ; mais des dommages-intérêts seraient dus, d'après l'article 13 de cette même loi, dans le cas suivant, par celui qui aurait reçu l'apprenti :

Un abus fréquent, surtout dans les grandes villes, consistait à enlever à un concurrent, par l'appât d'un salaire immédiat, un apprenti intelligent, déjà formé et en état d'être utile à son maître. Les prud'hommes ne pouvaient atteindre ces fraudes. L'apprenti leur échappait par son insolvabilité ; le maître déclinait leur compétence (Rapport sur la loi de 1851). Depuis la loi de 1851, articles 13 et 18, tout fabricant, chef d'atelier ou ouvrier convaincu d'avoir détourné un apprenti de chez son maître pour l'employer en qualité d'apprenti ou d'ouvrier pourra être passible de tout ou partie de l'indemnité à prononcer par les prud'hommes au profit du maître abandonné. Aucune sanction pénale n'est d'ailleurs ajoutée par la loi à la sanction que sa disposition peut recevoir d'une condamnation civile.

La qualité de patron qui impose au maître des devoirs vis-à-vis de l'apprenti lui en impose encore vis-à-vis des tiers par rapport à ces apprentis. Les ouvriers sont responsables des dommages causés par leurs apprentis pendant le temps qu'ils sont sous leur surveillance, à moins qu'ils ne prouvent qu'ils n'ont pu empêcher le fait qui donne lieu à cette responsabilité (art. 1384, C. N.), et sauf leur recours contre les apprentis à raison des sommes qu'ils ont été obligés de payer pour eux. Ce recours dans certaines circonstances peut même être exercé contre les parents de l'apprenti.

Devoirs de l'apprenti.

L'apprenti doit à son maître fidélité, obéissance et respect. Il doit l'aider par son travail dans la mesure de son aptitude et de ses forces (L. 1851, art. 11) ; s'il ne remplit pas ces devoirs, il s'expose à voir prononcer la résolution du contrat avec dommages-intérêts, comme nous l'indiquerons bientôt.

Si l'infidélité consistait à divulguer les secrets de fabrication de son maître, il encourrait la peine de l'emprisonnement ou de la réclusion, suivant que la révélation aurait été faite à un français ou à un étranger (C. P., art. 418).

Si l'infidélité allait jusqu'au vol, il serait passible de la réclusion (C. P., art. 386).

Les simples manquements envers le maître et les délits tendant à troubler l'ordre et la discipline de l'atelier, exposent l'apprenti à des peines disciplinaires que les prud'hommes ont compétence pour appliquer; c'est ce que nous rappellerons bientôt en traitant des contraventions et pénalités.

Sous la loi de germinal an XI on tenait que les apprentis n'étaient pas soumis aux livrets imposés aux ouvriers; la loi du 22 juin 1854 ne nous paraît pas avoir modifié cette règle; toutefois la loi du 22 mars 1841, article 6, impose l'obligation d'un livret particulier aux enfants employés dans certains établissements, et comme cette loi ne distingue pas les apprentis des ouvriers, nous pensons que les apprentis employés dans les manufactures, usines et ateliers à moteur mécanique ou à feu continu, ou dans leurs dépendances et dans toute fabrique occupant plus de vingt ouvriers réunis en atelier, doivent avoir le livret exigé par l'article 6 de cette loi.

Nous indiquerons la forme de ce livret en nous occupant des enfants travaillant dans les manufactures.

A la fin de l'apprentissage, l'apprenti peut prendre dans son enseigne le titre d'ancien apprenti de tel ou tel, pourvu qu'il n'établisse pas de confusion entre son établissement et celui de son maître.

Notons encore que les frais d'apprentissage sont dispensés du rapport en matière de succession (C. N., art. 852).

Résolution du contrat, — Difficultés à raison de son exécution.

Les deux premiers mois de l'apprentissage sont considérés comme un temps d'essai pendant lequel le contrat peut être annulé par la seule volonté de l'une des parties. Dans ce cas, aucune indemnité ne sera allouée à l'une ou à l'autre, à moins de conventions expresses (L. 1851, art. 14).

Cette règle doit être entendue et appliquée sans abus. Si l'apprenti allait de maître en maître se faire ainsi nourrir sans jamais les faire profiter de son travail, l'action civile en dommages – intérêts serait incontestablement ouverte. Des auteurs enseignent même qu'une pareille conduite pourrait motiver des poursuites en escroquerie.

Le contrat d'apprentissage est résolu de plein droit :

1° Par la mort du maître ou de l'apprenti;

2° Si l'apprenti ou le maître est appelé au service militaire;

3° Si le maître ou l'apprenti vient à être frappé d'une des condamnations que nous indiquions tantôt comme rendant le maître incapable de former le contrat d'apprentissage;

4° Pour les filles mineures, dans le cas de décès de l'épouse du maître, ou de toute autre femme de la famille qui dirigeait la maison à l'époque du contrat (L. 1851, art. 15). Ajoutons, et par la sortie de l'épouse de la maison par suite de séparation de corps.

Dans la plupart de ces cas, la résolution a lieu sans dommages-intérêts; ainsi dans les cas de mort du maître, de son épouse, ou de l'apprenti, de l'appel forcé au service militaire. Cependant cette règle ne doit pas être appliquée avec rigueur dans toute circonstance ; ainsi lorsqu'il a été payé d'avance un prix en argent pour l'apprentissage, la nourriture et l'entretien, on ne saurait refuser à l'apprenti ou à ses parents le droit de réclamer la partie du prix se rapportant pour l'avenir à l'entretien et à la nourriture; de même, lorsque le prix est payable par termes, les termes échus peuvent seuls être réclamés ; c'est ce que la raison indique et ce que tous les auteurs enseignent.

Quant au décès de l'épouse ou de la femme de la famille dirigeant la maison à l'époque du contrat, bien que la loi lui donne pour effet d'entraîner la résolution de plein droit du contrat, il ne faudrait pas en conclure que c'est là une disposition d'ordre public à laquelle il ne puisse être dérogé par les parties. Si celles-ci y consentent, le contrat peut continuer à subsister, à condition toutefois, et ici se présente la disposition d'ordre public, que le maître célibataire ou veuf ne logera pas comme apprenties des filles mineures; ce que l'article 5 de la loi de 1851 défend formellement.

Nous venons d'énumérer les cas où le contrat d'apprentissage est résolu de plein droit; voici les cas où il peut être résolu sur la demande des parties ou de l'une d'elles :

1° Si l'une des parties manque aux stipulations du contrat;

2° Pour cause d'infraction grave ou habituelle aux prescriptions de la loi de 1851;

3° Dans le cas d'inconduite habituelle de la part de l'apprenti;

4° Si le maître transporte sa résidence dans une autre commune que celle qu'il habitait lors de la convention; néanmoins la demande en résolution de contrat fondée sur ce motif ne sera recevable que pendant trois mois à compter du jour où le maître aura changé de résidence;

5° Si le maître ou l'apprenti encourait une condamnation emportant emprisonnement de plus d'un mois;

6° Dans le cas où l'apprenti viendrait à contracter mariage (L. 1851, art. 16).

Dans ces divers cas, il peut y avoir lieu à dommages-intérêts, à la charge de celui contre lequel la résolution est prononcée.

Si le temps convenu pour la durée de l'apprentissage dépasse le maximun de la durée consacrée par les usages locaux, ce temps peut être réduit ou le contrat résolu (L. 1851, art. 17).

L'action des maîtres en paiement du prix d'apprentissage se prescrit par un an (C. N., art. 8272), soit que l'apprenti reçoive la nourriture chez le maître, soit qu'il n'y reçoive que l'enseignement professionnel. L'action de l'apprenti pour les salaires qui lui seraient dus se prescrit par six mois (C. N., art. 1371). Mais l'action en paiement d'un dédit stipulé dans le contrat en cas d'inexécution ne se prescrit que par trente ans.

Tribunaux compétents pour juger les difficultés naissant du contrat d'apprentissage.

Les conseils de prud'hommes dont le maître est justiciable et, à défaut, le juge de paix du canton, jugent toutes les demandes à fin d'exécution ou de résolution du contrat d'apprentissage (L. 1851, art. 18). Les prud'hommes, en effet, et à leur défaut le juge local, sont les plus aptes à connaître les usages locaux, à pénétrer les intentions des parties, à apprécier les besoins de l'industrie locale. Avant la loi de 1851, lorsque l'action était intentée par le maître contre l'apprenti, il devait investir le juge du domicile de l'apprenti ou soit du

défendeur, suivant le droit commun (Cass. 22 décemb.
1835). La loi du 22 germinal an xi, art. 19, 20 et 21,
semblait bien avoir dérogé à cette règle, et il semblait
résulter de ses dispositions que la compétence devait
être déterminée dans tous les cas par la situation de
l'atelier où travaillait l'apprenti ; mais si la loi de l'an
xi n'était pas assez explicite pour que cette règle fût toujours sanctionnée par les tribunaux, elle doit être ac-
ceptée sans difficulté depuis que la loi de 1851 l'a for-
mulée dans ses prescriptions.

Les demandes en interprétation du contrat rentrent
dans les matières attribuées à la connaissance des prud'-
hommes, et, à leur défaut, des juges de paix ; cela a été
dit sans opposition lors de la discussion de la loi ; cela
résulte de son texte qui est très général.

Les réclamations qui pourraient être dirigées contre
les tiers, pour avoir détourné un apprenti de chez son
maître dans le but de l'employer, doivent être portées
devant le conseil des prud'hommes ou devant le juge de
paix du lieu du domicile de ces tiers (L. 1851, art. 13
et 18).

Dans les divers cas de résolution, que nous indiquions
tantôt, les indemnités ou les restitutions qui pourraient
être dues à l'une ou à l'autre des parties, seront, à défaut de stipulations expresses, réglées par le conseil des
prud'hommes, ou par le juge de paix dans les cantons
qui ne ressortissent point à la juridiction d'un conseil de
prud'hommes (L. 1851, art. 19).

Nous exposerons dans le chapitre concernant les prud'-
hommes les règles générales applicables à l'organisation

de ces conseils et notamment à leur juridiction relativement au premier et dernier ressort.

On reconnaît généralement que les condamnations prononcées contre le maître en faveur de l'apprenti, à l'occasion d'un contrat d'apprentissage, sont susceptibles d'exécution par corps dans les limites posées par la loi en matière commerciale, parce qu'il s'agirait ici pour le patron d'un acte de commerce ; mais on refuse ce même caractère au contrat d'apprentissage, en ce qui concerne l'apprenti, et on ne veut pas qu'à raison des condamnations prononcées contre lui en qualité d'apprenti on puisse le contraindre par corps.

Contraventions, — Pénalité, — Compétence.

Le maître, âgé de moins de 21 ans, qui reçoit un apprenti mineur ;

Qui étant célibataire ou veuf, loge comme apprenties des jeunes filles mineures ;

Qui soumet les apprentis à un travail prolongé au-delà des limites fixées par la loi, ou à un travail la nuit ou les dimanches et fêtes reconnues ou légales ;

Qui ne laisse pas prendre à l'apprenti ne sachant pas lire, écrire et compter, ou n'ayant pas encore terminé sa première éducation religieuse, le temps nécessaire sur la journée de travail, pour son instruction,

Sera poursuivi devant le tribunal de police et puni d'une amende de 5 fr. à 15 fr.

Le tribunal de police, en cas de récidive, pourra prononcer, outre l'amende, un emprisonnement d'un à cinq jours.

Celui qui, frappé d'incapacité par suite de condamnation pour crime, attentat aux mœurs, ou pour l'un des délits énumérés plus haut, lorsque nous nous sommes occupé des conditions du contrat, aura reçu un apprenti malgré la défense que lui en fait la loi, sera également poursuivi devant le tribunal de police et condamné à une amende de 5 fr. à 15 fr. ; mais en cas de récidive, il sera poursuivi devant les tribunaux correctionnels et puni d'un emprisonnement de quinze jours à trois mois, sans préjudice d'une amende qui pourra s'élever de 50 fr. à 300 fr. (L. 1851, art. 20).

Les dispositions de l'article 463 du Code pénal , qui autorisent le juge à descendre la peine lorsqu'il reconnaît des circonstances atténuantes, sont applicables aux faits ci-dessus prévus (L. 1851, art. 21).

En dehors de ces contraventions prévues par la loi de 1851, le décret du 3 août 1810, par son article 4 non abrogé, autorise les prud'hommes statuant par mesure disciplinaire à prononcer un emprisonnement qui ne peut excéder trois jours, à l'occasion de tout fait tendant à troubler l'ordre et la discipline de l'atelier, et de tout manquement des apprentis envers leurs maîtres. Comme c'est là une mesure disciplinaire , elle peut être appliquée sans préjudice des peines que peut entraîner le fait ou manquement, s'il constitue un délit prévu et puni par une disposition de nos lois pénales.

Nous disions tantôt que la qualité de l'apprenti, lorsqu'il se rend coupable de certains délits ou crimes envers son maître, aggrave la culpabilité qu'il encourt ; ajoutons d'un autre côté que la qualité de patron est aussi, dans certains cas, une circonstance aggravante, dans le cas, par exemple, de viol, attentat à la pudeur, excitation à la débauche de mineurs (Cod. pén., art. 331, 332, 333, 334). Nous aurons d'ailleurs à revenir, dans des chapitres particuliers, soit sur les délits spéciaux aux ouvriers, soit sur l'aggravation de peine que la qualité de patron ou d'ouvrier entraîne pour des délits communs.

SECTION II.

INSTITUTIONS DE PATRONAGE POUR LES APPRENTIS.

L'enfant, au moment où il commence son apprentissage, ne demande plus les soins attentifs que réclame la première enfance. Mais c'est le moment où il a le plus besoin de bons exemples, de bons conseils, d'une sage direction et d'une active surveillance. C'est dans ce moment décisif que la charité a besoin de tous ses efforts pour accomplir sa noble mission. Les meilleures lois, les règlements les plus mûrement réfléchis seraient insuffisants si la charité privée ne leur donnait tout son concours. L'apprenti est à l'âge où les passions commencent à fermenter, où tous les vices se présentent à l'homme avec toutes leurs séductions, où la lutte du bien contre le mal est si difficile. Ses parents n'ont pas toujours le temps et la possibilité de veiller sur lui ; une grande responsabilité pèse sur ses patrons ; ceux-ci ont beaucoup de devoirs à remplir vis-à-vis de leurs apprentis, et s'il est à croire qu'ils comprennent ces devoirs et que la plupart d'entre eux savent s'y conformer, il est cependant bien utile pour ces enfants et pour la société, que la sollicitude éclairée de personnes vertueuses et charitables veillant sur eux les préserve des maux dans lesquels les jetteraient les entraînements de leur âge, les mauvais conseils, les mauvais exemples, ou l'insuffisance de la surveillance des patrons.

Il existe un très grand nombre d'institutions de patronage qui s'occupent à placer les enfants en apprentissage chez des maîtres et maîtresses d'une moralité et d'une capacité reconnues. Là ces enfants sont visités et surveillés. Le dimanche ils sont réunis pour remplir leurs devoirs religieux et recevoir de salutaires exhortations ; des encouragements et des récompenses sont distribués à ceux qui se sont distingués par leur travail et leur bonne conduite. Des facilités leur sont faites lorsqu'ils quittent leur apprentissage pour se faire une position. Pendant cet apprentissage, il est pourvu à leur instruction primaire et à leur éducation religieuse.

Ces sociétés de patronage doivent être autorisées par le gouvernement, ne fusse que pour qu'on ne puisse pas cacher sous leur titre respectable des associations qui auraient un tout autre but. Elles ont chacune des règlements particuliers qu'aucune loi n'a généralisés. Ces règlements varient suivant les localités. Leur exécution est confiée au zèle et au dévoûment des membres de ces so-

6

ciétés ; elle est plus ou moins utile suivant leur intelligence, leur aptitude, le temps qu'ils peuvent consacrer
à cette bonne œuvre, les sacrifices qu'ils peuvent faire.

Les institutions de cette nature sont très nombreuses
et nous devons faire des vœux pour leur propagation.
Sans entendre en faire ici une nomenclature complète ,
qu'on nous permette de citer :

L'œuvre de Patronage fondée à Paris par M. Armand,
de Mélun, en 1842, et qui patrone aujourd'hui près de
mille enfants.

Les sociétés de la Sainte-Enfance, établies à Paris et
répandues aussi dans les départements ; celle des Jeunes Economes qui a pris naissance en 1823 ; l'association de Sainte-Anne ; l'institution de Saint – Nicolas ;
la société pour le Patronage des jeunes garçons pauvres du département de la Seine , fondée par M. Allier,
avec le concours dévoué de M. Portalis ; l'œuvre des
Apprentis, fondée en 1841 ou 1842 ; l'œuvre du Choléra qui, sous la présidence de Mgr. de Quélen, a fonctionné à Paris depuis le premier choléra ; la société
pour le Placement en apprentissage des Jeunes Orphelins , qui date de 1821 et qui a été déclarée d'utilité
publique en 1839 ; l'association des Fabricants et Artisans pour l'adoption d'Orphelins des deux sexes , détachée en 1842 de la société de la Morale Chrétienne ; la
société des Amis de l'Enfance, fondée vers 1828 ; l'œuvre de St-Jean dans les paroisses de Ste-Valère et de
St-Pierre du Gros-Caillou ; la maison des Jeunes Luthé-
riennes, etc.

La société Industrielle de Nantes ; la maison des Ap-

prentis de Nancy ; la société des Enfants Pauvres de Lyon ;
l'asile de Bethléem à Rheims ; l'établissement de Mes--
nières, etc., etc.

La protection des apprentis rentre également dans le
but des sociétés de St-Vincent-de-Paul , répandues sur
toute la surface de la France.

Parmi les institutions que nous venons de citer, il y
en a qui non-seulement s'occupent du patronage des
apprentis placés dans les ateliers particuliers ; mais il y
a encore de véritables ateliers d'apprentissage où les
jeunes ouvriers reçoivent l'éducation professionnelle et
l'enseignement pratique. De pareils établissements existent également dans les autres pays d'Europe ; dans quelques-uns même leur existence est spécialement consacrée par des actes législatifs.

LIVRE II.

LÉGISLATION PROFESSIONNELLE.

TITRE I.

RELATIONS CIVILES DES OUVRIERS ENTRE EUX ET AVEC LEURS PATRONS.

CHAPITRE I.

DES CONVENTIONS
ENTRE LES PATRONS ET LES OUVRIERS.

Sous le titre de louage d'ouvrage et d'industrie, le Code Napoléon a posé les principes généraux qui régissent les rapports civils qui se forment entre les ouvriers et ceux qui les emploient.

Le louage d'ouvrage est un contrat par lequel l'une des parties s'engage à faire quelque chose pour l'autre moyennant un prix convenu entr'elles (C. N., art. 1710). Les devis, marché ou prix-fait pour l'entreprise d'un ouvrage moyennant un prix déterminé sont aussi un louage, lorsque la matière est fournie par celui pour qui l'ouvrage se fait (C. N., art. 1711, § dernier).

Le louage d'ouvrage et d'industrie peut donc se diviser en louage des gens de travail qui s'engagent au service de quelqu'un et en louage des entrepreneurs d'ouvrages par suite de devis et marchés (C. N., art. 1779).

Adoptant cette distinction écrite dans la loi, nous étudierons successivement les règles plus particulièrement applicables à chacune de ces espèces de louage. Dans une première section, nous nous occuperons surtout des conventions intervenues entre les patrons et les ouvriers qui louent leurs services à temps pour l'exercice d'une profession industrielle. Dans la seconde, il sera question des conventions intervenues entre les patrons et les ouvriers entrepreneurs d'ouvrages qui louent leurs services à façon, c'est-à-dire moyennant un prix proportionné à la quantité de travail qu'ils exécutent et au moyen de la matière qui leur est fournie.

Quant aux ouvriers qui fournissent leur industrie et la matière première, qu'ils ouvrent, ils sont liés vis-à-vis de ceux auxquels les livraisons doivent être faites par les règles de la vente que nous n'avons pas à exposer ici. Ce sont de véritables fabricants vendant leurs marchandises et nullement des ouvriers liés à un patron par un contrat de louage.

Quelques-unes des règles que nous indiquerons dans la première section sont applicables aux matières traitées dans la seconde, et réciproquement il sera facile de s'y référer au moyen des rubriques qui précèdent chaque paragraphe.

SECTION I.

LOUAGE DE SERVICES A TEMPS.

Constatation des conventions.

Le contrat de louage à temps se conclut presque toujours verbalement entre les ouvriers et les patrons; généralement on ne donne pas même des arrhes. L'usage de donner des arrhes n'existe que dans certaines parties de la France pour des louages de services en dehors de l'industrie.

Lorsque, eu égard au terme et au prix convenus, il ne s'agit pas entre les parties d'un intérêt de plus de 150 fr., la preuve du contrat peut être faite par témoins.

Engagement, — Durée, — Rupture.

Il est une ancienne règle, consacrée par plusieurs législations, destinée à protéger la liberté individuelle contre de téméraires engagements et que l'article 1780 du Code Napoléon a reproduite en ces termes : on ne peut engager ses services qu'à temps ou pour une entreprise déterminée.

Il résulte de cette disposition et des motifs qui l'ont dictée que si le temps stipulé est tellement long qu'il puisse équivaloir à une aliénation presque complète de la liberté, bien qu'il ne comprenne pas la vie entière de l'ouvrier, ou si l'entreprise est tellement considérable qu'exécutable par l'ouvrier seul elle doive absorber sa vie entière, les juges, souverains appréciateurs de la limite qui sépare l'abus de l'usage légitime, pourraient rompre de tels engagements.

On a soutenu que si l'ouvrier ne pouvait engager ses services qu'à temps, le patron pouvait au contraire s'engager valablement à le garder toute sa vie ; on a dit également que si l'ouvrier s'engageait pour un temps indéterminé, lui seul pouvait demander la nullité de cet engagement et nullement le patron. Cette opinion n'est pas admise par la majorité des auteurs et des cours qui se refusent à voir dans un contrat synallagmatique une obligation qui, fixe et invariable pour l'une des parties contractantes, pourrait être rompue par l'autre à sa volonté. Nous sommes assez porté à nous ranger à ce dernier avis; ajoutons que lorsqu'une des parties demande la nullité d'un pareil engagement, elle ne pourra être condamnée à des dommages-intérêts, car elle ne fait qu'user du droit légitime que lui donne la loi de recouvrer une liberté qui était inaliénable.

Les ouvriers des manufactures, fabriques et ateliers sont encore sous l'application de la loi du 22 germinal an XI, d'après laquelle leur engagement ne peut excéder un an, à moins qu'ils ne soient contre-maîtres, conducteurs des autres ouvriers, ou qu'ils n'aient un traitement et des conditions stipulées dans un acte exprès.

L'ouvrier qui ayant loué ses services à temps quitterait son maître avant l'époque convenue pour s'engager volontairement dans les armées, se marier, s'établir comme patron, ou pour tout autre motif de cette nature, dérivant de ses convenances personnelles, pourrait être condamné à des dommages-intérêts envers son patron.

L'arrêt du conseil du 27 décembre 1729 punit d'une amende de 300 fr. applicable moitié au profit de l'hôpital le plus voisin, moitié au profit du patron, les ouvriers des forges et fourneaux faisant œuvre de fer qui abandonneront le service et le travail desdits fourneaux lorsqu'ils seront en feu, jusqu'à ce qu'ils aient été mis hors par les maîtres d'iceux. Ce règlement est encore en vigueur (Bourges, 21 déc. 1837 et 23 août 1839).

Si le contrat prenait fin avant le temps fixé pour son terme par la faute du patron, c'est ce dernier qui encourrait des dommages-intérêts au profit de l'ouvrier. Si un dédit avait été stipulé en cas de rupture de l'engagement, il serait dû alors même qu'un incendie aurait été la cause de la cessation de la fabrication, s'il avait été stipulé payable en cas de résiliation pour cause autre que la mort du patron; alors surtout que la fabrique ayant été assurée, le paiement de l'assurance mettrait le patron à même de réparer les dégâts commis par l'incendie (Paris, 10 mai 1854).

Lorsque le temps fixé pour la durée de l'engagement est expiré, il peut recommencer par tacite reconduction et dans ce cas, c'est d'après l'usage des lieux qu'on doit fixer sa nouvelle durée.

Gages et Salaires, — Quotité.

Lorsque les engagements des ouvriers se forment par écrit, on doit s'en rapporter pour la fixation du prix de louage, s'il est stipulé dans le contrat, aux énonciations de ce contrat qui fait la loi des parties. Si ce prix n'est point stipulé dans un acte, mais qu'il soit cependant convenu, il doit être également respecté. Dans ces cas, les tribunaux ne peuvent l'augmenter sous prétexte qu'étant insuffisant, la convention serait contraire à l'ordre public (cass. 20 déc. 1852 et 12 déc. 1853).

Dans le cas où les engagements sont contractés verbalement, comment constater la quotité des gages si elle est contestée? La preuve testimoniale est longue et coûteuse ; elle peut présenter, surtout en ces matières, beaucoup d'inconvénients; le législateur de 1804, suivant la pratique de l'ancienne jurisprudence, a décidé qu'en pareil cas le maître serait cru sur son affirmation (C. N., art. 1781), à serment.

Quelques-uns ont voulu distinguer, suivant que le patron était demandeur ou défendeur, et ils n'appliquent la règle précédente que dans ce dernier cas. Cette distinction ne résulte pas de la loi ; elle a été repoussée dans un cas où un fabricant demandait la restitution des à-comptes qu'il avait payés par anticipation à un ouvrier qui l'avait quitté avant l'expiration du terme convenu (cass. 21 mars 1827).

Toutefois, la règle que nous posons relativement à la portée de l'affirmation du maître ne peut être étendue, dans le silence de la loi, à ses héritiers, à moins que, cohabitant avec le maître du vivant de ce dernier, ils n'eussent été associés à la direction de l'établissement industriel, et ils n'eussent participé à l'exercice de l'autorité du patron, ce qui leur aurait attribué en fait cette qualité.

Ajoutons encore que cette règle n'est applicable qu'aux ouvriers contre-maîtres, directeurs et facteurs d'établissement industriel (Rouen, 10 juillet 1843), qui louent leurs services à temps et que d'autres principes doivent être suivis , comme nous l'indiquerons dans la section suivante, lorsqu'il s'agit d'ouvriers à façon.

Gages et Salaires, — Paiement, — A-comptes.

Le maître est également cru sur son affirmation, suivant les règles et dans les cas que nous venons d'indiquer, pour le paiement du salaire de l'année échue, et pour les à-comptes donnés pour l'année courante (C. N., art. 1781).

En se fondant sur une très ancienne coutume, on tient également que le maître est cru sur son affirmation pour la remise des effets que les ouvriers prétendent avoir apportés dans le domicile du patron ; cela fait cependant difficulté.

Priviléges pour le paiement des salaires.

L'article 2101 du Code Napoléon met au quatrième rang des priviléges généraux sur les meubles, les salaires des gens de service pour l'année échue et ce qui est dû pour l'année courante. Je dois reconnaître qu'en général, par cette expression gens de service, on n'entend que les personnes employées au service intérieur ou personnel du maître et non les gens de travail et ouvriers. Cependant des auteurs et des tribunaux ont entendu dans un sens plus général cet article et en ont étendu le bénéfice aux ouvriers. Cette opinion de la minorité me paraît plus juste que légale; mais, en matière de faillite, le privilége a été textuellement consacré par la loi du 28 mai 1838. Le salaire acquis aux ouvriers employés directement par le failli pendant le mois qui aura précédé la déclaration de faillite sera admis au nombre des créances privilégiées, au même rang que le privilége établi par l'article 2101 du Code Napoléon pour le salaire des gens de service.

Nous examinerons dans la seconde section les divers priviléges attachés au paiement des salaires des ouvriers à la pièce.

Salaires, — Retenues.

Dans la pratique, le patron est autorisé à faire aux ouvriers des retenues à raison des malfaçons provenant de leur faute. Ce règlement est fait devant les prud'hommes, lorsqu'il n'a pu avoir lieu à l'amiable. Il sera bientôt question des retenues qui peuvent être faites à l'ouvrier par le patron pour se couvrir des sommes qui auraient été avancées par lui, ou d'autres fabricants.

Salaires, — sont saisissables.

En principe général, les biens présents et à venir d'un débiteur étant le gage de ses créanciers, et la loi n'ayant pas affranchi le salaire de l'ouvrier des saisies que peut pratiquer un créancier sur les biens de son débiteur, ils restent sous l'empire du droit commun et ils sont saisissables.

Salaires, — Prescription.

L'action des ouvriers en paiement de leurs journées et salaires se prescrit par six mois (C. N., art. 2271). Cette prescription repose sur une présomption absolue de paiement qui ne peut être détruite par la preuve contraire. Celui auquel on l'oppose n'a que la ressource de déférer le serment à son adversaire (cass. 29 nov. 1837; — 27 juillet 1853).

Avances faites aux ouvriers par les patrons, — Constatation, — Remboursement.

Le patron est cru sur son affirmation pour la quotité des sommes dont il a fait l'avance à l'ouvrier qu'il a pris chez lui et qui doivent se compenser avec son salaire. De pareilles avances ne peuvent être considérées comme un prêt; elles constituent un paiement anticipé de salaires (cass. 21 mars 1827). Cependant il faut restreindre cette règle dans les limites de l'article 1781 du Code Napoléon, c'est-à-dire au cas où les avances ne dépassent pas le salaire qui pourra être dû pour l'année échue et la courante; s'il en était autrement, l'excédant ne pourrait être constaté que d'après les règles ordinaires sur la preuve des obligations.

Aux termes des articles 7, 8 et 9 du décret du 9 fri-

maire an XII (1er déc. 1803), l'ouvrier qui avait reçu
des avances sur son salaire ne pouvait exiger la remise
de son livret et la délivrance de son congé qu'après
avoir acquitté la dette par son travail. Si l'ouvrier était
obligé de se retirer parce qu'on lui refusait du travail ou
son salaire, son livret et son congé lui étaient remis
bien qu'il n'eût pas opéré le remboursement des avances
qu'il avait reçues; seulement le créancier avait droit de
mentionner la dette sur le livret et ceux qui employaient
ultérieurement l'ouvrier devaient faire, jusqu'à entière
libération, sur le produit de son travail, au profit du
créancier, une retenue qui ne pouvait excéder les deux
dixièmes du salaire journalier de l'ouvrier. Ces dispositions ont été modifiées par les lois des 14 mai 1851 et
22 juin 1854. Il résulte de la combinaison de ces documents que le livret doit toujours rester entre les mains
de l'ouvrier (L. 1854, art. 6); que l'ouvrier qui a terminé
et livré l'ouvrage qu'il s'était engagé à faire pour le
patron; qui a travaillé pour lui pendant le temps réglé
soit par le contrat de louage, soit par l'usage des lieux;
ou à qui le patron refuse de l'ouvrage ou son salaire, a
le droit d'exiger la délivrance de son congé, lors même
qu'il n'a pas acquitté les avances qu'il a reçues (L. 1851,
art. 2).

Le patron, à la sortie de l'ouvrier, peut mentionner
sur son livret le montant des avances dont l'ouvrier resterait débiteur envers lui jusqu'à concurrence de 30 fr.
(L. 1854, art. 4).

Ces avances sont remboursables au moyen de retenue,

sur son salaire, jusqu'à concurrence de cette somme seulement (L. 1851, art. 4).

La retenue est du dixième du salaire journalier de l'ouvrier (L. 1851. art. 5).

Responsabilité des maîtres et patrons.

Les patrons comme commettants sont civilement responsables des faits de leurs ouvriers qui sont considérés comme leurs préposés dans les fonctions auxquelles ils les ont employés (cass. 8 mars 1811). Ils sont également responsables du dommage causé par leurs apprentis pendant qu'ils sont sous leur surveillance, à moins qu'ils ne prouvent qu'ils n'ont pu empêcher le fait qui donne lieu à cette responsabilité (C. N., art. 1384). Pour le cas où il s'agit de dommage causé par l'ouvrier dans les travaux auxquels il est employé, la responsabilité civile aurait lieu alors même que le patron prouverait n'avoir pu empêcher le fait qui la motive (Jurisprudence et Doctrine unanimes).

Toutefois cette responsabilité ne remonte au patron qu'au cas où l'ouvrier, auteur du dommage, est réputé remplacer le commettant ou patron dans l'exécution du travail qui lui est confié; elle ne saurait atteindre le simple propriétaire qui confie un travail à un ouvrier d'une profession reconnue et déterminée (Douai 25 juin 1841 ; — cass. 25 mars 1824).

Le patron sera-t-il responsable du dommage que l'un de ses ouvriers a causé par imprudence à un autre ouvrier dans un travail qu'ils étaient chargés de faire en

7

commun ? La cour de Lyon (29 déc. 1836) et celle de Toulouse (26 janvier 1839) avaient résolu négativement la question. La cour de Toulouse s'appuyait sur le motif que le salaire réglé entre l'ouvrier et le maître affranchissait ce dernier de toute responsabilité, quant au dommage causé à l'un de ses ouvriers par l'imprudence d'un autre ouvrier salarié au même titre dans un travail qui leur était commandé en commun ; mais la cour de Cassation a annulé cette décision le 28 juin 1841, en se fondant sur ce que les dispositions du deuxième paragraphe de l'article 1384 du Code Napoléon sont générales et n'admettaient pas la distinction établie par la cour de Toulouse.

La responsabilité du patron est principale et non subsidiaire ; c'est-à-dire qu'elle n'est pas subordonnée à l'insolvabilité de l'ouvrier ; mais le maître a, contre ce dernier, une action pour se faire rembourser des sommes qu'il a été dans le cas de payer par suite de sa faute.

Lorsque l'ouvrier, dans l'exécution des travaux que lui a confiés son patron, a reçu des coups et blessures plus ou moins graves par suite de la maladresse, de la négligence ou de l'inexécution des règlements de la part de ce dernier, il a droit à des dommages-intérêts et, en cas de mort, cette action passe à ses héritiers (C. N., art. 1382, 1383 ; — Cod. pén., art. 319 et 320 ; — Bourges, 15 juillet 1840). La responsabilité est encore plus rigoureuse si les ouvriers sont des enfants ; le maître est tenu plus particulièrement de veiller à leur sûreté (Lyon, 9 déc. 1854). Le maître cesse d'être responsable des accidents survenus à l'ouvrier dans l'exécution du travail auquel il l'emploie, si cet accident n'est pas le résultat de sa faute, ou de sa négligence (Lyon, 19 juillet 1853).

SECTION II.

LOUAGE DE SERVICES ET D'INDUSTRIE, DEVIS ET MARCHÉS.

Nous nous sommes occupé plus particulièrement, dans une première section, des services, ouvrages ou travaux distribués suivant une certaine mesure de temps et rémunérés d'après ce temps. Nous allons nous occuper plus spécialement des conventions dans lesquelles prenant en principale considération le travail effectué, on stipule d'avance un prix fixe pour ce travail déterminé, abstraction faite du temps employé par l'ouvrier. Ce prix est tantôt fixé pour la totalité de l'ouvrage, tantôt il est réglé à tant la pièce, ou à tant la mesure. Il peut même ne pas être déterminé d'avance, les parties convenant tacitement ou formellement qu'il sera établi d'après l'usage, d'après une estimation amiable, ou d'après une expertise.

Si l'ouvrier ne reçoit pas la matière à ouvrer, qu'il fournisse la matière et l'ouvrage, il y a vente et non contrat de louage (C. N., art. 1711). Il devient un véritable industriel ; le patron est un acheteur. Toutefois cette règle ne doit être entendue en ce sens que lorsque l'ouvrier fournit toute la matière, et non lorsque recevant du patron la matière principale à ouvrer, il se borne à faire quelques fournitures. Dans ce cas les règles du contrat de louage demeurent applicables. Dans le Droit Romain, dont on me dispensera de citer ici les textes, on est allé jusqu'à reconnaître que lorsqu'un marché est fait avec un architecte pour la construction d'une maison, bien qu'il doive fournir les matériaux, la convention n'est qu'un louage, si celui pour compte de qui il travaille fournit le terrain, parce que c'est là la fourniture principale. Cet exemple a d'ailleurs été textuellement reproduit lors de la discussion qui a précédé le vote du Code Napoléon.

Constatation des conventions.

Si on excepte quelques industries, il n'y a pas de mode spécial de constatation des conventions entre les patrons et les ouvriers. Lors du vote de la loi du 14 mai 1851, le gouvernement proposait de déclarer qu'elles seraient transcrites sur les livrets d'acquit; mais cette disposition s'écartant de l'objet de la loi de 1851, elle n'y fut pas insérée, et la courte discussion qu'elle souleva indique qu'il serait dangereux de confondre ainsi les livrets d'acquit avec les livres de compte. Ainsi la constatation des engagements des ouvriers travaillant à pièce, pas plus que la constatation des conventions des ouvriers travaillant à temps, n'est soumise à aucune règle spéciale, sauf les exceptions ci-après.

Lorsque les baux d'industrie sont constatés par écrit, ils sont soumis à un droit de 20 centimes pour cent si on les soumet à la formalité de l'enregistrement.

Constatation des conventions relatives au tissage et bobinage , — Coupe du Velours de coton, — Teinture , — Blanchiment et Apprêt des Etoffes.

Tout fabricant, commissionnaire on intermédiaire qui livrera des fils pour être tissés sera tenu d'inscrire, au moment de la livraison , sur un livret spécial appartenant à l'ouvrier et laissé entre ses mains :

1° Le poids et la longueur de la chaîne ;

2° Le poids de la trame et le nombre de fils de trame à introduire par unité de surface du tissu ;

3° Les longueur et largeur de la pièce à fabriquer;

4° Le prix de façon soit au mètre de tissu fabriqué , soit au mètre de longueur, ou au kilogramme de la trame introduite dans le tissu (L. 7 mars 1850, art. 1).

Tout fabricant, commissionnaire ou intermédiaire qui livrera des fils pour être bobinés , sera tenu d'inscrire sur un livret spécial appartenant à l'ouvrier et laissé entre ses mains :

1° Le poids brut et le poids net de la matière à travailler ;

2° Le numéro du fil ;

3° Le prix de façon soit au kilogramme de matière travaillée, soit au mètre de longueur de cette même matière (L. 7 mars 1850, art. 2).

Tout fabricant, commissionnaire ou intermédiaire qui livre à un ouvrier une pièce de velours de coton pour être coupée, est tenu d'inscrire, au moment de la livraison, sur un livret spécial appartenant à l'ouvrier et laissé entre ses mains :

1° Les longueur, largeur et poids de la pièce à couper;

2° Le prix de façon au mètre de longueur (D. du 20 juillet 1853 , art. 1 , rendu en exécution de la loi du 7 mars 1850, art. 7, § 2).

Tout fabricant, commissionnaire ou intermédiaire qui livre à un ouvrier une pièce d'étoffe pour être teinte , blanchie ou apprêtée, est tenu d'inscrire, au moment de la livraison, sur un livret spécial appartenant à l'ouvrier et laissé entre ses mains :

1° Les longueur, largeur et poids de la pièce à teindre, blanchir ou apprêter ;

2° Le prix de façon soit au mètre de longueur de la pièce, soit au kilogramme de son poids (D. du 20 juillet 1853, art. 2).

Le prix de façon sera indiqué en monnaie légale sur le livret par le fabricant , commissionnaire ou intermédiaire.

Toute convention contraire sera mentionnée par lui sur le livret (L. 1850, art. 3).

L'ouvrage exécuté sera remis au fabricant , commissionnaire ou intermédiaire , de qui l'ouvrier aura directement reçu la matière première ; le compte de façon sera arrêté au moment de cette remise. Toute convention contraire à ces deux prescriptions sera mentionnée sur le livret par le fabricant, commissionnaire ou intermédiaire (L. 1850, art. 4).

Le fabricant, commissionnaire ou intermédiaire ins-

crira sur un registre d'ordre toutes les mentions portées
au livret spécial de l'ouvrier (L. 1850, art. 5).

Le fabricant, commissionnaire ou intermédiaire tiendra constamment exposés aux regards, dans le lieu où se
règlent habituellement les comptes entre lui et l'ouvrier :
1° les instruments nécessaires à la vérification des poids
et mesures ; 2° un exemplaire de la loi du 7 mars 1850,
en forme de placard (L. 1850, art. 6).

A l'égard des industries spéciales auxquelles serait
inapplicable la fixation du prix de façon, soit au mètre
de tissu fabriqué, soit au mètre de longueur de la trame
introduite dans le tissu, ou bien soit au kilogramme de
matière travaillée, soit au mètre de longueur de cette
même matière, le pouvoir exécutif pourra déterminer un
autre mode, par des arrêtés en forme de règlements d'administration publique, après avoir pris l'avis des Chambres de commerce, des Chambres consultatives et des
Conseils de prud'hommes, et, à leur défaut, des Conseils
de préfecture. Il pourra pareillement, par des arrêtés
rendus en la même forme, étendre les dispositions de
la loi du 7 mars 1850 aux industries qui se rattachent
au tissage et au bobinage (L. 1850, art. 7). Ici l'article
7 de la loi de 1850 ajoutait : en l'un et l'autre cas, ces
arrêtés seront soumis à l'approbation de l'assemblée
législative dans les trois ans qui suivront leur promulgation. Les changements accomplis depuis 1850,
dans nos institutions politiques, qui ont considérablement étendu les pouvoirs du chef du pouvoir exécutif et modifié ceux de l'assemblée législative, nous
semblent avoir aboli la nécessité de cette sanction. Les

mesures prises en vertu de l'article 7 par le pouvoir exécutif sont prises pour assurer l'exécution de cette loi et
par suite dans les limites des attributions du chef de
l'Etat; elles ne nous paraissent dès-lors pas avoir besoin
d'être sanctionnées par le pouvoir législatif.

Seront punies d'une amende de 12 à 15 francs : 1° les
contraventions aux articles 1, 2, 3, 4, 5 et 6 de la loi du
7 mars 1850, dont nous venons de rapporter le texte ;
2° les contraventions à la disposition finale de l'article 4
de cette même loi et aux arrêtés pris en exécution de l'article 7. Il sera prononcé autant d'amendes qu'il aura été
commis de contraventions distinctes (L. 1850, art. 8).

Si dans les douze mois qui ont précédé la contravention, le contrevenant a encouru une condamnation pour
infraction à la loi de 1850, ou aux arrêtés pris en exécution de l'article 7 de cette loi, le tribunal peut ordonner l'insertion du nouveau jugement dans un journal de
la localité aux frais du condamné (L. 1850, art. 9).

Ces peines sont applicables au chef d'établissement,
bien que la contravention ne soit pas son fait direct,
parce qu'il est personnellement responsable de l'exécution de la loi et des fautes de ses préposés. (M. Cunin-
Gridaine, rapport sur la loi de 1850).

Ce sont les juges de paix et non les prud'hommes qui
sont appelés à statuer sur les contraventions (Id).

Il n'est pas nécessaire que le livret spécial dont il est
ici question renferme les indications que doit contenir le
livret d'ouvrier ; il a un tout autre but et il n'est soumis
qu'aux règles spéciales que nous indiquons ici et qu'un
arrêté de police ne pourrait étendre sans ajouter illéga-
lement à la loi (cass. 27 août 1852).

Exécution des conventions, — Difficultés auxquelles elle peut donner lieu. — Perte de la chose.

Dans le cas où l'ouvrier fournit seulement son travail ou son industrie, si la chose vient à périr, il n'est tenu que de sa faute (C. N., art. 1789).

Si dans ce cas la chose vient à périr, quoique sans aucune faute de la part de l'ouvrier, avant que l'ouvrage ait été reçu et sans que le maître fût en demeure de le vérifier, l'ouvrier n'a point de salaire à réclamer, à moins que la chose n'ait péri par le vice de la matière (C. N., art. 1790).

S'il s'agit d'un ouvrage à plusieurs pièces ou à la mesure, la vérification peut s'en faire par parties ; elle est censée faite pour toutes les parties payées, si le maître paye l'ouvrier en proportion de l'ouvrage fait (C. N., art. 1791). Il est entendu que ce payement ne peut produire cet effet qu'en tant qu'il est effectué avec la volonté de l'affecter à telle ou telle portion de l'ouvrage déjà terminé et non à des à-comptes donnés en remettant la matière première ou pendant la durée du travail, mais sans vérification, réception de la marchandise, ni imputation sur telle ou telle partie.

Si le maître est en demeure de recevoir l'ouvrage terminé, et que par sa faute il soit resté dans les mains de l'ouvrier où il a péri, il périt pour le maître (C. N., art. 1788).

Réception de l'ouvrage, — Responsabilité de l'ouvrier.

Lorsque l'ouvrage est terminé il doit être livré au patron, et après vérification il est procédé à la réception. Cette opération, qui consiste dans un fait matériel, n'est soumise pour sa constatation à aucune forme légale ; pour certaines industries toutefois des fonctionnaires spéciaux sont chargés de cette vérification pour prévenir les erreurs et les fraudes ; tel est l'objet notamment de ce qu'on appelle la *condition publique des soies* à Lyon , à Avignon, à Saint-Étienne.

Au moment de la réception, s'il existe des malfaçons, l'ouvrier en est responsable. Cette responsabilité se règle dans la pratique au moyen d'une retenue de salaires , fixée amiablement ou devant les prud'hommes ; elle est plus rigoureuse pour l'ouvrier à façon que pour l'ouvrier à temps, parce que le premier conserve plus de liberté d'action, surtout lorsqu'il travaille hors de l'atelier.

Lorsque la réception a eu lieu , l'ouvrier est déchargé de toute responsabilité , même à raison de malfaçons. Cette règle a été formellement consacrée par le Conseil-d'État lors de la discussion du Code Napoléon. Elle ne reçoit d'exception qu'à l'égard des architectes et entrepreneurs qui , pendant dix ans, restent responsables, si l'édifice construit à prix fait périt en tout ou en partie par le vice de sa construction, même par le vice du sol. (C. N., art. 1792).

Responsabilité des maîtres.

Voyez ce qu'il est dit sous cette rubrique dans la section première.

Résiliation et résolution du contrat.

Le maître peut résilier par sa seule volonté le marché à forfait, quoique l'ouvrage soit déjà commencé, en dédommageant l'ouvrier de toutes ses dépenses, de tous ses travaux et de tout ce qu'il aurait pu gagner dans cette entreprise (C. N., art. 1794).

Cette règle s'applique aux marchés à tant la mesure et tant la pièce.

Le patron peut s'en prévaloir quel que soit l'état où se trouve l'ouvrage, pourvu qu'il ne soit pas achevé.

Les héritiers du patron ont le même droit; s'il y en a plusieurs et qu'ils soient d'avis différent, c'est au juge à décider quelle est la volonté qui doit prévaloir.

Le droit de résiliation, laissé par la loi à l'arbitraire du maître, n'appartient pas à l'ouvrier; mais si le maître veut le réaliser, l'ouvrier doit être dédommagé de toutes ses dépenses, de tous ses travaux, de tout ce qu'il aurait pu gagner dans cette entreprise, c'est-à-dire du bénéfice entier qu'il aurait fait sans la résiliation; toutefois on ne peut lui tenir compte du profit qu'il aurait pu tirer d'autres ouvrages refusés pour pouvoir exécuter l'obligation résiliée. Si le prix des travaux avait été payé d'avance en entier, et que par suite de résiliation il y eût lieu à restitution de partie, il doit être accordé un délai suffisant à l'ouvrier pour faire cette restitution.

La mort de l'ouvrier dissout le contrat de louage d'œuvres (C. N., art. 1795). Le maître est tenu de payer en proportion du prix convenu aux héritiers la valeur des ouvrages faits et celle des matériaux préparés, lorsque ces travaux ou ces matériaux peuvent lui être utiles (C. N., art. 1796), pour l'ouvrage objet du contrat.

Cette faculté de résolution est réciproque, c'est-à-dire qu'elle peut être demandée par le maître, comme par les héritiers de l'ouvrier.

Prix. — Fixation. — Payement.

La fixation du prix et les conditions du payement doivent être faites dans les conventions ; à défaut, elles se règlent d'après les usages, ou d'après une estimation ou une expertise amiable ou judiciaire.

Si les prix ont été fixés dans le contrat, les tribunaux ne peuvent les modifier sous prétexte qu'ils sont insuffisants; les accords librement consentis sont dans ce cas la loi des parties. Un ouvrier tailleur s'était engagé à faire deux paletots à un tailleur confectionneur pour 6 fr. 50 c. la pièce ; les paletots livrés, l'ouvrier demande 12 fr.; le patron refuse ; les prud'hommes interviennent et accordent le prix demandé ; le patron s'est pourvu en cassation, et cette cour a cassé la décision des prud'-hommes, parce que toute convention légalement formée tient lieu de loi à ceux qui l'ont faite; qu'un juge ne peut substituer un prix à celui arrêté par les contractants ; que c'est violer l'article 1134 du Code Napoléon et tous les principes de la législation sur la liberté du commerce et de l'industrie , que de décider le contraire (20 déc. 1852). Il a été rendu un arrêt dans le même sens par la cour de Cassation le 12 décembre 1853.

L'article 1781 du Code Napoléon , d'après lequel le maître est cru sur son affirmation pour la quotité des gages et le payement de certains salaires, ne s'applique qu'aux salaires réglés à temps, et non aux salaires dus pour des ouvrages confectionnés à prix fait (cass. 12 mars 1834).

Garanties accordées aux ouvriers pour le payement de leurs salaires.

Le privilége général sur les meubles, accordé en quatrième ligne aux gens de service, que l'on a refusé aux ouvriers à temps , ne saurait être utilement revendiqué par les ouvriers à pièce ou à forfait.

Mais ces ouvriers ont un privilége particulier sur les marchandises qui leur ont été données à ouvrer, pour le payement de la main d'œuvre (C. N., art. 2102, n° 3). Ce privilége ne s'exerce qu'en tant que l'ouvrier est encore détenteur de la chose et ne l'a pas remise au patron. On juge même généralement que si ayant reçu plusieurs pièces, l'ouvrier en a ouvré une partie et l'a rendue à son patron, il ne peut exiger le payement de ce qui lui est dû à raison des livraisons faites par privilége sur les portions restant entre ses mains. A plus forte raison en serait-il de même si la matière, au lieu d'être donnée en bloc et rendue par parties séparées au fur et à mesure de la confection, avait été donnée et rendue par lots séparés ; les derniers objets confiés et restant entre les mains de l'ouvrier ne répondraient pas par privilége des sommes dues pour payement de la main d'œuvre des objets confiés et rendus antérieurement.

Parmi les créanciers privilégiés sur les immeubles, d'après l'article 2103, paragraphe 4 du Code Napoléon, sont les architectes, entrepreneurs, maçons et autres ouvriers employés pour édifier, reconstruire ou réparer des bâtiments, canaux, ou autres ouvrages quelconques, pourvu néanmoins que, par un expert nommé d'office par le tribunal de première instance dans le ressort duquel les bâtiments sont situés, il ait été dressé préalablement un procès-verbal, à l'effet de constater l'état des lieux relativement aux ouvrages que le propriétaire déclare avoir dessein de faire, et que les ouvrages aient été, dans les six mois au plus de leur perfection, reçus par un expert également nommé d'office. Le montant du privilége ne peut excéder les valeurs constatées par le second procès-verbal et il se réduit à la plus value existante à l'époque de l'aliénation de l'immeuble et résultant des travaux qui y ont été faits. Ceux qui ont prêté les deniers pour payer ou rembourser les ouvriers jouissent de ce même privilége, pourvu qu'il soit authentiquement constaté par l'acte d'emprunt, que la somme était destinée à cet emploi, et par la quittance des ouvriers, que ce paiement a été fait des deniers empruntés.

Ce privilége est soumis à la formalité de l'inscription (C. N., art. 2110).

Les maçons, charpentiers et autres ouvriers qui ont été employés à la construction d'un bâtiment ou d'autres ouvrages faits à l'entreprise, ont une action directe contre celui pour lequel les ouvrages ont été faits, jusqu'à concurrence de ce dont il se trouve débiteur envers l'entrepreneur au moment où leur action est intentée (C. N., art. 1798).

Par suite de l'action directe conférée par la loi, même au cas de faillite de l'entrepreneur, les ouvriers doivent être payés par préférence à tous autres créanciers du failli sur les sommes que reste devoir le propriétaire (Doctrine et Jurisprudence conformes et unanimes).

Quant à la preuve des paiements faits par le propriétaire, elle peut résulter de pièces n'ayant pas date certaine et de tous actes, pourvu que leur sincérité ne puisse être soupçonnée ?

La cession faite par l'entrepreneur du prix que lui doit le propriétaire avant l'exercice de l'action des ouvriers met obstacle à l'exercice de cette action directe. La somme, dans ce cas, n'étant plus due à l'entrepreneur, ne peut être réclamée par les ouvriers ses créanciers. L'opinion contraire a été adoptée quelquefois par des tribunaux et des auteurs; mais, repoussée par la cour de Cassation (18 janvier 1854), et par la plupart des jurisconsultes, elle ne semble pas devoir prévaloir.

La saisie-arrêt faite entre les mains du propriétaire,

pour lequel les ouvrages ont été faits, sur les sommes par lui dues à l'entrepreneur, met également obstacle à l'action directe que les ouvriers viendraient exercer postérieurement (Bordeaux, 31 mars 1854).

Le décret du 26 pluviôse an II confère aux ouvriers des entrepreneurs de travaux de l'Etat un droit de préférence sur les sommes dues à ces entrepreneurs, que la jurisprudence se refuse d'étendre lorsqu'il s'agit de travaux communaux.

Prescription.

La disposition de l'article 2271 du Code Napoléon, qui soumet à la prescription de six mois l'action des ouvriers pour le paiement de leurs journées, fournitures et salaires, est trop générale, pour ne pas l'appliquer non-seulement aux ouvriers à temps, mais encore aux ouvriers à pièce. La cour de Cassation, par arrêt du 27 janvier 1851, l'a admise à l'encontre d'un ouvrier plombier qui, à la suite de travaux et fournitures faits à une propriété de M. de Rotschild, demandait une somme de 20,000 francs. La prescription de six mois ne cesse d'être opposable que lorsque l'ouvrier, s'engageant à faire des travaux dont quelques-uns sont étrangers à sa profession, devient entrepreneur. Cependant la cour de Cassation a refusé de l'appliquer le 12 avril 1853 à un charpentier qui avait fait une charpente et un escalier, parce qu'il n'avait pas été employé comme simple ouvrier à la journée, moyennant salaire quotidien des gens de travail.

Avances.

Pour ce qui concerne les avances, leur constatation, leur remboursement, voyez ce que nous avons dit sous la même rubrique dans la section première.

Compétence.

Les contestations relatives aux engagements respectifs des maîtres et de leurs ouvriers sont de la compétence des juges de paix, lorsque d'ailleurs il n'y a pas sur les lieux de conseil de prud'hommes. Il n'y a pas lieu dans ce cas de rechercher si cette contestation présente un caractère civil ou commercial ; c'est du moins la règle généralement adoptée ; quelques dissidents seulement soutiennent que, dans ce dernier cas, le tribunal de commerce est compétent.

SECTION III.

OBLIGATIONS DES PATRONS, — DROIT DES TIERS.

Aux termes des articles 11 et 12 du décret du 22 germinal an XI, nul individu employant des ouvriers ne peut recevoir un apprenti ou un ouvrier sans un congé ou certificat d'acquit de ses engagements délivré par celui de chez qui il sort, à peine de dommages-intérêts envers le maître.

Cette disposition, qui a été sans cesse appliquée, est

encore en vigueur (cass. 9 juillet 1829 ; — 22 fév. 1840; — 18 juin 1846, etc.) Il y a plus, cette prescription est aujourd'hui accompagnée d'une sanction spéciale ; ce qui avait également lieu avant la loi de germinal. L'action civile en dommages-intérêts n'en continue pas moins à subsister.

La règle est recevable :

Qu'il s'agisse de l'emploi d'un ouvrier à journée ou d'un ouvrier à façon (Nancy, 18 juin 1849).

Que l'ouvrier sorte immédiatement de la fabrique du patron qui réclame, ou qu'il ait été employé dans l'intervalle dans d'autres ateliers (cass., 2 août 1848).

Que les ouvriers soient domiciliés ou non dans la commune où ils travaillent (cass., 9 juillet 1829).

Elle n'est applicable qu'aux manufacturiers, fabricants et autres personnes se livrant à des entreprises industrielles, mais nullement à de simples cultivateurs, par exemple, qui recevraient un ouvrier sortant d'une manufacture sans exiger la justification d'un livret portant un congé d'acquit (cass., 30 juin 1836).

SECTION IV.

BUREAUX DE PLACEMENT.

Nous ne croyons pas devoir terminer ce chapitre relatif aux relations civiles entre les maîtres et les ouvriers sans parler des bureaux spécialement destinés à lier ces relations.

Les modes de placement des ouvriers varient suivant les industries et suivant les localités. Les uns se font directement, soit en se présentant à domicile, soit en se rendant à des heures déterminées sur des places ou lieux traditionnellement fixés, où les patrons ou leurs agents vont embaucher les ouvriers ; les autres se font par l'intermédiaire d'entrepreneurs, de logeurs, etc. ; d'autres enfin se font par l'intermédiaire de bureaux de placements généraux ou spéciaux à certaines industries.

Il y a peu d'années les bureaux de placement n'étaient soumis à aucun règlement et il s'y commettait journellement, au détriment des ouvriers, des abus de confiance, des exactions, des tromperies et des fraudes de toute espèce.

Un décret du 25 mars 1852, considérant qu'il importait, dans l'intérêt des classes laborieuses, de régulariser et de moraliser l'institution de ces bureaux, a réglementé la matière.

Nul ne peut tenir un bureau de placement, sous quelque titre et pour quelques professions, places ou emplois que ce soit, sans une permission spéciale, délivrée par l'autorité municipale, et qui ne pourra être accordée qu'à des personnes d'une moralité reconnue.

L'autorité municipale surveille ces bureaux pour y assurer le maintien de l'ordre et de la loyauté de la gestion. Elle prend des arrêtés nécessaires à cet effet et règle le tarif des droits qui pourront être perçus par les gérants. Ceux-ci doivent se conformer rigoureusement aux prescriptions de ces arrêtés. Lorsqu'ils demandent la permission, ils doivent faire connaître les conditions auxquelles ils se proposent d'exercer leur industrie et ils doivent observer ensuite ces conditions.

Toute ouverture, sans autorisation, d'un bureau, toute modification aux conditions dénoncées en présentant la demande, toute contravention aux arrêtés municipaux sur la surveillance de ces maisons et les tarifs qui doivent y être suivis, sont punies d'une amende de 1 fr. à 15 fr. et d'un emprisonnement de cinq jours au plus, ou de l'une de ces deux peines seulement. Le maximum des deux peines sera toujours appliqué, lorsqu'il aura été prononcé contre le contrevenant dans les douze mois précédents une première condamnation pour contravention aux règlements ou arrêtés concernant ces bureaux. Ces peines seront indépendantes des restitutions et dommages-intérêts auxquels pourraient donner lieu les faits imputables au gérant.

L'article 463 du Code pénal, sur les circonstances atténuantes, est cependant applicable.

Lorsque l'autorisation a été donnée, elle peut être retirée par l'autorité municipale, après approbation du préfet,

Aux individus condamnés à des peines afflictives et infamantes, ou seulement infamantes ;

Aux condamnés pour crime à l'emprisonnement, seulement par suite de l'admission des circonstances atténuantes ;

Aux condamnés à trois mois de prison pour vente de boissons falsifiées, ou tromperies sur la nature ou la quantité des marchandises vendues (art. 318, et 323 C. P.; et L. 27 mars 1851, art. 1) ;

Aux condamnés pour vol, escroquerie, abus de confiance, soustraction par des dépositaires de deniers publics, attentats aux mœurs ;

Pour outrage à la morale publique ou religieuse et attaque contre le principe de la propriété et les droits de la famille ;

Pour délit d'usure :

Aux condamnés à plus d'un mois de prison pour rébellion, outrages et violences envers l'autorité, outrages envers un juré ou un témoin, attroupement, clubs, colportage ;

Aux condamnés à l'emprisonnement pour contravention aux règlements sur les bureaux de placement.

A Paris, les pouvoirs que le règlement que nous venons d'examiner confère aux autorités municipales sont exercés par le préfet de police, dont l'action s'étend dans tout le ressort de la préfecture. Dans les communes de l'agglomération lyonnaise, le fonctionnaire compétent est le préfet du Rhône.

En vertu du décret du 25 mars 1852, le préfet de police a rendu, à la date du 6 octobre 1852, une ordonnance qui réglemente cette industrie. Cette ordonnance, qui doit être affichée ostensiblement dans le bureau, soumet les gérants de ces établissements, notamment à tenir des registres qui présentent le tableau exact de leur fonctionnement.

CHAPITRE II.

RÈGLEMENTS DE COMPTE ENTRE LES MAITRES D'ATELIERS ET LES NÉGOCIANTS.

Nous avons indiqué quelles étaient, d'après les documents récents, les obligations qui étaient imposées dans certaines industries, notamment pour le tissage et bobinage, aux ouvriers et chefs d'ateliers pour constater les conventions intervenues entre eux. Le décret du 18 mars 1806, sur l'établissement d'un conseil de prud'-hommes à Lyon, contient un titre relatif aux règlements de compte entre les maîtres d'ateliers et les négociants. Comme les dispositions de ce titre n'ont point été formellement abrogées, nous croyons devoir les faire connaître.

Ces dispositions sont principalement applicables à la fabrique de soieries de Lyon; elles doivent être cependant suivies dans les autres localités où se représentent des positions semblables.

Les chefs d'ateliers sont tenus de se pourvoir au conseil de prud'hommes d'un double livre d'acquit pour chacun des métiers qu'ils feront travailler et ce dans la huitaine du jour où commencent à fonctionner les métiers montés à neuf. Ce livre d'acquit n'a rien de commun avec le livret des ouvriers. Il est paraphé et numéroté; il ne peut être refusé lors même que les chefs d'atelier n'auraient qu'un métier. Il doit y être inscrit les nom, prénoms et domicile du chef d'atelier (L. 18 mars 1806, art. 20).

Il sera tenu au conseil de prud'hommes un registre sur lequel lesdits livres d'acquits seront incrits. Le chef d'atelier signera, s'il le sait, sur le registre et sur le livre d'acquit qui lui sera délivré (Id. art. 21).

Le chef d'atelier déposera le livre d'acquit du métier qu'il destinera au négociant manufacturier entre ses mains, et pourra, s'il le désire, en exiger un récépissé (Id. art. 22).

Lorsqu'un chef d'atelier cessera de travailler pour un négociant, il sera tenu de faire noter sur le livre d'acquit, par ledit négociant, que le chef d'atelier a soldé son compte ; ou, dans le cas contraire, la déclaration du négociant spécifiera la dette dudit chef d'atelier (Id. art. 23).

Le négociant possesseur du livre d'acquit le fera viser aux autres négociants occupant des métiers dans le même atelier; ils énonceront la somme due par le chef d'atelier dans le cas où il serait leur débiteur (Id. art. 24).

Lorsque le chef d'atelier restera débiteur du négociant manufacturier pour lequel il aura cessé de travailler, celui qui voudra lui donner de l'ouvrage fera la promesse de retenir la huitième partie du prix des façons dudit ouvrage, en faveur du négociant dont la créance sera la plus ancienne sur ledit registre, et ainsi successivement, dans le cas où le chef d'atelier aurait cessé de travailler pour ledit négociant du consentement de ce dernier ou pour cause légitime ; dans le cas contraire, le négociant manufacturier, qui voudra occuper le chef d'atelier, sera tenu de solder celui qui sera resté créancier en compte de matières, nonobstant toute dette antérieure et le compte d'argent jusqu'à 500 fr. (Id., art. 25).

La date des dettes que les chefs d'atelier auront contractées avec les négociants qui les auraient occupés, sera regardée comme certaine vis-à-vis des négociants et maîtres d'atelier seulement, et, à l'effet des dispositions portées au présent titre, après apurement des comptes, l'inscription de la déclaration sur le livre d'acquit et le visa du bureau des prud'hommes (Id., art. 26).

Lorsqu'un négociant manufacturier aura donné de l'ouvrage à un chef d'atelier dépourvu du livre d'acquit pour le métier que le négociant voudra occuper, il sera condamné à payer comptant tout ce que ledit chef d'atelier pourrait devoir en compte de matières et en compte d'argent jusqu'à 500 fr. (Id., art. 27).

Les déclarations ci-dessus prescrites seront portées par le négociant manufacturier sur le livre d'acquit resté entre les mains du chef d'atelier, comme sur le sien (Id., art. 28).

Le conseil de prud'hommes tiendra un registre exact du nombre de métiers existant et du nombre d'ouvriers de tout genre employés dans la fabrique, pour lesdits renseignements être communiqués à la chambre de commerce toutes les fois qu'il en sera requis. A cet effet, les prud'hommes sont autorisés à faire dans les ateliers une ou deux inspections par an, pour recueillir les informations nécessaires (Id., art. 29).

CHAPITRE III.

DES ASSOCIATIONS.

Les associations entre ouvriers, lorsqu'elles consistent
à mettre en commun leur travail et leur industrie, dans
la vue de partager le bénéfice qui pourra en résulter ,
sont des sociétés parfaitement licites et dont la loi même
a réglé l'action et le développement (C. N., art. 1832 et
suiv. — C. comm., art. 18 et suiv.).

Toutefois les avantages des associations ouvrières sont
plus spécieux que réels ; elles flattent l'amour de l'égalité et elles semblent devoir attribuer aux ouvriers le
profit que le patron prélève sur eux pour accroître de ce
profit le salaire dû à leur travail. En fait, cette appa-
rence d'égalité disparaît bientôt sous l'empire que l'habileté, l'intelligence et quelquefois même la force donnent
à certains associés ; les profits diminuent par le défaut
de surveillance générale et de direction unique ; les opérations sont entravées par le manque de crédit ; les dé-
bouchés utiles manquent à la production ; quelques circonstances malheureuses, bien que passagères, ne permettent plus à l'association de fonctionner, et par dessus
tout, cette multiplicité de volontés diverses que renferme
l'association sèment partout des difficultés et des en—

traves qui entraînent sa ruine. Quand on voit les différends qui surgissent journellement dans les maisons de
commerce entre associés , alors que ces maisons n'en
comptent qu'un très-petit nombre, deux , trois , quatre,
cinq au plus, parmi lesquels il est rare de ne pas en
trouver un qui, par ses antécédents , son expérience ,
son âge, ou tout autre motif, ait de l'ascendant sur ses
associés, on ne s'explique pas comment peut utilement
fonctionner une société composée de 20, 50, 100 personnes, à moins que faisant abnégation d'elles-mêmes,
elles ne constituent au profit d'un tiers une direction
qui en transportant le commandement à ce tiers , n'en
fasse un véritable chef d'atelier, un directeur de manufacture. L'expérience prouve d'ailleurs qu'un bon ouvrier, qui peut devenir un excellent chef d'atelier, manque le plus souvent des aptitudes nécessaires pour le
commerce ; et cependant ce n'est pas tout de beaucoup
et même de bien produire , il faut encore bien placer ,
vendre sûrement, utilement et à propos.

En 1848, le gouvernement avait favorisé les associations ouvrières ; des prêts leur furent faits en vertu du
décret du 5 juillet 1848; on les admit, par décret du 15
du même mois et par le décret du 18 août suivant , à
soumissionner les travaux publics. La loi du 13 novembre 1848 affranchit des droits d'enregistrement et d'hy-
pothèques les actes relatifs à ces associations.

Sous les encouragements et les tendances de l'époque,
il se forma un très-grand nombre d'associations ; mais
l'expérience ne fut pas heureuse. A de très-rares exceptions près, ces sociétés si nombreuses sont toutes tom-

bées, après avoir déprécié les salaires, nuit à l'industrie, sans profit pour leurs membres ; la plupart en disparaissant n'ont laissé aucun actif; les autres ont vu leurs débris dévorés par la liquidation de leur faillite.

Ces grandes associations ouvrières sont donc loin de fournir les avantages qu'elles semblent promettre aux ouvriers, et ils ne doivent s'y lancer qu'avec circonspection et réserve. Des associations restreintes, plus utiles et plus sérieuses , peuvent seules , dans certains cas et pour certaines entreprises déterminées, leur présenter des résultats avantageux.

De nos jours ces associations sont placées sous les dispositions du Code Napoléon et du Code de commerce sur les sociétés. Elles se trouveraient sous l'application des lois de police sur les associations et réunions, si elles cessaient de s'occuper exclusivement d'intérêts civils. Elles seraient punies par la loi pénale si elles devenaient des coalitions.

Pour pouvoir contracter une société , il faut, comme pour tous les contrats, avoir capacité suffisante. Ainsi les femmes doivent être autorisées par leurs maris ; les interdits et les mineurs sont incapables.

Le contrat de société doit être rédigé par écrit.

Extrait doit être publié suivant la nature de la société.

Les contestations entre associés et pour raison de la société, doivent être soumises à des arbitres juges.

TITRE II.

POLICE DES ATELIERS ET MANUFACTURES ;
DÉLITS ET PEINES.

CHAPITRE I.

TRAVAIL DES ENFANTS DANS LES MANUFACTURES, USINES OU ATELIERS.

Lorsque la civilisation et le progrès ont amené dans toute son étendue le déploiement de l'activité humaine, l'industrie, en recevant un immense développement, se voit obligée d'appeler à elle toutes les forces et tous les bras. Les hommes ne lui suffisent plus ; elle réclame le concours des travailleurs de tous les sexes et de tous les âges. Elle ne demande d'abord à ces derniers que la délicatesse et l'agilité nécessaires à la perfection de certains ouvrages ; mais bientôt la concurrence, le besoin de produire, et de produire à bon marché, l'impulsion de cette activité industrielle et son déploiement redoublant, on demande à ces nouveaux auxiliaires des services plus

nombreux , plus pénibles, plus prolongés, moins en rapport avec leur âge et leurs forces ; de là de nombreux
abus, des excès nuisibles à la santé et à la vie des individus, qu'il est du devoir des gouvernements d'arrêter et
de faire disparaître.

C'est en Angleterre que le mal s'est d'abord fait sentir, et dès 1802 un bill essaya de mettre un terme à ces
maladies et à ces morts prématurées , résultat d'un travail excessif et imposé de trop bonne heure aux enfants.
Ces premiers efforts du gouvernement anglais n'ayant
pas eu tout le succès qu'il en attendait, de nouvelles propositions furent faites en 1815 ; en 1819 intervint un
nouvel acte de protection en faveur des jeunes ouvriers.
Cet acte, completé en 1825 , fut refondu en 1833 dans
un nouveau bill formant un corps complet de lois de
police sur le travail des enfants dans les manufactures.
En 1844 , des améliorations partielles furent encore
ajoutées à cette législation.

La Suisse, la Russie, l'Autriche, la Bavière, ont aussi
réglementé ces matières. On est heureux de pouvoir
constater que les mesures législatives qui limitent l'âge
auquel les enfants peuvent être admis dans les manufactures, la durée du travail auquel on peut les soumettre, ont été on ne peut pas plus utiles à la conservation
de la santé de cette classe intéressante des ouvriers, sans
arrêter la marche prospère et toujours progressive de
l'industrie.

En France , les abus ne se sont manifestés qu'assez
tard. Dès qu'on put les apercevoir, des voix généreuses
les signalèrent. Hâtons-nous d'ajouter qu'à peine M.

Villermé les dénonçait dans les séances de l'Institut, que l'industrie elle-même se levait pour les combattre. La société industrielle de Mulhouse attira sur le sort des jeunes ouvriers l'attention et la sollicitude du pouvoir ; elle lui fit connaître le mal ; elle lui signala les moyens de le combattre. Immédiatement les conseils généraux , les chambres consultatives du commerce et de l'industrie furent appelées à éclairer le gouvernement sur les moyens à employer pour améliorer le sort de ces enfants. Enfin, un projet de loi fut présenté aux chambres en 1840 ; il fut suivi de longues et savantes discussions, et, après avoir reçu de nombreuses modifications, il fut voté et promulgué comme loi de l'Etat.

Le but multiple de la loi du 22 mars 1841 a été de veiller, autant que possible, sur le sort des enfants, leur santé, leur bien-être, leur éducation intellectuelle et religieuse.

Cette œuvre n'était pas sans difficultés. Constatons que c'est avec la plus grande sollicitude que l'on chercha la solution de ce problème qui touchait à la fois aux principes les plus élevés du droit civil, de la morale , de la politique et de l'économie sociale. Il fallait mettre un terme aux sacrifices trop grands qu'on exigeait de ces jeunes forces pour le service de ces grandes forces impulsives qu'on emprunte à la nature inanimée ; il fallait annihiler les résultats fâcheux de cette soif immodérée du lucre qui pousse certains chefs d'établissements industriels à dépasser les justes limites que la nature impose à la durée du travail. Il fallait empêcher que ces jeunes enfants fussent exténués par un travail excessif , laissés sans éducation , sans principes moraux , à l'état d'une machine qui dès son premier fonctionnement est ruinée par la somme anormale des forces qu'on lui fait déployer. D'un autre côté, il fallait avoir égard à la liberté de l'industrie sans laquelle la concurrence étrangère viendrait étouffer toute vie dans nos ateliers, amener la ruine de nos établissements industriels, au préjudice des ouvriers, des industriels et du pays. A un autre point de vue, si l'on devait empêcher les parents d'abuser prématurément des forces de leurs enfants pour accroître leur salaire, alors que dans l'impuissance de subvenir aux besoins de leurs familles, sans épargne, sans prévoyance , sans espérance , ils vivent dépouillés par l'excès de la misère et du mal des sentiments les plus doux et les plus énergiques de l'âme ; il fallait aussi ne pas convier les enfants à une oisiveté précoce ; il fallait surtout respecter le développement légal de la puissance paternelle ; l'Etat ne pouvait substituer la volonté exclusive de la loi à la direction du père de famille : sa puissance devait être respectée, comme le disait M. Renouard, en tant que droit du bienfait ; la loi ne pouvait en réprimer les excès que quand elle se manifestait comme droit de l'abus.

La loi de 1841, sur le travail des enfants dans les manufactures, a donc été inspirée par un sentiment de vif intérêt pour les jeunes ouvriers. C'est une loi de protection dont l'administration a été armée en leur faveur contre les excès de l'avidité aveugle et cruelle de certains industriels et contre l'exercice abusif de l'autorité paternelle.

Parcourons les dispositions de cette loi.

Etablissements auxquels s'applique la loi de 1841 sur le travail des enfants dans les manufactures.

Les dispositions de la loi ne pouvaient s'appliquer à tous les lieux de travail ; c'eût été énerver la loi que la généraliser outre mesure ; elle n'atteint pas les ateliers de famille et les travaux placés sous l'abri du toit domestique. Dans la plupart de ces petits ateliers le travail a lieu sous l'influence de l'esprit de famille ; le remède est le plus souvent à côté du mal ; on a pensé que les sentiments d'affection naturelle tempèreraient les exigences de la misère. Le législateur a voulu être pratique afin d'être plus utile ; il n'a pas voulu qu'une loi de protection ne pût être exécutée qu'au moyen de mesures vexatoires et en introduisant à toute heure les agents de l'autorité chez les citoyens (Macarel , *Cours de Droit administr.)*

C'est donc pour les véritables établissements industriels que la loi est faite. Ils sont divisés par le législateur, au point de vue qui nous occupe, en deux classes : la première comprend les établissements à moteur mécanique ou à feu continu et leurs dépendances ; la seconde toute fabrique fonctionnant autrement, mais employant plus de vingt ouvriers réunis en atelier (L. 1841, art. 1).

Ces grands établissements employant le plus de bras , c'est là où la mesure devait être à la fois la plus générale et la plus utile ; c'est de là que devait partir l'exemple , c'est là que devait se former l'usage.

Pour les manufactures et usines à moteur mécanique ou à feu continu, il n'y a aucune distinction à faire ; ces moteurs sont aveugles dans leur action : ils fonctionnent sans trêve ni relâche; en exigeant une moindre dépense de force, ils nécessitent un travail continu ; l'attention du législateur devait donc se porter dans ces ateliers où existent les plus grandes probabilités d'un travail prolongé. La loi s'applique non-seulement à ces manufactures, usines et ateliers, mais encore à leurs dépendances ; sinon en transportant hors du local principal les opérations accessoires, on pourrait échapper à l'application de ses dispositions.

La seconde catégorie des établissements auxquels la loi est applicable, est, toute fabrique occupant plus de vingt ouvriers réunis en ateliers. Cette limite a paru suffisante pour atteindre presque toute la fabrication et arrêter les abus dans toutes les agglomérations qui, sortant en quelque sorte du travail domestique, ont le caractère d'ateliers.

Au reste, après avoir posé ces règles générales, le législateur a dû laisser au gouvernement le droit de prendre, suivant la localité, les fabrications, les climats, les besoins locaux, des mesures propres à réprimer les abus qui pourraient se glisser dans des établissements non englobés par les dispositions de la loi. Des règlements d'administration publique peuvent étendre à des manufactures, usines et ateliers autres que ceux que nous venons d'énumérer, l'application des dispositions de la loi de 1841 (L. 1841, art. 7, § 1).

Conditions d'admission ; — Age.

Les enfants devront, pour être admis, avoir au moins huit ans (L. 1841, art. 2).

Il pouvait y avoir quelque danger à limiter ainsi d'une manière absolue l'âge où les enfants pourraient entrer dans les usines et ateliers. La nature diverse des industries, la diversité des climats sous l'influence desquels les développements de l'homme sont plus ou moins prompts, la différence des sexes qui influe aussi sur ce développement, semblaient devoir conduire à laisser aux autorités locales le soin de fixer cet âge. D'un autre côté, on ne pouvait s'en tenir dans la loi à des déclarations théoriques. Il était nécessaire qu'une règle générale reçût de la loi son autorité, sa stabilité, et la garantie qu'elle seule donne à l'action des grands principes sociaux. Le législateur a donc fixé, d'une manière générale, l'âge au-dessous duquel il n'était pas permis à un enfant d'entrer dans les établissements industriels dénommés dans la loi de 1841. Huit ans, qui est l'âge fixé, paraît être un âge bien tendre ; mais il était sage de donner aux enfants des habitudes de travail et par suite d'ordre et de discipline, de ne pas enlever aux parents ce moyen de surveillance, de ne pas les priver des ressources que ce travail leur procure. Plusieurs métiers exigent une dextérité et une prestesse qui ont besoin de se développer de bonne heure ; à huit ans l'éducation intellectuelle et morale est déjà commencée ; pourquoi ne pas permettre de commencer l'éducation professionnelle et industrielle ?

Au surplus , le pouvoir exécutif , par des règlements d'administration publique , peut élever le minimum de l'âge à l'égard des genres d'industrie où le labeur des enfants excèderait leur force et compromettrait leur santé, et déterminer les fabriques où, pour cause de danger ou d'insalubrité, les enfants au – dessous de seize ans ne pourront être employés (L. 1841, art. 7, § 2 et 3).

L'âge des enfants est constaté par un certificat délivré sur papier non timbré et sans frais par l'officier de l'état civil (L. 1841, art. 2, § dernier). Ce certificat, énonçant l'âge, suffit, puisqu'il est seul prescrit par la loi ; il n'est pas dès lors nécessaire de rapporter une expédition d'acte de naissance.

Fréquentation des écoles.

Le législateur de 1841 n'a pas voulu que les populations ouvrières pussent rester immobiles au milieu du mouvement général qui tend à répandre partout l'instruction si utile à tous, quand elle est appropriée aux besoins de chacun. Nul enfant âgé de moins de douze ans ne pourra être admis dans les établissements industriels dénommés dans la loi de 1841 , qu'autant que ses parents ou tuteurs justifieront qu'il fréquente actuellement une des écoles publiques ou privées existant dans la localité. Tout enfant admis devra, jusqu'à l'âge de douze ans, suivre une école. Les enfants âgés de plus de douze ans seront dispensés de suivre une école , lorsqu'un certificat donné par le maire de leur résidence attestera qu'ils ont

reçu l'instruction primaire élémentaire (L. 1841 ,
art. 5).

Le livret que les maires sont tenus de délivrer aux
père, mère ou tuteur, doit indiquer, entre autres choses,
le temps pendant lequel l'enfant a suivi l'enseignement
primaire (L. 1841, art. 6).

L'administration chargée d'assurer l'exécution de la
loi de 1841 a dû prendre des mesures pour assurer
l'instruction primaire et l'enseignement religieux des enfants (L. 1841, art. 8, § 3) ; mais alors même qu'il ne
serait intervenu aucun règlement à ce sujet, les obligations qui résultent des dispositions de l'article 5 sont si
formelles, que toute contravention de la part d'un chef
d'établissement le mettrait dans le cas d'encourir la pénalité édictée par la loi ; il ne suffirait même pas qu'il
eût donné des ordres pour que les enfants fussent envoyés à l'école, si ces ordres n'avaient pas été exécutés
(cass., 14 mai 1846).

Vaccine.

L'enfant peut être admis sans justifier d'un certificat
de vaccine. La loi s'en est rapportée à ce sujet à l'obligation où l'on est de faire ces justifications pour entrer
dans les écoles. Le gouvernement peut d'ailleurs inscrire
cette prescription dans un règlement d'administration
publique (L. 1841, art. 8, § 1).

Livret et Registre spécial.

Les maires sont tenus de délivrer au père, à la mère ou au tuteur, un livret sur lequel sont portés l'âge, le nom, les prénoms, le lieu de naissance et le domicile de l'enfant et le temps pendant lequel il aurait suivi l'enseignement primaire.

Les chefs d'établissements inscrivent :

1° Sur le livret de chaque enfant, la date de son entrée dans l'établissement et de sa sortie.

2° Sur un registre spécial, toutes les indications que nous venons de mentionner (L. 1841, art. 6).

Ce livret, qui est tout autre que le livret imposé aux ouvriers en général, a pour but de rendre l'exécution de la loi plus certaine, en même temps que le registre imposé au chef d'établissement facilite la surveillance et le prémunit lui-même contre toute négligence à exécuter la loi.

Durée du travail, — Travail de jour.

Les principaux abus dans les ateliers et manufactures naissaient moins de ce que les enfants étaient reçus jeunes dans ces établissements, que de ce qu'ils y étaient soumis à un travail excessif et trop prolongé; c'était surtout la durée de ce travail qui énervait leurs forces physiques, au lieu d'aider leur développement, qui comprimait leur intelligence, au lieu de lui donner une direction utile. Aussi a-t-on dû surtout limiter la durée de ce travail.

La loi de 1841, article 2, disposait que de huit à douze ans les enfants ne pouvaient être employés dans les établissements soumis au régime de la loi, à un travail effectif plus de huit heures sur vingt-quatre, divisées par un repos. La loi du 22 juin 1851, article 9, bien que spéciale aux apprentis, fixant, par une disposition générale, dès-lors applicable à tous les enfants employés dans les manufactures, à dix heures le maximum de durée du travail des enfants au-dessous de quatorze ans ; c'est ce chiffre de dix qu'il faut prendre pour règle générale. Les autres dispositions de l'article 2 de la loi de 1841 sont restées en vigueur ; par suite :

De 14 à 16 ans, les enfants ne pourront être employés à un travail effectif plus de 12 heures sur 24, divisées par des repos.

Ce travail ne pourra avoir lieu que de 5 heures du matin à 9 heures du soir..

Les moments de repos sont déterminés par les règlements intérieurs d'ateliers, et, en cas d'abus, par des règlements d'administration publique (L. 1841, art. 8, § 1, et art. 9).

Aucune compensation ne peut être établie entre le travail d'un jour et celui d'un autre, pour dépasser le maximum de durée de travail pendant une période de 24 heures.

Si un enfant était reçu dans deux ateliers au su des chefs d'établissement ; ces derniers violeraient la loi et seraient passibles des peines qu'elle édicte, si en réunissant le nombre d'heures pendant lesquelles chacun d'eux emploierait cet enfant, ils dépassaient le maximum fixé par la loi.

Des règlements d'administration publique peuvent réduire la durée du travail à l'égard des genres d'industrie où le labeur des enfants excèderait leurs forces et compromettrait leur santé (L. 1841, art. 7, § 2).

Travail de nuit.

Tout travail entre neuf heures du soir et cinq heures du matin est considéré comme travail de nuit. Tout travail de nuit est interdit pour les enfants au-dessous de 13 ans. Si la conséquence du chômage d'un moteur hydraulique ou des réparations urgentes l'exigent, les enfants au-dessous de treize ans pourront travailler la nuit en comptant deux heures pour trois, entre neuf heures du soir et cinq heures du matin. Un travail de nuit des enfants ayant plus de treize ans, pareillement supputé, sera toléré, s'il est reconnu indispensable, dans les établissements à feu continu dont la marche ne peut pas être suspendue pendant le cours des vingt-quatre heures (L. 1841, art. 3).

Le sommeil est un besoin naturel, et chez les enfants il est plus impérieux. Chez eux, le sommeil doit être plus long et plus profond. Les veilles sont funestes pour la santé; elles sont une cause de démoralisation. C'est donc une mesure sage que d'interdire le travail de nuit aux enfants jusqu'à l'âge de treize ans. Cette limite a été choisie en prenant en considération les résultats des épreuves faites à l'étranger et les avis des chambres consultatives en France.

La loi apporte quelques exceptions à la défense de soumettre les enfants à un travail de nuit ; il est presque superflu d'indiquer que dans aucun cas le travail ne peut dépasser la limite fixée par la loi ; dès lors si un enfant de 14 ans et demi a travaillé douze heures pendant le jour, il ne pourra jamais, même exceptionnellement, être soumis à un travail pendant la nuit. Si n'ayant pas travaillé le jour à cause d'un chômage ou d'une réparation urgente dans les ateliers où il était employé, il vient à être employé à un travail de nuit, la durée de ce travail ne peut plus être que de huit heures, et ainsi proportionnellement s'il a travaillé quelque temps pendant le jour, en comptant deux heures de travail de nuit pour trois sur les heures non employées pendant la journée.

Des règlements d'administration publique peuvent même réduire la durée du travail de nuit dans le cas où le législateur a autorisé les fabricants à y employer des enfants de plus de 13 ans (L. 1841, art. 7, § 2).

C'est par des règlements d'administration publique qu'il est statué sur les cas de travail de nuit prévus par l'article 3 de la loi de 1841 dont nous rapportons le texte au commencent de ce paragraphe (L. 1841, art. 7, § 6).

Travail du dimanche.

Chez tous les peuples, certains jours ont été désignés pour le repos. Le besoin de ménager les forces humaines et de réserver ces jours à l'accomplissement des pratiques et des devoirs religieux a dicté cette loi que le législateur de 1841 a consacrée d'une manière formelle en ces termes : les enfants au-dessous de seize ans ne pourront être employés les dimanches et jours de fêtes reconnus par la loi (L. 1841, art. 4). Cette prohibition générale doit être partout respectée; toutefois des règlements d'administration publique peuvent statuer sur les travaux indispensables à tolérer, de la part des enfants, les dimanches et fêtes, dans les usines à feu continu (L. 1841, art. 7, § 5). Nous avons déjà indiqué comment cette règle doit être appliquée aux apprentis dans le chapitre qui leur est consacré.

Travaux interdits.

La loi n'interdit spécialement aucun travail aux enfants; elle ne pouvait à cet égard statuer d'une manière assez générale; sa sagesse et sa prévoyance auraient été trop souvent en défaut; mais elle a armé l'administration du droit d'interdire par des règlements d'administration publique aux enfants, dans les ateliers où ils sont admis, certains genres de travaux dangereux ou nuisibles (L. 1841, art. 7, § 4).

Police des Etablissements industriels.

Des règlements d'administration publique doivent assurer le maintien des bonnes mœurs et la décence publique dans les ateliers, usines et manufactures ; empêcher à l'égard des enfants tout mauvais traitement et tout châtiment abusif ; assurer les conditions de salubrité et de sûreté nécessaires à la vie et à la santé (L. 1841, art. 8, § 2, 4 et 5).

Les chefs des établissements devront faire afficher dans chaque atelier la loi du 22 mars 1841, les règlements d'administration qui y sont relatifs, les règlements intérieurs qu'ils sont tenus de faire pour en assurer l'exécution (L. 1841, art. 9).

Inspections.

Des inspections sont établies pour surveiller et assurer l'exécution de la loi de 1841 ; les inspecteurs pourront, dans chaque établissement, se faire représenter les registres relatifs à l'exécution de cette loi, les règlements intérieurs, les livrets des enfants et les enfants eux-mêmes ; ils pourront se faire accompagner par un médecin commis par le préfet ou le sous-préfet (L. 1841, art. 10).

Des circulaires ont engagé les préfets à choisir le personnel de l'inspection parmi les inspecteurs de l'instruction primaire.

Les inspecteurs chargés de surveiller les enfants employés dans les manufactures peuvent y entrer à toute heure. En cas de contravention, ils dressent des procès-verbaux qui font foi jusqu'à preuve contraire (L. 1841, art. 11).

Les officiers de police auxiliaire, lorsqu'ils ont lieu de croire que la loi est violée dans un atelier, peuvent aussi y pénétrer et constater les contraventions; mais si l'entrée de l'établissement leur était refusée, ils devraient, pour s'y introduire, remplir préalablement les formalités prescrites pour pénétrer dans un domicile privé.

Contraventions, — Pénalités, — Récidive,— Compétence.

Les contraventions sont constatées par les inspecteurs spéciaux; elles peuvent l'être également par tous officiers de police judiciaire; on peut les prouver devant les tribunaux par toutes sortes de preuves.

En cas de contraventions à la loi de 1844, dont nous venons de rappeler les prescriptions, ou aux règlements d'administration publique rendus pour son exécution, les propriétaires ou exploitants des établissements seront traduits devant le juge de paix du canton et punis d'une amende de simple police qui ne pourra excéder 15 fr. Les contraventions qui résulteront soit de l'admission des enfants au-dessous de l'âge, soit de l'excès du travail, donneront lieu à autant d'amendes qu'il y aura d'enfants indûment admis ou employés, sans que ces amendes réunies puissent s'élever au-dessus de 200 fr. (L. 1841, art. 12, § 1 et 2).

En punissant les maîtres ou exploitants, au lieu des préposés ou gérants chargés de la direction, on a voulu faire remonter au maître même la responsabilité de la faute commise dans son établissement. Il est coupable par négligence ou complicité toutes les fois qu'un pareil délit s'est consommé chez lui (Discussion à la chambre des députés).

Cependant il est des cas où le propriétaire ne saurait être actionné directement comme coupable : par exemple, lorsqu'il s'agit d'une société par actions; dans ce cas la société peut être soumise à une responsabilité civile; mais la poursuite doit être dirigée principalement contre le gérant ou directeur qui est compris dans l'expression *exploitants*, dont se sert la loi.

Aucune peine n'est édictée contre les parents qui peuvent être coauteurs de ces contraventions. Le projet de loi permettait de les comprendre dans les poursuites ; on a pensé que la pénalité qui frappe les propriétaires ou exploitants des établissements industriels était une sanction suffisante aux prescriptions de la loi ; qu'il ne fallait pas accroître la misère des parents que le besoin poussait le plus souvent à enfreindre la loi, et on n'a pas voulu jeter la discorde dans les familles, pensant que ce serait toujours au préjudice des enfants.

Comme il s'agit ici d'une contravention, dès qu'elle est constatée, la peine est encourue, quelle que soit la bonne foi du contrevenant. C'est une règle constante en matière de contravention.

S'il y a récidive, les propriétaires ou exploitants des établissements seront traduits devant le tribunal de police correctionnelle et condamnés à une amende de seize à cent francs. Dans les cas que nous prévoyions tantôt et où il y a lieu au cumul des amendes, ces amendes réunies ne pourront jamais excéder cinq cents francs (L. 1841, art. 12, § 3).

Il y a récidive, lorsqu'il a été rendu contre le contrevenant, dans les douze mois précédents, un premier jugement pour contravention à la loi du 14 mars 1841, ou aux règlements d'administration publique qu'elle autorise (Id. § 4).

Prescription.

La prescription est acquise après une année à compter du jour de la contravention (Cod. d'inst. crim., art. 640), à moins qu'il ne s'agisse d'un fait permanent, tel que l'oubli d'envoyer un enfant à l'école. La prescription ne commence à courir que du jour où cet oubli est réparé.

Travail dans les Mines.

Aux termes de l'article 29 du décret du 3 janvier 1813 qui, spécial à la police des mines, ne nous paraît pas avoir été abrogé par la loi de 1841, il est défendu de laisser descendre ou travailler dans les mines et minières les enfants au-dessous de dix ans, à peine d'être poursuivi et jugé conformément au titre X de la loi du 21 avril 1810 sur les mines et minières.

CHAPITRE II.

LIVRETS D'OUVRIERS, — REGISTRE DES PATRONS.

La pratique des livrets, qui doit son origine aux anciens congés d'acquit, a été sanctionnée pour la première fois par les lettres patentes du 2 janvier 1749; elles le furent ensuite avant la révolution par celles du 12 septembre 1781, inspirées par l'édit de Turgot de 1776. Après les lois de 1791, elle tomba un moment en désuétude; mais elle était trop utile aux patrons comme aux ouvriers pour ne pas renaître bientôt; aussi la voyons-nous encore sanctionnée, sur la demande des villes industrielles, par la loi du 22 germinal an XI et l'arrêté consulaire du 9 frimaire an XII.

Le livret, que les mauvaises passions ont quelquefois cherché à discréditer et à dépopulariser, est une institution bienfaisante et protectrice pour l'ouvrier; il lui assure l'appui de l'autorité et devient pour lui un titre irrécusable à la confiance et à l'estime. Loin d'être une atteinte à sa liberté et à sa dignité, il a marqué l'affranchissement du travail et date de l'émancipation de l'industrie, dont il a été la conséquence et comme la constatation (Inst. du préfet de police du 15 oct. 1855).

Le livret est d'ailleurs maintenant passé dans nos mœurs. S'il confère à l'ouvrier le précieux avantage de porter avec soi la preuve de sa fidélité à remplir ses engagements, le chef d'industrie y trouve des garanties précieuses contre l'embauchage et contre la violation des obligations; au point de vue de l'ordre public, le livret est d'une utilité incontestable (Exposé des motifs de la loi du 22 juin 1854).

Depuis les actes de l'an XI et de l'an XII, on était resté un demi-siècle sans toucher à la législation sur les livrets. Chaque jour démontrait ses imperfections. En 1846 et 1847, les Chambres s'efforcèrent de la mettre en rapport avec la situation économique du pays qui avait bien changé depuis cinquante ans. Les évènements de 1848 retardèrent la réalisation de cette œuvre : la loi du 14 mai 1851 modifia heureusement les articles 7, 8 et 9 de l'arrêté de frimaire an XII, dont l'application abusive était préjudiciable aux ouvriers; enfin intervint la loi du 22 juin 1854, qui généralise l'usage du livret sans le faire sortir du cercle de l'industrie, donne une sanction à l'obligation pour l'ouvrier d'en être muni, fait disparaître les imperfections qu'une longue expérience avait signalées.

Voici, d'après cette loi, les règles aujourd'hui applicables :

Professions et Ouvriers auxquels s'applique l'usage des livrets.

Les ouvriers de l'un et de l'autre sexe, attachés aux manufactures, fabriques, usines, mines, minières, carrières, chantiers, ateliers et autres établissements industriels, ou travaillant chez eux pour un ou plusieurs patrons , sont tenus de se munir d'un livret (L..22 juin 1854, art. 1).

L'usage du livret a été généralisé par la loi de 1854; toutefois l'obligation de s'en munir ne s'étend qu'aux ouvriers attachés aux établissements industriels , qu'ils travaillent dans ces établissements ou en dehors, tels que les tisserands dans le Nord et les ouvriers en chambre à Paris (Exposé des motifs); elle ne s'applique pas aux simples journaliers (cass., 22 février 1839) , aux domestiques , aux couturières et lingères allant à la journée (Rapport sur la loi de 1854 ; Inst. du préfet de police du 15 oct. 1855), ni à ceux qui travaillent directement pour les consommateurs et qui dès-lors sont en quelque sorte fabricants plutôt qu'ouvriers (mêmes Rapport et Instr.) : Les ouvriers des établissements agricoles n'y sont pas soumis non plus, à moins qu'ils ne soient employés dans des dépendances présentant un caractère industriel, tels que les féculeries et distilleries (même Rapport); par suite l'obligation imposée à l'ouvrier d'être muni d'un livret cesse, si quittant une fabrique il loue ses services à un cultivateur (cass., 30 juin 1836).

De la délivrance des livrets.

Les livrets sont délivrés par les maires.

Ils sont délivrés par le préfet de police à Paris et dans le ressort de la préfecture ; par le préfet du Rhône à Lyon et dans les communes de la Guillotière, Croix-Rousse, Vaise, Calluire, Oullins et Sainte-Foix.

Il n'est perçu pour la délivrance des livrets que le prix de confection, qui ne peut dépasser 25 centimes (L. 1854, art. 2).

Les livrets délivrés par le préfet de police, à Paris, sont exclusivement remis à la préfecture de police, première division, quatrième bureau (Ord. de police du 15 oct. 1855, art. 2).

Il en est de même pour la banlieue de Paris et les communes rurales.

Le livret est en papier blanc, coté et paraphé par les fonctionnaires chargés de le délivrer. Il est revêtu de leur sceau. Sur les premiers feuillets sont imprimés textuellement la loi du 12 juillet 1854, le décret du 30 avril 1855, la loi du 14 mai 1851, et les articles 153 et 463 du C. pénal.

Il énonce :

1° Le nom et les prénoms de l'ouvrier, son âge, le lieu de sa naissance, son signalement, sa profession ;

2° Si l'ouvrier travaille habituellement pour plusieurs patrons, ou s'il est attaché à un seul établissement ;

3° Dans ce dernier cas, le nom et la demeure du chef d'établissement chez lequel il travaille ou a travaillé en dernier lieu ;

4° Les pièces, s'il en est produit, sur lesquelles le livret est délivré (D. 30 avril 1855, art. 1).

Il est tenu dans chaque commune un registre sur lequel sont relatés, au moment de leur délivrance, les livrets et les visas de voyage. Ce registre porte la signature des impétrants ou la mention qu'ils ne savent ou ne peuvent signer (D. 1855, art. 2).

Le premier livret d'un ouvrier lui est délivré sur la constatation de son identité et de sa position.

A défaut de justifications suffisantes, l'autorité appelée à délivrer le livret peut exiger de l'ouvrier une déclaration souscrite sous la sanction de l'article 13 de la loi du 22 juin 1854, dont il lui est donné lecture (D. 1855, art. 3).

A Paris, les livrets sont délivrés sur la production d'un certificat du commissaire de police de la section. Ces certificats sont dressés sur la production des justifications précédemment exigées, et à défaut de ces justifications, sur la déclaration dont il vient d'être parlé (Ord. de pol., 15 oct. 1855, art. 5).

Lorsqu'un commissaire de police reçoit une pareille déclaration, il ne doit jamais négliger de faire connaître à l'ouvrier les conséquences qu'elle peut avoir pour lui si elle était inexacte, et à cet effet il doit toujours lui donner lecture de l'article 13 de la loi du 22 juin 1854. L'omission de cette formalité serait une faute qui engagerait la conscience et la responsabilité de l'agent. Ce n'est d'ailleurs que dans des circonstances rares qu'il y aura nécessité de s'en tenir à la simple déclaration de l'impétrant. Dans le cas ordinaire, l'ouvrier qui sollicitera un certificat, devra justifier son identité et sa position industrielle par la production d'acquits d'apprentissage, de certificats délivrés par l'ancien maître ou par celui qui veut occuper le postulant, ou enfin par la production de tous autres documents analogues (Inst. du préfet de police du 15 oct. 1855).

Le livret rempli ou hors d'état de service est remplacé

par un nouveau, sur lequel sont reportés : 1° la date et le lieu de la délivrance de l'ancien livret ; 2° le nom et la demeure du chef d'établissement chez lequel l'ouvrier travaille ou a travaillé en dernier lieu ; 3° le montant des avances dont l'ouvrier resterait débiteur. Le remplacement est mentionné sur le livret hors d'usage qui est laissé entre les mains de l'ouvrier (D. 30 avril 1855, art. 4).

L'ouvrier qui a perdu son livret peut en obtenir un nouveau sous les garanties exigées pour sa délivrance. Le nouveau livret reproduit les mentions prescrites lorsqu'il s'agit d'un livret délivré en remplacement d'un livret hors d'état de service (D. 1855, art. 5).

Lorsqu'un livret est délivré hors du ressort de la préfecture de police de la Seine, l'ouvrier, avant d'en faire usage dans le département de la Seine, doit le soumettre au visa de la préfecture de police, où le livret sera vérifié et inscrit (Ord. de pol. du 1er avril 1831 et 15 oct. 1855, art. 6).

Les livrets sont imprimés d'après le modèle suivant annexé au décret du 30 avril 1855 (D. 1855, art. 1, § dernier).

Dimension du livret : hauteur seize centimètres, largeur onze centimètres; couverture cartonnée.

Les sept premières pages du livret contiennent au-dessous de ces mots, livret d'ouvrier : 1° la loi du 22 juin 1854 ; 2° le décret du 30 avril 1855 ; 3° la loi du 14 mai 1851 ; 4° les articles 153 et 463 du Code pénal.

Ensuite et en regard sur deux pages.

Premier feuillet

a obtenu le présent livret contenant quatorze feuillets côtés et paraphés par premier et dernier, sur (1)

de se con-

à la charge par former aux lois et règlements concernant les ouvriers.

occupé en qualité

Le porteur (2)

d'ouvrier (3)

Signature de l'ouvrier

LE MAIRE

Sceau de la Mairie

(1) Indiquer, s'il y a lieu, les pièces produites.
(2) Est *ou* a été.
(3) Attaché à un seul établissement chez le sieur ..... demeurant à ..... rue ..... n° ..... ou travaillant pour plusieurs patrons.

DÉPARTEMENT
d —

ARRONDISSENENT
d

MAIRIE
d

SÉRIE N°

PROFESSION :

, le   1855

SIGNALEMENT :

âge   ans
taille : 1 mèt.   c.
cheveux
sourcils
front
yeux
nez
bouche
barbe
menton
visage
teint

né à
département
d
à
rue
n°

demeurant

ayant justifié de son identité et de sa position,

Signes particuliers :

Treize autres feuillets en blanc suivent et sont numé-
rotés au recto; mais le dernier feuillet porte en tête du
verso : « Le présent livret rempli et hors d'usage a été
remplacé par un nouveau par nous, maire de la commune, département de   le Maire,   »

Et au bas du même verso. *Nota.* « Le présent livret,
rempli et hors d'usage, sera remplacé par un nouveau
portant la date et le lieu de la délivrance du présent,
le nom du chef de l'établissement chez lequel l'ouvrier a
travaillé en dernier lieu, et le montant des avances dont
il est resté débiteur. Ces mentions seront mises dans le
blanc réservé pour la mention des pièces qui auraient
pu être déposées. »

Diplôme équivalant au livret.

L'article 12 du décret du 26 mars 1852 sur les sociétés
de secours mutuels porte : les diplômes qui sont délivrés
par le bureau de la société à chaque sociétaire participant
servent de livret sous les conditions déterminées par un
arrêté ministériel : cette disposition, qui confère à d'autres
qu'à l'autorité publique le soin de délivrer des diplômes
équivalents aux livrets, a paru, en 1854, à la commission de la chambre, devoir affaiblir les garanties d'ordre
que la loi de 1854 voulait trouver dans l'action directe
des autorités publiques. Le conseil d'Etat n'ayant pas
partagé cette opinion, l'article 12 du décret de 1852 a
reçu une nouvelle sanction lors du vote de la loi de
1854 (L. 1854, art. 16).

Obligations pour les chefs des Etablissements industriels de se faire représenter les livrets des ouvriers, — Mentions qu'ils doivent y faire, — Avances, — Acquit des engagements.

Les chefs et directeurs des manufactures, fabriques, usines, mines, minières, carrières, chantiers, ateliers et autres établissements industriels ne peuvent employer un ouvrier soumis à l'obligation de se munir d'un livret, s'il n'en représente un en règle (L. 1854, art. 3).

Par chefs et directeurs, il faut entendre les chefs des établissements ou ceux qui exercent l'autorité qui leur appartient; les entrepreneurs d'ouvrages et chefs d'ateliers sont compris sous cette dénomination générale (Rapport à la chambre sur la loi de 1854 et discussion de cette loi à la suite d'un amendement de M. Dupont).

Les chefs d'établissements industriels ne peuvent se soustraire à cette obligation sous aucun prétexte; par exemple, ils ne seraient pas fondés à exciper de ce que l'ouvrier serait domicilié dans la commune où il serait employé (Cass., 9 juillet 1829), ou de ce qu'il paierait patente s'il travaillait pour un fabricant.

Les employés des établissements agricoles n'étant pas soumis à l'obligation de se munir d'un livret, les chefs de ces établissements n'ont pas à en exiger la justification (Cass., 30 juin 1836).

Dans le département de la Seine, les chefs des établissements industriels ne peuvent recevoir un ouvrier muni d'un livret délivré hors du ressort de la préfecture de police avant le visa de la préfecture, où le livret sera vérifié et inscrit (Ordon. de police, 1er avril 1831 et 15 oct. 1855, art. 6).

Dans ce même département, on ne peut recevoir dans un établissement industriel un ouvrier sortant d'un autre établissement que lorsque la sortie a été visée par le commissaire de police de le section du patron (Ordon. de police du 30 déc. 1834, et 15 oct. 1855).

Si l'ouvrier est attaché à un établissement, le chef ou directeur doit, au moment de sa réception, inscrire sur son livret la date de son entrée (L. 1854, art. 4).

A Paris, si l'ouvrier est en chambre et qu'il travaille pour un seul établissement, cette mention se fait ainsi qu'il suit : « admis par moi comme ouvrier attaché à un seul établissement. *Paris, le*..... Signature et demeure du patron. » (Inst. du préf. de pol. du 15 octobre 1855). Cette mention doit être soumise dans les vingt-quatre heures au visa du commissaire de police par le chef d'établissement (Ordon. de police 1er avril 1831 et 15 oct. 1855).

A la sortie de l'ouvrier, le chef ou directeur inscrit la date de la sortie et l'acquit de ses engagements (L. 1854, art. 4).

A Paris, cette mention se fait ainsi : sorti libre d'engagement le..... *Paris, le*..... Signature et demeure du patron (Inst. du préf. de pol. du 15 oct. 1855). Cette mention doit être soumise au visa du commissaire de police de la résidence du patron (Ordon. de pol., 30 déc. 1834 et 15 oct. 1855),

Si le chef d'établissement ne peut remplir cette obligation, le maire ou le commissaire de police, après avoir
constaté la cause de l'empêchement, inscrit sans frais le
congé d'acquit (L. 1854, art. 4 et 7; — D. 30 avril 1855,
art. 10).

L'ouvrier ne travaillant que pour un seul établissement doit, avant de le quitter et d'être admis dans un
autre, faire inscrire l'acquit des engagements; sans cet
acquit il ne peut être reçu ailleurs; ce n'est que dans le
cas où il travaillerait pour plusieurs qu'il n'aurait pas
besoin de cette justification pour être employé par un
nouveau patron (D. 30 avril 1855, art. 7 ; — Inst. du
préf. de pol. du 15 oct. 1855).

Il est donc très essentiel que le chef d'établissement
n'omette jamais d'indiquer sur le livret si l'ouvrier
travaille pour lui seul ou pour plusieurs patrons; dans
ce dernier cas, il n'est tenu de faire cette mention que
lorsqu'il emploie l'ouvrier pour la première fois (D. 1855,
art. 9).

A la sortie de l'ouvrier, le chef ou directeur de l'établissement ajoute, s'il y a lieu, aux mentions qui précèdent, le montant des avances dont l'ouvrier resterait
débiteur envers lui dans les limites de 30 fr. (L. 14 mai
1851 et 22 juin 1854, art. 4).

La commission de la chambre en 1854, tout en respectant cette limite fixée par le législateur de 1851, en
ce qui concerne les moyens exceptionnels de recouvrement dont ces sommes peuvent être l'objet, aurait voulu
qu'on pût mentionner l'intégralité de la somme due,
comme le portait l'arrêté du 9 frimaire an XII; elle con-

sidérait cette mention comme un élément de moralisation et un moyen d'empêcher des facilités de tromper ; c'était l'avis du conseil supérieur du commerce et des orateurs qui prirent part à la discussion du projet présenté aux chambres en 1846. Le conseil d'Etat ayant persisté dans l'avis contraire, la chambre a cru devoir s'y rendre pour ne pas arrêter le vote de la loi. Toute avance dépassant 30 francs ne doit donc pas être inscrite sur le livret elle doit être constatée et recouvrée par les voies ordinaires de preuve et d'exécution.

Si l'ouvrier travaille habituellement pour plusieurs patrons, chacun d'eux inscrit sur le livret le jour où il lui confie l'ouvrage. Dans le ressort de la préfecture de police, la première fois qu'il est confié du travail à cet ouvrier, le chef d'établissement le constate ainsi : « employé par moi comme ouvrier travaillant habituellement pour plusieurs établissements. *Paris, le......* Signature et demeure du patron » (Inst. du préf. de pol. , 15 octobre 1855). Cette mention est soumise par le patron, dans les vingt-quatre heures, au visa du commissaire de police (Ordon. de pol. 1er avril 1831 et 15 oct. 1855).

Lorsque le patron cesse d'employer l'ouvrier, il inscrit sur le livret l'acquit des engagements sans aucune autre énonciation (L. 22 juin 1854, art. 5 ; — D. 30 avril 1855, art. 10).

Si le chef d'établissement ne peut remplir cette obligation, le maire ou le commissaire de police, après avoir constaté la cause de l'empêchement, inscrit sans frais le congé d'acquit (L. 1854, art. 7).

Dans aucun cas, il n'est fait sur le livret aucune annotation favorable ou défavorable à l'ouvrier (L. 1854, art. 8); une annotation favorable pourrait être le résultat de la faiblesse; une annotation défavorable nuirait sans être toujours bien juste (Débats aux chambres, en 1846 et 1854).

Détention du Livret.

Dans le projet de la loi de 1854, on voulait que le livret restât entre les mains du patron tant que l'ouvrier serait à son service, à la charge par lui de délivrer un récépissé à l'ouvrier; plus tard, le gouvernement, sur l'initiative même de l'Empereur, d'après ce que nous apprend le préfet de police dans son instruction du 15 octobre 1855, s'inspirant de principes plus libéraux en faveur des ouvriers, a proposé de déclarer que le livret, après avoir reçu les mentions que nous venons d'indiquer, serait remis à l'ouvrier et resterait entre ses mains; cette proposition a passé dans le texte de la loi (L. 1854, art. 6).

En cas de rétention illégale du livret par le patron, l'ouvrier doit s'adresser aux prud'hommes, et là où il n'en existe pas, au juge de paix, pour en obtenir la restitution (L. 14 mai 1851, art. 7 et 8).

Le livret ne pourra jamais être reçu ni retenu en nantissement par les logeurs, restaurateurs et autres. Cette disposition, qui se trouve textuellement dans l'ordonnance du préfet de police de la Seine, du 15 oct. 1855, est applicable dans toute la France, en vertu du droit commun, qui ne permet pas de dépouiller un individu des pièces destinées à constater son individualité, et à justifier de l'exécution des lois de police.

Registre spécial des chefs et directeurs des établissements industriels.

Lorsqu'un ouvrier est attaché à un établissement , le chef ou directeur doit, au moment où il le reçoit, transcrire sur un registre non timbré, qu'il doit tenir à cet effet, les nom et prénoms de l'ouvrier, le nom et le domicile du chef d'établissement qui l'aura employé précédemment, et le montant des avances dont l'ouvrier serait resté débiteur envers celui-ci (L. 1854, art. 4, § 2).

Si l'ouvrier travaille habituellement pour plusieurs patrons, chacun d'eux transcrit sur ce registre les nom et prénoms de l'ouvrier et son domicile (L. 1854, art. 5).

Il indique si l'ouvrier travaille pour un seul établissement ou pour plusieurs patrons. A l'égard de l'ouvrier travaillant pour plusieurs patrons, l'accomplissement de cette formalité n'est exigée que lorsque le patron l'emploie pour la première fois (D. 1855, art. 9).

Le registre que doivent tenir les chefs d'établissement est côté et paraphé sans frais par les fonctionnaires chargés de la délivrance des livrets (D. 1855, art. 8).

En voici le modèle tel qu'il est annexé au décret du 30 avril 1855 :

Numéro d'ordre.	DATE de l'entrée de l'ouvrier ou du jour où il lui a été confié de l'ouvrage.	NOM et PRÉNOMS de l'ouvrier.	DEMEURE (par rue et numéro).	INDICATION de la catégorie à laquelle appartient l'ouvrier. (Mentionner s'il est attaché à un seul établissement, ou s'il travaille en chambre pour plusieurs.) (Ar. 9 du décret)	LIEU de la délivrance du livret. 1° commune; 2° Département	DATE & NUMÉRO de la délivrance du livret.		NOM & DOMICILE du chef du dernier établissement où l'ouvrier a été employé.		INDICATION du montant des avances dues par l'ouvrier à son précédent patron.	DATE de la sortie de l'ouvrier ou du jour où il a cessé d'être employé.	AVANCES dues par l'ouvrier à sa sortie.	OBSERVATIONS.
						DATE	N°	NOM	DOMICILE				

Obligation de représenter le livret et le registre aux autorités.

Sous l'ancienne législation, l'obligation d'avoir un livret n'ayant qu'une sanction civile, on refusait toute action à l'autorité publique pour poursuivre les contraventions de cette nature, et on pouvait par suite lui refuser qualité pour constater le fait en exigeant la production de cette pièce. Aujourd'hui qu'une sanction pénale a été donnée à la prescription de la loi, on a dû soumettre l'ouvrier à l'obligation de représenter son livret à toute réquisition des agents de l'autorité (D. 30 avril 1855, art. 6), et les patrons à communiquer leur registre aux maires et commissaires de police sur leur demande (D. 1855, art. 7).

Livret tenant lieu de passeport.

Par sollicitude pour les classes pauvres et pour épargner aux ouvriers des frais et dépenses (Exposé des motifs de la loi de 1854) , on a établi que le livret pouvait dispenser ces derniers du passeport, pourvu qu'il remplisse les conditions déterminées par les règlements administratifs (L. 22 juin 1854, art. 9) locaux (D. 30 avril 1855, art. 11 et 13), et à charge de le faire viser gratuitement par le maire de la commune où travaille l'ouvrier; à Paris et dans le ressort de la préfecture de police, par le préfet de police ; à Lyon et dans les communes de l'agglomération lyonnaise, par le préfet du Rhône.

Le visa dont il vient d'être parlé doit toujours indiquer au départ une destination fixe et ne vaut que pour
cette destination ; il n'est délivré que sous la mention de
l'acquit des engagements (D. 1855, art. 11). Le visa ne
peut être accordé pour servir de passeport à l'intérieur si
l'ouvrier a interrompu l'exercice de sa profession, ou s'il
s'est écoulé plus d'une année depuis le dernier certificat
de sortie inscrit au livret (D. 1855, art. 12).

Le livret ne peut servir de passeport à l'extérieur.

Le décret du 26 mars 1852, sur les sociétés de secours
mutuels', porte dans son article 12, que les diplômes
délivrés par ces sociétés serviront également de passeport.
Cette disposition, que la Chambre aurait voulu faire disparaître dans un intérêt d'ordre et de sécurité publique,
est restée en vigueur, le conseil d'État n'ayant pas partagé ces inquiétudes (L. 22 juin 1854, art. 16).

Contraventions , — Action publique , — Pénalités.

Avant 1854 , lorsque l'ouvrier se présentait sans livret et que le patron l'accueillait sans exiger cette justification, ils n'étaient passibles, si on excepte les ouvriers
employés dans les mines, d'aucune peine; l'action civile
était seule ouverte ; les tribunaux refusaient sans cesse
toute action au ministère public. La loi de 1854, en réglementant de nouveau la matière, a prononcé une sanction pénale contre ceux qui contreviendraient à ses dispositions ; elle a par suite donné aux agents de l'autorité
le droit de constater ces contraventions, et au ministère

public près les tribunaux compétents, le droit d'en poursuivre la répression.

Les contrevenants doivent être traduits devant le tribunal de simple police et punis d'une amende de 1 fr. à 15 fr. ; il peut de plus être prononcé, suivant les circonstances, un emprisonnement d'un à cinq jours (L. 1854, art. 11); mais l'emprisonnement ne doit être prononcé que dans les cas qui offriraient des circonstances d'une gravité particulière (Exposé des motifs de la loi de 1854).

Cette disposition de la loi de 1854, applicable à tous les ouvriers soumis aux livrets et à tous les chefs d'établissements qui doivent en exiger la justification, a implicitement abrogé le décret du 3 janvier 1813 , qui , après avoir soumis au livret les ouvriers employés dans les mines, minières, usines et ateliers en dépendant, prononçait contre les contrevenants une amende de 500 fr. au plus et de 100 fr. au moins, et un emprisonnement de six jours au moins et de cinq années au plus.

Si pour éluder les dispositions de la loi, on commettait un crime ou un délit, la culpabilité prendrait un caractère plus grave qui amènerait une aggravation de peine, ainsi :

Tout individu coupable d'avoir fabriqué un livret originairement véritable, ou fait sciemment usage d'un livret faux ou falsifié , est puni d'un emprisonnement d'une année au moins et de cinq ans au plus (L. 1854 , art. 12 ; Code pénal, art. 153).

Tout ouvrier coupable de s'être fait délivrer un livret soit sous un faux nom, soit au moyen de fausses déclarations ou de faux certificat, ou d'avoir fait usage d'un livret qui ne lui appartient pas, est puni d'un emprisonnement de trois mois à un an (L. 1854, art. 10).

L'article 463 du Code pénal, sur les circonstances atténuantes, peut être appliqué aux délits prévus dans les deux paragraphes qui précèdent.

La loi du 22 juin 1854 a apporté, par son article 15, une sanction d'un autre ordre à l'obligation où est l'ouvrier de se munir d'un livret, en décrétant que les ouvriers qui n'en seraient pas pourvus, ne seraient pas inscrits sur les listes électorales pour la formation des conseils de prud'hommes.

Contraventions, Action privée, — Dommages-intérêts.

De nos jours, comme sous la loi de l'an xi, le chef d'établissement qui omet de s'assurer que l'ouvrier qu'il reçoit est porteur d'un livret en règle, doit subir les effets de sa négligence, non-seulement au point de vue de l'action publique, mais encore au point de vue de l'action civile, dans le cas où l'ouvrier aurait quitté son atelier malgré son ancien patron sans avoir terminé et livré l'ouvrage qu'il s'était engagé à faire, ou avant le temps réglé par le contrat de louage, ou par l'usage des lieux; ou encore s'il a reçu du patron de chez qui il sort des avances sur son salaire. Dans ces divers cas, le patron, qui n'a pas eu le soin de constater l'existence d'un livret en règle dans les mains de l'ouvrier, est exposé à des dommages-intérêts en faveur de l'ancien patron qui aurait été lésé (Exposé des motifs de la loi de 1854, et L. de 1854, art. 11 ; L. du 20 germinal, art. 12).

Lorsque l'action civile est intentée en dehors de l'action publique, elle doit être portée devant le conseil des prud'hommes, seul tribunal compétent en ces matières ; à défaut devant le juge de paix. Si le juge de paix était déjà investi de l'action publique, comme juge de police, l'action civile qui viendrait incidemment se enter sur l'action publique devrait être portée devant ce juge, alors même qu'il existerait un conseil de prud'hommes, en vertu du principe que la juridiction apte à statuer sur l'action publique est compétente pour statuer en même temps sur les réparations civiles qui peuvent en résulter.

Rappelons ici que les cultivateurs et préposés aux exploitations rurales, n'étant pas tenus d'exiger la représentation d'un livret de la part de ceux qu'ils emploient, ne peuvent être tenus, en aucun cas, des dommages-intérêts en faveur du dernier patron pour n'avoir pas rempli cette formalité, et que dans aucune circonstance une pareille action ne pourrait être portée devant le conseil des prud'hommes dont le défendeur ne serait pas justiciable (Cass. 11 nov. 1834 ; 30 juin 1836).

Livrets spéciaux.

D'après la loi du 7 mars 1850, des livrets spéciaux ont été exigés dans diverses industries, notamment pour le tissage et bobinage, pour constater les conventions intervenues entre les patrons et les ouvriers. Ces livrets sont soumis à des règles particulières que nous avons déjà indiquées, et il n'est pas nécessaire qu'ils renferment les diverses formalités prescrites pour le livret dont il vient d'être question, alors même qu'un arrêté spécial l'aurait ainsi voulu ; un pareil arrêté serait illégal comme ajoutant à la loi (Cass. 27 août 1852).

Il n'est point dérogé non plus aux mesures spéciales concernant les livrets des ouvriers boulangers, lesquelles ne font pas obstacle à l'exécution des dispositions sur les livrets en général (Ord. du préfet de pol., 15 oct. 1855, art. 11).

En un mot, les livrets spéciaux restent soumis aux règles spéciales édictées pour les régir, sans porter atteinte à l'obligation imposée aux ouvriers soumis à l'obligation générale de se munir du livret réglementé par la loi de 1854.

CHAPITRE III.

POLICE DES ATELIERS ET MANUFACTURES.

Dans les chapitres qui précèdent nous avons déjà indiqué diverses mesures d'ordre et de police auxquelles sont soumis les patrons et les ouvriers dans les divers cas spéciaux que nous avons eu à étudier ; nous rassemblerons ici quelques règles générales qui n'ont pu trouver place dans les chapitres spéciaux.

Marchandage.

Le marchandeur est un tacheron qui, à la suite de conventions avec un entrepreneur principal , se charge , moyennant un certain prix, d'une portion de l'entreprise et la fait ensuite exécuter par des ouvriers de son choix qu'il rétribue d'après les accords qu'il forme avec eux. Le marchandeur est donc, vis-à-vis de l'entrepreneur, un ouvrier, et vis-à-vis des ouvriers qu'il emploie, un entrepreneur. Le marchandage ne se pratique guère que dans les industries de bâtiments. Protégé longtems par le principe de la liberté des conventions, le marchandage a été ensuite défendu, par décret du 2 mars 1848, comme injuste, vexatoire et contraire au principe de la fraternité. Cette défense a été sanctionnée plus tard, le 21 mars 1848, par une amende de 50 à 100 fr. pour la première fois , de 100 à 200 fr. en cas de récidive, et un emprisonnement de un à six mois en cas de double récidive. Par parenthèse, le produit de l'amende est destiné à secourir les invalides du travail.

Il est juste de vouloir supprimer les intermédiaires qui, en général, font peser sur les ouvriers une dépréciation de salaires ; mais comment empêcher l'entrepreneur principal d'un ouvrage important de s'entendre avec des sous-traitants pour l'exécution des diverses parties de ces ouvrages? Comment empêcher ces sous-traitants, soumis aux chances d'insolvabilité de l'entrepreneur, à des difficultés d'exécution plus ou moins im-

prévues, à des avances, à une surveillance active, à des
embarras journaliers et à un déploiement d'intelligence
plus grand que celui exigé d'un simple ouvrier, de se
ménager des bénéfices plus importants que les ouvriers.
On veut distinguer, il est vrai, un marchandage licite et
un marchandage illicite, considérer le sous-traitant
tantôt comme entrepreneur, tantôt comme marchandeur.
Ces distinctions sont bien difficiles à retrouver dans la
pratique, et la loi de 1848 sur le marchandage sera
d'une exécution bien difficile; elle se rattache d'ailleurs
à un ensemble de mesures prises par le gouvernement
provisoire en 1848 sur ce qu'on appelait l'organisation
du travail, mesures aujourd'hui abrogées.

Durée du travail.

Jusqu'en 1848 aucune loi n'avait fixé le maximum
de durée du travail; un décret du 20 mars 1848 limita
la journée de travail à une durée de dix heures et à
onze heures en Province; mais cette fixation était
plutôt destinée à régir l'obligation que s'imposaient les
individus qui s'engageaient à journées qu'à régler une
limite de durée que le travail ne pourrait dépasser
malgré la volonté des contractants. Ce dernier but a été
atteint par la loi du 9 septembre 1848. Cette loi, qui
abroge le décret du 2 mars (art. 6), dispose : la journée
de l'ouvrier, dans les manufactures et usines, ne pourra
pas excéder douze heures de travail effectif (art. 1).
Ainsi la durée du travail d'un ouvrier dans les usines

et manufactures ne peut excéder douze heures par périodes de vingt-quatre heures ; mais rien ne s'oppose d'ailleurs à ce que les chefs de ces établissements tiennent leurs usines en activité aussi longtemps qu'ils le jugent convenable et même d'une manière continue, en organisant des relais et séries, pourvu que la somme du travail exigé de chaque ouvrier ne dépasse pas douze heures sur vingt-quatre (Circ. du min. de l'agricult. et du com. du 24 juin 1851) ; toutefois on ne pourrait soumettre un ouvrier à plus de douze heures de travail, sur le motif que dans la période de vingt-quatre heures précédente, il n'aurait pas dépensé les vingt-quatre heures de travail ; la loi repousse formellement une telle compensation.

La limitation de la durée de travail édictée pour les usines et manufactures n'est applicable qu'à ces établissements et non à de simples ateliers (Circ. du min. de l'agricult. et du com. du 24 juin 1851).

Aux termes de l'article 2 du décret du 9 septembre 1848, des règlements d'administration publique peuvent déterminer les exceptions qu'il est nécessaire d'apporter à la disposition générale de la loi, à raison de la nature des industries ou des causes de force majeure. En exécution des pouvoirs ainsi conférés au gouvernement, a été rendu le décret du 17 mai 1854, ainsi conçu :

Art. 1. — Ne sont point compris dans la limite de durée du travail fixée par la loi du 9 septembre 1848 les travaux industriels ci-après déterminés : — travail des ouvriers employés à la conduite des fourneaux, étuves, sécheries ou chaudières à débouillir, lessiver ou aviver;

— travail des chauffeurs attachés au service des machines à vapeur, des ouvriers employés à allumer les feux avant l'ouverture des ateliers, des gardiens de nuit; — travaux de décatissage ; — fabrication et dessication de la colle forte ; — chauffage dans les fabriques de savon ; — mouture des grains ; — imprimeries typographiques et imprimeries lithographiques ; — fonte , affinage, étamage, galvanisation de métaux; — fabrication de projectiles de guerre.

Art. 2. — Sont également exceptés de la disposition de l'article 1 de la loi du 9 septembre 1848 : 1° le nettoiement des machines à la fin de la journée ; — 2° les travaux que rendent immédiatement nécessaires un accident arrivé à un moteur, à une chaudière, à l'outillage ou au bâtiment même d'une usine, ou tout autre cas de force majeure.

Art. 3. — La durée du travail effectif peut être prolongée au-delà de la limite légale : 1° d'une heure à la fin de la journée du travail, pour le lavage et l'étendage des étoffes dans les teintureries, blanchisseries et dans les fabriques d'indiennes ; — 2° de deux heures dans les fabriques et raffineries de sucre, et dans les fabriques de produits chimiques ; — 3° de deux heures pendant cent vingts jours ouvrables par année, au choix des chefs d'établissement , dans les usines de teinturerie, d'imprimerie sur étoffes, d'apprêt d'étoffes et de pressage.

Art. 4. — Tout chef d'usine ou de manufacture qui voudra user des exceptions autorisées par le dernier paragraphe de l'article 3 sera tenu de faire savoir préalablement au préfet, par l'intermédiaire du maire, qui donnera récépissé de la déclaration, les jours pendant lesquels il se propose de donner au travail une durée exceptionnelle.

Lorsque la journée de l'ouvrier dans les manufactures et usines aura excédé douze heures de travail effectif, ou qu'il aura été contrevenu aux règlements d'administration publique promulgués en exécution de la loi du 9 septembre 1848, les chefs des établissements seront punis d'une amende de 25 fr. à 100 fr. ; les contraventions donneront lieu à autant d'amendes qu'il y aura d'ouvriers employés, sans que ces amendes réunies puissent s'élever au – dessus de 1000 fr. (L. 9 septembre 1848, art. 4). L'article 463 du Code pénal sur les circonstances atténuantes pourra toujours être appliqué (Id. art. 5).

Ces contraventions sont de la compétence des tribunaux correctionnels.

Les usages et conventions qui, antérieurement au 2 mars 1848, fixaient pour certaines industries la durée du travail à un nombre d'heures inférieur à douze, ont été consacrés par l'article 9 de la loi du 9 sept. 1848.

De l'observation du Dimanche.

Le repos du dimanche et des jours fériés a toujours été considéré pour l'homme comme un besoin qui profite à ses forces et à son travail. Un jour de repos par semaine paraît la mesure la mieux appropriée aux besoins de notre nature. Ce jour de repos doit être le même pour tous les membres de la même famille, qui ont besoin au moins une fois par semaine de vivre en commun de la vie de famille, et doit être le même autant que possible pour tous les citoyens; sinon il résultera un défaut de suite et d'accord qui rendra les relations difficiles sinon impossibles. Les plus graves considérations de morale, de famille et d'intérêt matériel et social s'unissent donc pour recommander le chômage uniforme du dimanche.

Au point de vue de l'industrie et des ouvriers, cette uniformité est surtout nécessaire : si chacun se reposait selon son caprice, si, au gré du fabricant seul, les ateliers se fermaient ou s'ouvraient, si, suivant le bon plaisir de l'ouvrier, il désertait l'atelier irrégulièrement, je ne crains pas de le dire, le fonctionnement des usines, ateliers et manufactures serait impossible. Aussi voyons-nous dans les pays manufacturiers, tels que l'Angleterre, la loi du dimanche être rigoureusement observée.

Et pourquoi ne pas le répéter, l'homme, comme on le disait à l'Assemblée législative dans la séance du 10 décembre 1849, n'est pas une machine destinée à toujours produire; c'est une intelligence, c'est une âme. Il lui faut à cette âme créée pour l'immortalité quelques heures pour se remettre et songer à des choses plus hautes que les corps et les usines. Il faut que l'ouvrier ait le loisir de réfléchir à l'idée chrétienne. Dix ans auparavant, M. Villemain disait devant la chambre des Pairs : le repos du dimanche est reclamé par la morale et par la religion, je parle ainsi comme homme et comme pair, mais aussi comme ministre du roi. Je suis convaincu que le gouvernement s'honore en témoignant un sincère et profond respect pour la religion du pays. M. Rossi ajoutait : ce que je demande, c'est un jour de repos; je le demande non seulement comme appartenant à une communion chrétienne, mais aussi comme homme, comme économiste, sous tous les rapports, enfin parce qu'il est impossible à des hommes de travailler sans repos comme des machines inanimées, comme des pompes à feu, sans qu'ils soient abrutis, privés de tout développement moral.

Le repos du dimanche, cette loi aussi ancienne que le monde, observée chez tous les peuples, doit donc être respectée, comme une loi physique, morale et religieuse.

Mais est elle sanctionnée par des dispositions pénales inscrites dans nos lois ?

Avant 1789, l'obligation de sanctifier les dimanches et les fêtes imposée par les canons de l'Eglise était reconnue et prescrite par les lois de l'Eglise. Après le concordat et sous l'Empire, l'observation des dimanches et fêtes devint facultative. Toutefois le repos des fonctionnaires publics fut fixé au dimanche et il fut défendu ce jour-là de faire divers actes administratifs et judiciaires.

La loi du 18 novembre 1814 rendit obligatoire l'observation des fêtes et dimanches, et défendit notamment aux ouvriers et artisans de travailler extérieurement et d'ouvrir leurs ateliers (L. 1814, art. 2, § 3), à peine d'amende de simple police (Id. art. 5 et 6). Ces défenses toutefois n'atteignaient pas les usiniers, lorsque le service de l'établissement ne pouvait être interrompu sans dommages (Art. 7, § 5). Les meuniers et ouvriers employés aux récoltes, aux travaux urgents de l'agriculture, aux constructions motivées par un péril imminent et autorisées (Id. art. 8). Ces exceptions pouvaient même être étendues aux usages locaux (Id. art. 9).

Cette loi est-elle abrogée ? La question s'est présentée devant les tribunaux , notamment à l'occasion de la disposition qui défend aux cabaretiers, marchands de vin , traiteurs , de tenir leurs maisons ouvertes et d'y donner à boire pendant les offices, disposition qui avait été reproduite par divers arrêtés municipaux ; le tribunal de police de Laon a jugé le 8 mars 1831, que le retour de la charte de 1830 aux principes et aux termes du concordat avait implicitement abrogé la loi de 1814, et cette opinion a été partagée par MM. Chauveau et Hélie, Vuillefroy, Serrigny, Massé, Dufour, de Villeneuve, Hello; mais elle se trouve en désaccord avec les arrêts de la cour de cassation des 23 juin 1838, 6 décembre 1845, 21 décembre 1850, avec l'opinion de Foucart, Morin et des écrivains écclésiastiques. Des déclarations dans ce sens ont été faites à la chambre des Pairs par le gouvernement (Ministre de la Justice et des Cultes, séance du 2 juillet 1838 et en décembre 1849).

Toutefois dans l'interprétation de la loi de 1814, on s'est généralement conformé aux conseils que donnait le ministre de l'Intérieur, dans sa circulaire du 20 août 1838, par laquelle il signalait les inconvénients que pourrait entraîner l'exécution stricte et rigoureuse de cette loi. Depuis on n'a constaté et poursuivi des contraventions à la loi de 1814 que lorsque des arrétés locaux en avaient reproduit les prescriptions, et ces arrêtés qui fesaient revivre la disposition de la loi de 1814 qui défend aux cabaretiers de donner à boire pendant les offices divins, n'ont, que je sache , jamais rappelé la défense faite aux ouvriers et artisans de travailler le dimanche.

Des circulaires ministérielles des 26 février 1849, 20 mars 1849, 13 novembre et 15 décembre 1851, ont décidé qu'à l'avenir les travaux publics et communaux devaient cesser le dimanche et jours fériés, et que cette condition serait imposée dans les cahiers des charges. En effet, si le repos du dimanche est nécessaire à l'ouvrier, au double point de vue de la moralité et de l'hygiène, l'exemple à cet égard doit être donné par les administrations publiques. Il faut que cet exemple, la liberté même des travailleurs , le perfectionnement de nos mœurs par l'éducation religieuse, conduise l'ouvrier à prendre la loi divine comme la meilleure règle de ses habitudes, et qu'il apporte lui-même son hommage à cette religion qui est pour lui et sa famille la source la plus pure de toutes les vertus.

Si de nos jours, quelques-unes des dispositions de la loi de 1814 sont plutôt des conseils que des prescriptions, il est diverses lois plus récentes qui ont prescrit sous des sanctions pénales le respect du dimanche à des catégories d'ouvriers.

S'il fallait, en l'état de notre droit public, laisser à l'ouvrier une certaine liberté dans l'accomplissement de ses devoirs religieux, l'Etat devait intervenir d'une manière plus directe lorsqu'il s'agit des enfants auxquels

sa sage prévoyance doit une direction morale et religieuse.

Dans les manufactures, usines et ateliers à moteur
mécanique ou à feu continu, ou dans leurs dépendances et dans toute fabrique occupant plus de vingt ouvriers réunis en atelier, les enfants au-dessous de 16
ans ne peuvent être employés les dimanches et jours de
fêtes reconnues par la loi (L. 22 mars 1841, art. 4), à
peine d'amende contre les propriétaires ou exploitants
de ces établissements (Id. art. 12, voy. le chap. spécial
sur le travail des enfants dans les manufactures).

Les dimanches et jours de fêtes reconnues ou légales,
les apprentis, dans aucun cas, ne peuvent être tenus vis-
à-vis de leur maître à aucun travail de leur profession.
Dans le cas où l'apprenti serait obligé, par suite de conventions ou conformément à l'usage, de ranger l'atelier
aux jours ci-dessus marqués, ce travail ne pourra se
prolonger au-delà de dix heures du matin (L. 22 févr.
1851, art. 9; voy. chap. spécial à l'apprentissage), à
peine d'amende, et en cas de récidive, d'emprisonnement contre le patron (Id. art. 20).

Règlements particuliers.

Dans la plupart des grands établissements industriels
et même pour certaines industries dans presque tous les
établissements, il existe des règlements d'ordre et de
discipline intérieurs qui déterminent la tenue de l'atelier,
la durée et la répartition du travail, en un mot tout ce

qui concerne le régime intérieur des établissements. Les prescriptions de ces règlements sont valables en tant qu'elles ne sont pas contraires aux lois et aux bonnes mœurs (C. pén., art. 415) ; elles sont exécutoires lorsqu'elles sont réputées connues des ouvriers qui, en entrant dans les ateliers, sont censés les accepter implicitement comme conditions du contrat de louage.

Ces règlements intérieurs sont même prescrits par certaines dispositions législatives (L. 23 mars 1841, art. 9).

Ils portent souvent comme sanction des dispositions qui contiennent des pénalités en argent, ou amendes ordinairement versées dans une caisse de secours. Cette sanction pénale, d'une condition imposée tacitement à l'ouvrier lors du louage, est également exécutoire (C. pén., art. 415). Si cette exécution soulève des difficultés et des oppositions, elles doivent être vidées par les prud'hommes.

Délits tendant à troubler l'ordre et la discipline de l'atelier. — Manquement grave des apprentis,

Tout délit tendant à troubler l'ordre et la discipline de l'atelier ; tout manquement grave des apprentis envers leur maître, peuvent être punis d'un emprisonnement qui n'excèdera pas trois jours (D. 3 août 1810, art. 4).

Contrairement à l'opinion soutenue par M. Mollot, dans son *Traité sur les prud'hommes*, je crois, d'après l'ensemble de la législation de 1810 et le contexte de l'article 4 de cette loi, que sa disposition n'est applicable qu'aux ouvriers et apprentis et non aux chefs d'atelier.

Au surplus, ces poursuites ont un caractère purement disciplinaire ; si le fait qui y donne lieu constituait un délit, les prud'hommes ne devraient pas se dessaisir, comme on le dit, mais appliquer les peines disciplinaires, sans préjudice des poursuites qui pourraient être exercées devant le tribunal compétent par le ministère public (D. 3 août 1810, art. 4, § dernier; Cass. 9 avril 1836), auquel le fait devrait être dénoncé par les prud'hommes (L. 18 mars 1806, art. 10 et 14).

Coalitions.

Dans l'intérêt de la liberté de l'industrie, des patrons et des ouvriers, les coalitions qui ont pour but d'imposer aux maîtres ou aux ouvriers des conditions plus ou moins onéreuses, ont toujours été prohibées par la loi.

A peine les jurandes et les maîtrises étaient-elles abolies par la loi du 2 mars 1791, que le 14 juin suivant des dispositions pénales étaient édictées contre les patrons et ouvriers qui formaient des coalitions pour faire diminuer ou augmenter les prix de journée. Le Code rural du 28 septembre 1794 avait étendu ces mesures répressives aux propriétaires, fermiers et ouvriers de la campagne. La loi du 23 nivôse an II, concernant spécialement les manufactures de papier, contenait de nombreuses dispositions sur les coalitions d'ouvriers. La loi du 22 germinal an XI engloba dans ses dispositions pénales les coalitions d'ouvriers et de patrons. Intervint ensuite le Code pénal qui, adoptant la définition des délits prévus par la loi de germinal, ajouta à la pénalité.

Après 1848, nos assemblées législatives furent appelées à s'occuper de ces matières. Après de longues discussions, on a été presque unanime pour reconnaître
que les coalitions devaient continuer à être punies comme
ayant pour effet de détruire ou de modifier les effets de
la concurrence et de la proportion entre les offres et les
demandes ; d'être contraires à la liberté du commerce,
de l'industrie et du travail. Isolément chaque chef d'a-
telier est libre de diminuer le prix du travail, et chaque
ouvrier peut demander une augmentation ; mais cette
liberté réciproque doit avoir pour limites nécessaires le
droit et la liberté d'autrui, l'intérêt de la société ; dans
le cas de pression exercée par les masses, toute cette
liberté est anéantie. Conclure, disait le rapporteur de la
loi du 27 novembre 1849, de la liberté que chacun a de
négocier personnellement les conditions du travail, à la
faculté de former une coalition pour imposer à autrui
ces conditions, c'est comme si du droit que chacun a de
stationner sur la voie publique, on tirait la conséquence
qu'il peut se réunir à d'autres individus pour y former
des attroupements. Au surplus les coalitions devraient
être punies et défendues comme funestes aux ouvriers
qu'elles plongent dans la misère, comme ruinant l'industrie nationale, comme menaçant gravement la paix
publique.

Le système du Code pénal, sur le caractère des coalitions punissables, a été maintenu par la loi du 27 novembre 1849. Toutefois on a établi entre les patrons et
les ouvriers, une égalité complète en ce qui concerne la

pénalité , contrairement à ce qui existait sous le Code pénal.

Voici quelles sont aujourd'hui , par suite des modifications apportées par la loi du 27 novembre 1849 , les articles 414, 415 et 416 de notre Code pénal :

Article 414. « Sera punie d'un emprisonnement de six jours à trois mois et d'une amende de 16 fr. à 3000 fr. : 1° toute coalition entre ceux qui font travailler les ouvriers, tendant à forcer l'abaissement des salaires , s'il y a eu tentative ou commencement d'exécution ; 2° toute coalition de la part des ouvriers pour faire cesser en même temps de travailler, interdire le travail dans un atelier, empêcher de s'y rendre avant ou après certaines heures, et, en général, pour suspendre, empêcher, enchérir les travaux, s'il y a eu tentative ou commencement d'exécution. Dans les cas prévus dans les deux paragraphes précédents, les chefs ou moteurs seront punis d'un emprisonnement de deux à cinq ans. »

415. « Seront aussi punis des peines portées dans l'article précédent et d'après les mêmes distinctions, les directeurs d'ateliers ou entrepreneurs d'ouvrages et les ouvriers qui, de concert, auront prononcé des amendes , autres que celles qui ont pour objet la discipline intérieure de l'atelier, des défenses , des interdictions , ou toutes proscriptions sous le nom de damnations sous quelque qualification que ce puisse être, soit de la part des directeurs d'atelier ou entrepreneurs contre les ouvriers, soit de la part de ceux-ci contre les directeurs d'atelier ou entrepreneurs, soit les uns contre les autres. »

416. « Dans les cas prévus par les deux articles pré-

cédents, les chefs ou moteurs pourront, après l'expiration de leur peine, être mis sous la surveillance de la haute police pendant deux ans au moins et cinq ans au plus. »

L'article 463 du Code pénal, sur les circonstances atténuantes, est applicable dans ces divers cas.

Les dispositions que nous venons de rappeler n'atteignent pas les patrons ni les ouvriers s'occupant de travaux agricoles ; ils restent sous l'empire des dispositions du Code rural (Rapport à la chambre sur la loi du 27 nov. 1849).

Mais elles atteignent tous ceux qui font travailler des ouvriers quelque soit la diversité de leurs professions et de leurs résidences.

La tentative et le commencement d'exécution ne sont punissables que s'il y a des actes extérieurs révélant le projet d'une manière certaine, et non lorsque ce projet, bien qu'existant, n'a encore produit aucune manifestation extérieure.

Il faudrait bien se garder de voir des coalitions illicites dans ces associations ouvrières qui, ayant pour but d'améliorer le sort des ouvriers, se produiraient d'une manière normale. Ces associations ouvrières, si on s'en rapporte à des expériences récentes et aux nombreuses déclarations de faillite qui ont suivi de près leur formation, peuvent ne pas être une bonne chose au point de vue commercial et économique, mais elles ne sont que l'application légale du principe de la liberté du travail. Si elles dégénéraient en coalitions illégales, elles devraient être sévèrement réprimées. C'est aux juges à décider, dans ces cas, s'il y a exercice ou abus d'un droit.

Compagnonnage.

Le compagnonnage, aboli par l'article 2 de la loi du 14 juin 1791, et qui a pu un moment revivre légalement à l'ombre de la constitution de 1848, n'a encore aujourd'hui qu'une existence illégale, contraire, d'un côté, aux lois qui, au moment de notre première révolution, ont aboli les corporations et les maîtrises pour proclamer la liberté de l'industrie, de l'autre, aux lois qui défendent les associations non autorisées. Le compagnonnage est donc une illégalité qui, suivant la manière dont elle se produit, peut donner lieu à une répression pénale et dont les autorités locales peuvent empêcher toute manifestation (Cass. 5 août 1836). Nous reparlerons dans le troisième livre, du compagnonnage envisagé comme société d'assistance.

Révélations des secrets de fabrique.

Dans l'intérêt de l'industrie française et par conséquent des fabricants et des ouvriers eux-mêmes qui ont le plus grand intérêt au développement et au succès de cette industrie :

Il est défendu à tout directeur, commis, ouvrier de fabrique, de communiquer à des étrangers ou à des Français résidant en pays étrangers, des secrets de la fabrication où il est employé, sous peine de la réclusion et d'une amende de 500 fr. à 20,000 fr. (Code pénal, art. 418, § 1).

Si ces secrets ont été communiqués à des Français résidant en France, la peine sera d'un emprisonnement de trois mois à deux ans et d'une amende de 16 fr. à 200 fr. (Id. § 2).

Comme il s'agit ici d'un délit , il faut que la communication ait été frauduleuse, c'est-à-dire faite avec intention de nuire et de préjudicier, sinon il pourrait bien y avoir un fait préjudiciable de nature à donner lieu à une action civile, mais insuffisant pour motiver des condamnations pénales.

Le complice de ce crime ou de ce délit est passible des mêmes peines que l'auteur principal ; mais cette complicité n'existe que s'il y a eu provocation et manœuvres intentionnelles pour obtenir cette révélation (Cass. 14 mai 1842).

L'apprenti est compris dans l'expression générale d'ouvrier dont se sert la loi.

Embauchage.

Quiconque, dans la vue de nuire à l'industrie française, aura fait passer en pays étranger des directeurs , commis, ou des ouvriers d'un établissement , sera puni d'un emprisonnement de six mois à deux ans et d'une amende de 50 fr. à 300 fr. (C. p. art. 417).

C'est surtout dans les moments de commotion politique que l'on a vu se manifester les efforts des étrangers pour attirer chez eux, au préjudice de l'industrie française, les meilleurs ouvriers de nos manufactures pour pouvoir nous ravir les fruits de leur expérience et de leur habileté , et obtenir la révélation de nos secrets de fabrication. Les ouvriers ne sauraient trop se tenir en garde contre ces propositions déshonnêtes. La plupart de ceux qui, entraînés par l'appât de la fortune, ont quitté leur patrie sur la foi des paroles mensongères et sans crainte de nuire à leurs cités au profit de nations rivales et jalouses de notre industrie, sont successivement rentrés en France, vieillis avant le temps, accablés de misère et abreuvés de dégoût par l'étranger qui les a rejetés avec dédain, aussitôt que leurs services ne lui ont plus été nécessaires (Proclamation du maire de Lyon en 1848).

Je reviens sur les termes de la loi pour faire remarquer que l'embauchage n'est un délit puni par elle que si on a fait passer des ouvriers à l'étranger dans la vue de nuire à l'industrie française ; il faut à la fois ce fait et cette intention frauduleuse.

Refus d'obéissance aux réquisitions de l'autorité publique.

La loi du 22 germinal an IV qui autorise le ministère public à requérir les ouvriers de faire les travaux nécessaires pour assurer l'exécution des jugements et punit ceux qui refusent des peines de simple police, et, en cas de récidive, de l'emprisonnement, est encore en vigueur. La cour de cassation a même jugé le 13 mars 1835 que les ouvriers, auxquels ces réquisitions étaient adressées, ne pouvaient se refuser d'y obtempérer, sous prétexte que les travaux à exécuter ne rentraient pas directement dans l'exercice de leur profession habituelle.

Abandon des forges et fourneaux.

Un arrêt de 1729 ordonne que tous les ouvriers des forges et fourneaux faisant œuvre de fer, qui abandonneront le service et le travail desdits fourneaux lorsqu'ils seront en feu, jusqu'à ce qu'ils aient été mis hors par les maîtres d'iceux, seront condamnés à 300 livres d'amende applicables moitié au profit des hôpitaux les plus voisins, moitié au profit du maître de forges abandonné. Cet arrêt est encore appliqué de nos jours par les tribunaux (Bourges, 21 déc. 1837 et 23 août 1839).

Contrefaçon.

Voyez ce mot dans la section II.

Contraventions aux prescriptions de police spéciales à l'exploitation des mines

Les exploitants sont tenus d'entretenir sur leurs établissements, dans la proportion du nombre d'ouvriers et de l'étendue de l'exploitation, des médicaments et les moyens de secours qui seront indiqués dans un règlement du ministre de l'intérieur (D. 3 janvier 1813, art. 15).

Le ministre de l'intérieur, sur la proposition des préfets et le rapport du directeur général des mines, indique les exploitations qui, par leur importance et le nombre des ouvriers qu'elles emploient, devront entretenir à leurs frais un chirurgien spécialement attaché au service de l'établissement (Id., art. 16).

On ne peut employer, en qualité de maîtres mineurs ou chefs particuliers de travaux des mines et mineurs, sous quelque dénomination que ce soit, que des individus qui auront travaillé comme mineurs, charpentiers, boiseurs ou mécaniciens depuis au moins trois années consécutives (Id., art. 25).

L'obligation imposée par le décret de 1813, à tout ouvrier employé dans l'exploitation des mines et dépendances, d'avoir un livret, est aujourd'hui sanctionnée par la loi spéciale sur les livrets que l'on pourra consulter.

Il est défendu de laisser descendre ou travailler dans les mines et minières des enfants au-dessous de dix ans.

Nul ouvrier ne sera admis dans les travaux s'il est ivre ou en état de maladie (Id., art. 29).

Tout ouvrier qui, par insubordination ou désobéissance envers le chef des travaux contre l'ordre établi, aura compromis la sûreté des personnes ou des choses, sera poursuivi et puni, suivant la gravité des circonstances, d'un emprisonnement de six jours à deux ans et d'une amende de 16 fr. à 600 fr., indépendamment des dommages-intérêts (Id., art. 22 et 30; — C. pén., art. 319 et 320).

Les contraventions aux dispositions de police ci-dessus, lors-même qu'elles n'auraient pas été suivies d'accidents, seront poursuivies et jugées conformément au titre x de la loi du 21 avril 1810 sur les mines (D. 1813, art. 31).

CHAPITRE IV.

INFLUENCE DE LA QUALITÉ DE PATRON ET D'OUVRIER

SUR

LA PÉNALITÉ ENCOURUE PAR LES AUTEURS DE CERTAINS DÉLITS ET CRIMES.

Contrefaçon.

Toute atteinte portée aux droits du breveté soit par la fabrication de produits, soit par l'emploi de moyens faisant l'objet de son brevet, constitue le délit de contre-façon, puni d'une amende de 100 à 2,000 fr. (L. 5 juillet 1844, art. 40).

Un emprisonnement d'un mois à six mois pourra aussi être prononcé si le contrefacteur est un ouvrier ou un employé ayant travaillé dans les ateliers ou dans l'établissement du breveté, où si le contrefacteur s'étant associé avec un ouvrier ou un employé du breveté, a

.eu connaissance par ce dernier des procédés décrits au brevet. Dans ce dernier cas, l'ouvrier ou l'employé pourra être poursuivi comme complice (Id., art. 43).

L'article 463 du Code pénal sur les circonstances atténuantes est applicable en ces matières (Id., art. 44).

Ces délits sont de la compétence des tribunaux correctionnels (Id., art. 46). Mais ils ne peuvent être poursuivis par le ministère public que sur la plainte de la partie lésée (Id., art. 45).

La confiscation des objets reconnus contrefaits et, le cas échéant, celle des instruments ou ustensiles destinés spécialement à leur fabrication, seront, même en cas d'acquittement, prononcées contre le contrefacteur, le recéleur, l'introducteur, ou le débitant. Les objets confisqués seront remis au propriétaire du brevet, sans préjudice de plus amples dommages-intérêts et de l'affiche du jugement s'il y a lieu (Id., art. 49).

Marchandises gâtées volontairement.

Quiconque, à l'aide d'une liqueur corrosive ou par tout autre moyen, aura volontairement gâté des marchandises ou matières servant à la fabrication, sera puni d'un emprisonnement d'un mois à deux ans et d'une amende qui ne pourra excéder le quart des dommages-intérêts, ni être moindre de 16 fr. Si le délit a été commis par un ouvrier de la fabrique ou par un commis de la maison de commerce, l'emprisonnement sera de deux à cinq ans, sans préjudice de l'amende, ainsi qu'il vient d'être dit (C. p., art. 443).

L'expression marchandise doit s'entendre ici dans le sens le plus général ; elle comprend toutes les choses mobilières destinées au commerce, qu'elles soient entre les mains du producteur ou du négociant; elle peut s'appliquer même, suivant les circonstances, à des objets d'art (Trib. cor. de la Seine. 22 fév. 1842).

Abus de confiance.

Quiconque aura détourné ou dissipé au préjudice des propriétaires, possesseurs ou détenteurs, des effets, deniers, marchandises, billets, quittances, ou tous autres écrits contenant ou opérant obligation ou décharge qui ne lui auraient été remis qu'à titre de louage, de dépôt, de mandat, ou pour un travail salarié ou non salarié, à la charge de les rendre ou représenter, ou d'en faire un usage ou un emploi déterminé, sera puni d'un emprisonnement de deux mois au moins, de deux ans au plus et d'une amende qui ne pourra excéder le quart des restitutions et des dommages – intérêts qui seront dus aux parties lésées, ni être moindre de 15 fr.; le coupable peut être en outre, à compter du jour où il aura subi sa peine, interdit, pendant cinq ans au moins et dix ans au plus, de ses droits civiques et civils (Code pénal, art. 405, § 2, 406, 408).

La réclusion est applicable, depuis la loi de 1832, lorsque l'abus de confiance a été commis par un domestique, homme de service à gages, élève, clerc, commis, ouvrier, compagnon, ou apprenti, au préjudice de son maître (C. p. , art. 408, § 2). L'aggravation de peine n'a pas lieu si l'abus de confiance est commis au préjudice de toute autre personne que le maître, la loi n'indiquant que ce dernier.

Vols.

La peine de la réclusion est également applicable à l'individu coupable de vol, si le fait a été commis par un ouvrier, compagnon ou apprenti, dans la maison, l'atelier ou le magasin de son maître (C. p. , art. 386, § 3). L'individu qui reçoit des matières premières pour être travaillées à son domicile et payées à raison du travail effectué et qui dérobe tout ou partie de ces matières, n'est pas passible de l'aggravation de peine, comme coupable de vol qualifié (Cass. , 16 mars 1837). Ce fait ne serait-il pas passible de la réclusion, comme constituant un abus de confiance commis par un ouvrier?

Contrefaçon de Clefs.

La contrefaçon ou altération de clefs avec la connaissance de leur fausseté et la prévision de leur usage, punie d'un emprisonnement de trois mois à deux ans et d'une amende de 25 fr. à 150 fr. , est punie de la réclusion si le coupable est serrurier, sans préjudice de plus fortes peines, s'il y échet, en cas de complicité d'un crime (Cod. pén. , art. 399).

Attentat aux Mœurs.

Tout attentat à la pudeur consommé ou tenté sans violence sur la personne d'un enfant de l'un ou de l'autre sexe, âgé de moins de onze ans, est puni des travaux forcés à temps.

Tout crime de viol, tout attentat à la pudeur consommé ou tenté avec violence contre des individus de l'un ou de l'autre sexe, sera puni des travaux forcés à perpétuité.

Si les coupables sont les ascendants de la personne sur laquelle a été commis l'attentat; s'ils sont de la classe de ceux qui ont autorité sur elle; s'ils sont ses instituteurs ou ses serviteurs à gages, ou serviteurs à gages des personnes ci-dessus désignées (Cod. p., art. 331, 332 et 333).

Nul doute que les patrons et contre-maîtres ne se trouvent compris dans cette énumération de ceux que leur qualité rend passibles d'une aggravation de peine, lorsque le crime est commis sur la personne des ouvriers travaillant à leur service ou sous leur surveillance.

Quiconque aura attenté aux mœurs en excitant, favorisant ou facilitant la débauche ou la corruption de la jeunesse de l'un ou de l'autre sexe au-dessous de l'âge de vingt-un ans, sera puni d'un emprisonnement de deux ans à cinq ans et de 300 à 1,000 fr. d'amende, si c'est une personne chargée de la surveillance de la victime. Les coupables seront interdits de toute tutelle et curatelle et de toute participation aux conseils de famille pendant dix ans au moins et vingt ans au plus, et pourront être mis pendant ce temps sous la surveillance de la haute police (Cod. pén. , art. 334 et 335).

Cette disposition pénale s'applique aux patrons, dans les cas où les ouvriers demeurent chez le maître, comme dans celui où ils y passent seulement la journée (Cass., 17 oct. 1838 ; — Douai, 29 déc. 1838 ; — Bourges, 24 janv. 1839).

Il n'est pas nécessaire qu'il y ait plusieurs personnes corrompues (Cass., 21 fév. 1840).

TITRE III.

JURIDICTIONS

INSTITUÉES

POUR CONNAITRE DES CONTESTATIONS ENTRE OUVRIERS ET ENTRE OUVRIERS ET PATRONS.

CHAPITRE I.

CONSEILS DE PRUD'HOMMES.

SERVAT ET CONCILIAT
(Vieille devise des Prud'hommes de Lyon).

L'industrie, pour le règlement des différends auxquels ses opérations donnent lieu, a besoin d'une juridiction spéciale initiée aux usages et aux traditions, exempte de formalités coûteuses, de complications et de lenteur.

C'est de ce besoin que sont nés les conseils de prud'-hommes, juges de paix spéciaux de l'industrie.

Ces fonctions ont quelque analogie avec celles qu'exer-çaient avant 1789 les gardes ou syndics des commu-nautés des arts et métiers. On en retrouve une sorte de consécration dans la loi du 16 août 1790 qui institua dans chaque canton, outre les juges de paix, des prud'-hommes assesseurs de ces juges, qui connaissaient du paiement des salaires des gens de travail et de l'exécu-tion des engagements respectifs des maîtres et de leurs gens de travail ; mais c'est surtout le bureau de Lyon nommé tribunal commun qui présente, avant l'orga-nisation moderne des conseils de prud'hommes, le mo-dèle le plus complet de cette institution ; aussi est-ce dans cette ville industrielle que fut créé et organisé, par le décret du 18 mars 1806, le premier conseil de pru-d'hommes.

En exposant les motifs de cette loi, le conseiller d'Etat Regnault de Saint-Jean d'Angély disait : en matière industrielle, la surveillance à exercer, les contraventions à réprimer demandent d'autres instruments que ceux de l'administration générale de l'Empire et même que l'ad-ministration particulière de la cité, d'autres agents que ceux de la police ordinaire ; ces fonctions exigent aussi, avec la sévérité inflexible du magistrat, une sorte de bonté paternelle qui tempère l'austérité du juge, appelle sans cesse la confiance et porte naturellement à la soumission.

Le décret du 18 mars 1806, bien que spécial à Lyon, pouvait être étendu à toutes les villes industrielles où les conseils de prud'hommes pouvaient être utiles (Art. 34 et 35). Son application fut d'ailleurs bientôt généralisée par les décrets des 11 juin 1809, 20 fév. et 3 août 1810 contenant règlement général sur l'organisation et la juridiction des prud'hommes.

Ces décrets organiques sont restés en vigueur jusqu'à 1848. Un décret du 18 mai vint alors bouleverser complètement cette organisation. Cette loi, édictée dans un moment si peu propice pour apprécier sagement les véritables intérêts de l'industrie, des patrons et des ouvriers, inspirée par un sentiment exagéré et par suite faux de l'égalité entre les patrons et les ouvriers, ne tarda pas à produire les plus fàcheux résultats. Consacrant l'oppression du fabricant par l'ouvrier devant les prud'hommes, elle porta les patrons à repousser sans cesse une juridiction devenue suspecte et à se ménager dans tous les cas la possibilité de l'appel devant une juridiction supérieure où des sacrifices d'argent et de temps étaient imposés aux parties ; lorsque l'appel ne fût plus possible, les patrons recoururent à la cassation. Dans certaines villes les passions les plus funestes pour l'industrie et la société étaient développées dans plusieurs de ces conseils qui durent être dissous : au lieu de concilier les patrons et les ouvriers, ils développèrent entre eux l'antagonisme et la lutte; alors qu'en 1847, sur les 19,271 affaires inscrites dans les soixante-neuf conseils de la France, il n'y avait eu que 1420 affaires portées au bureau général et seulement 529 jugements, un seul conseil, celui des produits chimiques à Paris, était arrivé en 1852 à inscrire 4652 affaires, dont 636 avaient été portées au bureau général et 258 avaient été suivies de jugements.

C'est ainsi que les institutions les plus utiles et les plus favorables aux ouvriers, viciées dans les temps de lutte et de guerre civile, deviennent des instruments de guerre, des ferments de discorde, des éléments de ruine. Qu'on était loin sous la législation de 1848 des lois de 1806 et 1809, sous lesquelles les prud'hommes étaient les juges de paix de l'industrie, ayant pour science l'équité, pour devoir, pour tendance et pour but la conciliation ! Qu'était devenue l'ancienne devise des prud'hommes lyonnais, *servat et conciliat?*

On protesta bientôt de toute part contre ces dangereuses innovations. Le commerce, l'industrie, les chambres consultatives, les conseils de prud'hommes eux-mêmes élevèrent de justes réclamations. Pour y satisfaire fut promulguée la loi du 1er juin 1853.

Cette loi ne s'est pas bornée à faire revivre la législation de 1810. Si celle de 1848 était injuste pour le patron, celle de 1810 ne faisait pas assez pour l'ouvrier. Chaque époque a des exigences raisonnables dont le législateur doit tenir compte. Il doit éloigner tout esprit d'antagonisme qui sèmerait la défiance et l'irritation. Le principe de l'égalité entre les patrons et les ouvriers a été maintenu comme la base de la loi ; la nomination du président a été laissée au chef du pouvoir exécutif duquel émane la justice en France. En remettant cette nomination à l'un des éléments qui composent le conseil, on aurait fait naître des motifs d'irritation et de lutte de nature à paralyser les heureux effets de cette institution.

Voici les règles concernant les conseils de prud'hommes, d'après la loi du 1er juin 1853, les actes de l'autorité publique qui en ont assuré l'exécution, l'interprétation qu'elle a reçue des auteurs et des tribunaux, et les règles résultant de lois antérieures dont les dispositions sont restées en vigueur.

Institution des conseils de prud'hommes.

Les conseils de prud'hommes sont établis par décrets rendus dans la forme des règlements d'administration publique, après avis des chambres de commerce ou des chambres consultatives des arts et manufactures) L. 1ᵉʳ juin 1853, art. 1, § 1).

Lorsqu'il s'agit d'établir un conseil de prud'hommes, la proposition motivée en est envoyée au ministre par le préfet avec les pièces suivantes :

1° Délibération de la chambre de commerce ou de la chambre consultative des arts et manufactures, s'il en existe dans l'arrondissement;

2° Délibération du conseil municipal renfermant la promesse de subvenir au payement des dépenses ;

3° Tableau indiquant toutes les industries justiciables du conseil projeté ; la division de ces industries en catégories ; le nombre des prud'hommes à élire dans chacune d'elles, et enfin le nombre des patrons ou des ouvriers électeurs ou non que renferment ces mêmes catégories (Instr. min., 5 juillet 1853).

Les décrets d'institution déterminent le nombre des membres de chaque conseil. Ce nombre est de six au moins, non compris le président et le vice-président (L. 1853, art. 1).

La loi, en fixant un minimum, a laissé à l'administration toute latitude pour qu'elle pût déterminer le nombre des membres, suivant les exigences de chaque localité, autrement il aurait fallu ou introduire des exceptions pour les grands centres manufacturiers, ou multiplier les conseils dans une même ville, ce qui pourrait avoir des inconvénients. Le gouvernement reste juge de l'opportunité qu'il y a, suivant les circonstances, à créer plusieurs conseils correspondant aux branches d'industries les plus importantes, ou un seul conseil embrassant ces industries diverses (Rapport à la Chambre sur la loi de 1853).

Il n'y a pas de suppléants. La suppléance est une sorte de noviciat qui prépare aux fonctions de juge; mais un pareil noviciat n'est pas nécessaire pour les modestes fonctions de prud'homme; le véritable noviciat pour lui consiste dans l'exercice d'une profession industrielle, où il puise journellement les notions pratiques dont il a besoin (même Rapport).

Les dépenses de premier établissement sont payées par la ville où le conseil est établi; il en est de même des dépenses de chauffage, éclairage et autres de même nature; à cet effet, le président du conseil des prud'hommes présente, chaque année, au maire, l'état des dépenses, qui est porté au budget communal et ordonnancé par le maire. C'est également la ville qui fournit le local pour la tenue des séances (D. 11 juin 1809, art. 68, 69, 70).

Nomination des membres des conseils de Prud'hommes.

Les membres des conseils de prud'hommes sont élus par les patrons, chefs d'ateliers, contre-maîtres et ouvriers appartenant aux industries dénommées dans le décret d'institution (L. 1853, art. 2).

Les présidents et vice-présidents sont nommés par l'Empereur. Ils peuvent être pris en dehors des exigibles. Leurs fonctions durent trois années ; ils peuvent être nommés de nouveau (Id., art. 3).

La majorité de la commission de la chambre, lors du vote de la loi de 1853, était d'avis que là où les conseils de prud'hommes auraient été nommés sous l'influence de l'esprit de conciliation, il serait bien que le président fût pris parmi les élus ; là où ils auraient été nommés sous l'influence de l'esprit d'antagonisme, ils devaient être pris au contraire hors de leurs rangs, parmi les éligibles et les anciens éligibles. Ce sont là des vœux auxquels le gouvernement aura égard ; mais il résulte de la loi et des circonstances dans lesquelles on l'a votée, que le gouvernement reste libre dans tous les cas de porter ses choix en dehors de ces catégories et de choisir ailleurs que parmi les éligibles, ce pouvoir modérateur, ce tiers arbitre appellé à assurer l'impartialité d'un tribunal composé d'éléments rivaux, à empêcher que l'esprit d'antagonisme ne vienne paralyser les heureux effets de cette institution. On pourra donc appeler à la présidence des personnes prises en dehors des éligibles et des anciens éligibles, d'anciens juges de paix notamment, comme le demandaient en 1844 les chefs d'atelier de la ville de Lyon.

Les secrétaires des conseils sont nommés et révoqués par le préfet sur la proposition du président (L. 1853, art. 3, § 2).

Ces positions ne sont dès-lors pas des charges transmissibles comme les greffes ; appelés à remplir un rôle important près des conseils, à éclairer de leurs avis les justiciables avec lesquels ils sont en contact, à les guider et à les diriger même, ils pourraient abuser de l'action que cette position leur donne et il fallait qu'on pût facilement les révoquer dans les cas où ils n'exerceraient pas cette action d'une manière conforme à l'esprit de l'institution et aux devoirs qui leur sont imposés (Rapport de 1853).

Electeurs, — Eligibles.

Les membres des conseils de prud'hommes étant le produit de l'élection, il fallait déterminer ceux qui prendraient part au vote, ceux sur lesquels pourrait porter ce vote.

Sont électeurs :

1° Les patrons âgés de vingt-cinq ans accomplis et patentés depuis cinq années au moins et domiciliés depuis trois ans dans la circonscription du conseil ;

2° Les chefs d'atelier, contre-maîtres et ouvriers, âgés de vingt-cinq ans accomplis, exerçant leur industrie depuis cinq ans au moins et domiciliés depuis trois ans dans la circonscription du conseil (L. 1853, art. 4).

Aucun ouvrier soumis à l'obligation du livret ne sera inscrit sur les listes d'électeurs pour la formation des conseils de prud'hommes, s'il n'est pourvu d'un livret (L. 22 juin 1854, art. 15).

Par chef d'atelier, on ne doit entendre ici que l'ouvrier à façon qui, dans son domicile, seul ou aidé de compagnons ou apprentis, ouvre les matières qu'on lui a confiées, et non l'industriel qui convertit en produit les matières qui lui appartiennent ; ce dernier doit être classé parmi les patrons (Cir. min., 5 juillet 1853).

Sont éligibles :

Les électeurs âgés de trente ans accomplis, sachant lire et écrire (L. 1853, art. 5).

Les anciens patentés ne sont pas éligibles aux fonctions de prud'hommes, contrairement à ce qui a lieu pour les juges consulaires. Les procédés de l'industrie manufacturière avec lesquels les prud'hommes doivent être familiers étant essentiellement variables, il est naturel de croire que généralement le fabricant n'est à portée de les bien connaître, que tout autant qu'il exerce son état. C'est dans ce même sens que la question avait déjà été résolue en 1838 par le conseil général des manufactures. Le gouvernement pourra d'ailleurs trouver dans cette classe placée en dehors de la lutte électorale des personnes qui rempliront les conditions d'impartialité et de capacité nécessaires pour faire de bons présidents.

Après avoir conféré aux patrons et ouvriers présen-

tant des garanties d'âge et de domicile le droit de vote
et d'éligibilité, le législateur devait naturellement écarter
d'un côté les étrangers, puisqu'il s'agissait de la composition d'un tribunal destiné à rendre la justice en
France ; de l'autre, tous ceux que la loi avait frappé
d'incapacité, lorsqu'il s'agit de votes politiques, à cause
de leur indignité.

Tout homme indigne de prendre part à des élections politiques ne saurait être appelé à contribuer à la nomination de magistrats chargés de rendre la justice. Les dépositaires de l'autorité judiciaire, quelque humble que soit
le rang qu'ils occupent dans la hiérarchie, doivent émaner
d'une source non moins pure que les dépositaires de l'autorité législative (Rapp. à la chambre de la loi de 1853).

Ainsi ne peuvent être électeurs ni éligibles les individus désignés dans l'article 15 de la loi du 2 février 1852
(L. 1853, art. 6) ;

C'est-à-dire :

1° Les individus privés de leurs droits civils et politiques par suite de condamnation, soit à des peines
afflictives ou infamantes, soit à des peines infamantes
seulement ;

2° Ceux auxquels les tribunaux jugeant correction-
nellement ont interdit le droit de vote et d'élection par
application des lois qui autorisent cette interdiction.

3° Les condamnés pour crime à l'emprisonnement par
application de l'article 463 du Code pénal qui, en cas de
circonstances atténuantes, permet de réduire à l'emprisonnement la peine encourue à raison d'un crime.

4° Ceux qui ont été condamnés à trois mois de prison par application des articles 318 et 423 du Code pénal, sur la vente des boissons falsifiées, contenant des matières nuisibles à la santé, et la tromperie sur le titre des matières d'or et d'argent, sur la qualité d'une pierre fausse vendue pour fine, sur la nature de toute marchandise;

5° Les condamnés pour vol, escroquerie, abus de confiance, soustraction commise par les dépositaires de deniers publics, ou attentats aux mœurs, prévus par les articles 330 et 334 du Code pénal (outrage public à la pudeur, excitation à la débauche des mineurs), quelle que soit la durée de l'emprisonnement auquel ils ont été condamnés;

6° Les individus qui par application de l'article 8 de la loi du 17 mai 1819, et de l'article 3 du décret du 11 août 1848, auront été condamnés pour outrage à la morale publique et religieuse ou aux bonnes mœurs, et pour attaque contre le principe de la propriété et les droits de la famille;

7° Les individus condamnés à plus de trois mois d'emprisonnement en vertu des articles 31, 33, 34, 35, 36, 38, 39, 40, 41, 42, 45 et 46 du décret du 2 février 1852, sur l'élection des députés au corps législatif (fraude dans les inscriptions sur les listes, ou dans les votes, de la part des électeurs ou des scrutateurs, corruption en matière électorale, influence dans les votes par menaces et violences, fausses nouvelles, bruits calomnieux, trouble aux opérations d'un collége électoral par démonstrations menaçantes et clameurs, irruption dans un collége électoral pour empêcher un choix, outrages et violences en-

vers le bureau , enlèvement de l'urne électorale contenant les suffrages émis et non dépouillés) ;

8° Les notaires, greffiers et officiers ministériels des-
titués en vertu de jugements ou décisions judiciaires ;

9° Les condamnés pour vagabondage ou mendicité.

10° Ceux qui auront été condamnés à trois mois de
prison au moins par application des articles 439 (destruction d'actes et titres), 443 (marchandises ou objets
servant à la fabrication volontairement gâtés), 444 (dé-
vastation des récoltes), 445, 446 (abattis d'arbres appartenant à autrui), 447 (destruction de greffes), 452 (em-
poisonnement de bêtes de voitures, ou bestiaux, ou pois-
sons dans les étangs et viviers), du Code pénal ;

11° Ceux qui auront été déclarés coupables des délits
prévus par les articles 410 et 411 du Code pénal (tenue
de maison de jeux de hasard ou de prêt sur gages), et par
la loi du 21 mai 1836, portant prohibition des loteries ;

12° Les militaires condamnés au boulet ou aux travaux publics ;

13° Les individus condamnés à l'emprisonnement par
application des articles 38, 41, 43 et 45 de la loi du 21
mars 1832, sur le recrutement de l'armée (fraude pour se
faire omettre sur les tableaux de recensement, mutila-
tions pour se rendre impropre au service, remplacement
en contravention de la loi et par fraude , réception de
dons de la part des médecins chargés d'examiner le jeunes gens pour leur être favorables) ;

14° Les individus condamnés à l'emprisonnement par
application de l'article 1er de la loi du 27 mars 1851 (fal-
sification de denrées alimentaires ou médicamenteuses et

mise en vente de ces marchandises , tromperie sur la quantité des choses vendues par usage d'instruments inexacts servant au pesage et mesurage ou de manœu-vres frauduleuses);

15° Ceux qui ont été condamnés pour délits d'usure ;

16° Les interdits ;

17° Les faillis non réhabilités dont la faillite a été dé-clarée soit par les tribunaux français, soit par jugements rendus à l'étranger , mais exécutoires en France (L. 2 février 1852, art. 15).

Listes électorales.

Dans chaque commune de la circonscription, le mai-re, assisté de deux assesseurs qu'il choisit , l'un parmi les électeurs patrons , l'autre parmi les électeurs chefs d'atelier, contre-maîtres et ouvriers, inscrit les électeurs sur un tableau qu'il adresse au préfet (L. 1853, art. 7 ; Circ. min. 5 juillet 1853).

La liste électorale est dressée et arrêtée par le préfet (L. 1853, art. 7).

En cas de réclamation , le recours est ouvert devant le conseil de préfecture ou devant les tribunaux civils , suivant les distinctions établies par la loi sur les élections municipales (L. 1853, art. 8). La procédure est gratuite (Rapp. sur la loi de 1853 ; Circ. min. 5 juillet 1853).

Mode de votation.

Les patrons, réunis en assemblée particulière, nomment directement les prud'hommes patrons ; les contre-maîtres, chefs d'atelier, et les ouvriers, également réunis en assemblées particulières, nomment les prud'hommes ouvriers en nombre égal à celui des patrons (L. 1853, art. 9).

Les convocations sont faites par affiches ou par lettre d'avis adressée à chaque électeur.

La présidence des assemblées électorales est déléguée aux maires et adjoints par les préfets (Circ. min. 5 juillet 1853).

Dans le vote par catégories, on peut réunir dans un même lieu, lorsque l'administration le juge utile et sage, les patrons et ouvriers de chaque catégorie, afin qu'ils puissent se voir avant de voter, se consulter, s'éclairer mutuellement sur les choix qu'ils auront à faire; mais il y aura deux scrutins séparés ; les votes ne seront pas confondus. Si le vote des patrons et celui des ouvriers doit être distinct, ajoutons que celui des patrons doit de plus porter uniquement sur des patrons, et réciproquement celui des ouvriers, contre-maîtres et chefs d'atelier, que sur des éligibles de cette catégorie; sinon il n'y aurait plus dans les conseils une égale représentation de l'élément ouvrier et de l'élément patron (Rapport à la Chambre sur la loi de 1853).

Au premier tour de scrutin, la majorité absolue des suffrages est nécessaire ; la majorité relative suffit au second tour (L. 1853, art. 9, § 2).

Fonctions , — Durée, — Serment , — Gratuité.

Les conseils de prud'hommes sont renouvelés par moitié tous les trois ans ; le sort désigne ceux des prud'hommes qui sont remplacés la première fois (L. 1853, art. 10, § 1).

Tout membre d'un conseil de prud'hommes qui, sans motifs légitimes , refuserait de faire le service auquel il serait appelé, pourrait, après procès-verbal du président dudit conseil constatant la mise en demeure , être considéré comme démissionnaire (D. 16 nov. 1854).

Pour parer à toutes les éventualités on a autorisé le préfet, lorsque les besoins du service l'exigent, à convoquer les électeurs pour faire procéder au remplacement des membres décédés, démissionnaires, ou frappés d'incapacité légale (L. 1853, art. 10, § 3).

Tout membre élu en remplacement d'un autre ne demeure en fonctions que pendant la durée du mandat confié à son prédécesseur (Id. § 4.)

Les prud'hommes prêtent , entre les mains du préfet ou du fonctionnaire public qui le remplace , serment d'obéissance aux lois, de fidélité à l'Empereur, et de remplir leurs devoirs avec zèle et intégrité (D. 11 juin 1809, art. 20).

Les prud'hommes remplissant les fonctions de juge, en cas de plainte en prévarication , doivent être poursuivis par les voies exceptionnelles réglementées dans les articles 479 et suivants du Code d'instruction criminelle (D. 18 mars 1806, art. 33).

Doivent - ils recevoir une rémunération pour leurs services ? M. Paul Dupont, lors du vote de la loi de 1853, proposait de leur allouer des jetons de présence ; de pareilles fonctions étant, suivant lui, onéreuses, il était à craindre que l'avenir de l'institution ne fût compromis, si un dédommagement n'était accordé à ceux qui sont appelés à les remplir. La Chambre a maintenu cependant le principe de la gratuité, posé dans les articles 30 et 32 du décret du 18 mars 1806. C'est pour les patrons surtout qu'elle a voulu que le principe fût conservé intact : semblables aux juges consulaires, leur véritable dédommagement est dans le respect et la considération dont ils sont environnés, et où ils puisent cette autorité morale qui facilite l'accomplissement de leur mission. En ce qui concerne l'ouvrier, qui est dans une position différente, la commission de la chambre en 1853 a pensé que la législation actuelle tenait suffisamment compte de cette différence en laissant aux communes, qui ont à supporter les dépenses occasionnées par les conseils, la faculté d'attribuer aux prud'hommes ouvriers une rétribution. L'article 30 du décret de 1806, qui pose en principe la gratuité des fonctions, d'après le rapport de M. Reynaud de Saint-Jean d'Angély, admet très bien cette pratique usitée à Lyon depuis le décret de 1806 (Rapport à la chambre sur la loi de 1853).

Division des conseils de Prud'hommes en bureau particulier et bureau général.

Chaque conseil de prud'hommes se divise en bureau particulier et en bureau général : le premier concilie ; à défaut, le second juge.

Le bureau particulier est composé de deux membres pris l'un parmi les patrons, l'autre parmi les chefs d'atelier, contre-maîtres ou ouvriers (D. de 1806, art. 7 ; — D. de 1809, art. 21, combinés avec la loi de 1853).

Comment le bureau général sera-t-il composé ? Le décret de 1809 exigeait la présence du tiers des titulaires ; celui de 1848 fixait un minimum de huit membres ; le projet du gouvernement déterminait ce nombre proportionnellement à l'importance des conseils. Le législateur prenant en considération la demande presque unanime des conseils de prud'hommes a fixé un minimum de cinq membres ; il a voulu empêcher que la tâche des prud'hommes ne devînt trop pénible et que les hommes les plus utiles ne fussent éloignés de ces conseils par l'obligation d'y siéger trop souvent. L'expérience avait prouvé d'ailleurs qu'il était sage de s'en tenir à ce chiffre adopté en Prusse , où les tribunaux d'industrie sont régis presque complètement par notre législation de 1809 sur les conseils de prud'hommes.

Le bureau général est donc composé, indépendamment du président ou du vice-président, d'un nombre égal

de prud'hommes patrons et de prud'hommes ouvriers.
Ce nombre est au moins de deux prud'hommes patrons
et de deux prud'hommes ouvriers, quelque soit celui des
membres dont se compose le conseil (L. 1853, art. 15).

Nous disions tantôt en nous occupant des fonctions des
prud'hommes que , d'après le décret du 16 novembre
1854, leur refus de service sans motifs légitimes et légalement constatés, peut les faire considérer comme
démissionnaires.

Dissolution des Conseils.

Le gouvernement doit avoir l'autorité nécessaire pour
réprimer l'esprit de désordre sous quelque forme qu'il se
manifeste : là où les conseils obéiraient à de mauvaises
suggestions, là où ils s'écarteraient de la voie du devoir,
là où ils deviendraient une cause de troubles et de dis-
sensions, où l'abstention constante des patrons ou des
ouvriers rendrait leur fonctionnement impossible, il faut
que le gouvernement puisse ou en appeler aux électeurs
pour changer la composition de ces conseils, ou les supprimer même indéfiniment, si le mal lui paraît sans remède. On ne saurait d'ailleurs lui refuser le pouvoir de
supprimer, quand il le jugera convenable, un conseil
qu'il était libre de ne pas créer (Rapport à la chambre
sur la loi de 1853).

Cette dissolution est prononcée par un décret de l'Empereur sur la proposition du ministre compétent (L. 1853,
art. 16).

La conséquence de cette dissolution est de placer les justiciables des conseils de prud'hommes sous la juridiction des juges de paix.

Attributions des Prud'hommes.

Nous ne ferons pas ici l'énumération des attributions des prud'hommes ; en examinant les diverses matières régies par notre législation industrielle concernant les ouvriers, nous avons déjà indiqué dans quels cas on devait avoir recours à ces conseils ; aussi nous bornerons-nous à indiquer sommairement quelles sont ces diverses attributions :

Ils ont pour mission de terminer par la conciliation et, à défaut, par jugement dans des limites déterminées, les contestations qui résultent des rapports du fabricant et de l'ouvrier, du maître et de l'apprenti.

Ils sont chargés de veiller à l'exécution des mesures conservatrices de la propriété des marques et dessins de fabrique ; d'inspecter les manufactures ; d'assurer l'exécution des lois sur les livrets ; de constater les contraventions aux lois et règlements sur l'industrie.

L'autorité administrative peut toujours, lorsqu'elle le juge convenable, les réunir ; ils doivent donner leur avis sur les questions qui leur sont posées (L. 1853 , art. 17).

Ils sont appelés à réprimer les délits tendant à troubler l'ordre de l'atelier, les manquements graves des apprentis vis-à-vis de leurs maîtres, les contrefaçons des marques et dessins de fabrique.

Ces conseils sont donc à la fois :

Des magistrats conciliateurs ;

Des juges chargés de statuer sur les différends qui naissent entre les patrons et les ouvriers ;

Des tribunaux de répression à l'égard de certaines contraventions et de délits spéciaux à l'industrie que leurs membres doivent rechercher et constater ;

Des corps administratifs appelés à sauvegarder les intérêts de l'industrie et à assurer l'exécution des lois industrielles ;

Des corps consultatifs chargés de donner leur avis sur les questions qui leur sont soumises par le gouvernement.

En ce qui concerne les attributions de police et les fonctions administratives des prud'hommes, nous n'avons pas à signaler des règles spéciales de procéder en dehors de celles qui sont posées spécialement dans les divers cas où ils doivent intervenir. Il n'en est pas de même en matière contentieuse : ici la loi a consacré un mode de procéder qu'il est important pour les justiciables de ces conseils de connaître ; mais avant indiquons rapidement les règles générales concernant leur compétence, d'après les anciens décrets encore en vigueur.

Régles générales sur la compétence des conseils de prud'hommes.

La juridiction des conseils de prud'hommes s'étend sur tous les fabricants, entrepreneurs, patrons, chefs d'ateliers, contre-maîtres, ouvriers, compagnons et apprentis travaillant dans un établissement industriel placé dans les localités assignées à leur juridiction par les ordonnances portant établissement de ces conseils, quelque soit le lieu du domicile ou de la résidence de ces justiciables (D. 11 juin 1809, art. 11, et les décrets spéciaux d'institution).

Cette juridiction ne peut s'étendre dès-lors sur des individus non établis dans la circonscription territoriale de cette juridiction et ne travaillant pas pour une fabrique placée dans cette circonscription (Cass. 5 juillet 1821 ; — 1er avril 1840).

Après avoir eu égard à la qualité de la personne et à la position de l'établissement où travaillent les personnes entre lesquelles s'élèvent des difficultés, pour déterminer la compétence des prud'hommes, il faut prendre encore en considération la nature du litige ; ainsi s'agit-il entre des patrons et des ouvriers ou entre ouvriers de contestations portant sur des affaires autres que celles relatives à leur branche d'industrie et aux conventions dont cette industrie a été l'objet, les juges ordinaires sont seuls compétents (D. 1809, art. 10) ; s'agit-il de contestations nées entre fabricants, manufacturiers, ou entre des fabricants et des tiers, les conseils de prud'hommes sont encore incompétents (Cass. , 2 février 1825 ; — 12 déc. 1836 ; — 18 mars 1846), à moins que la difficulté soulevée entre des fabricants ne porte sur la propriété des marques de fabrique (D. 1809, art. 4, et sept. 1810, art. 8).

Les prud'hommes ne peuvent pas connaître davan-

14

tage des contestations entre patrons et ouvriers appartenant à des industries non dénommées dans le décret
d'institution, alors même qu'elles seraient portées devant
eux du consentement des parties (D. 11 juin 1809, art. 11;
— Cass., 19 février 1833; — 1er avril 1840; — Rapport à la chambre sur la loi de 1853).

Mais ils sont juges de toutes les contestations qui
s'élèvent entre les fabricants d'une part et leurs ouvriers
de l'autre, et des contestations des chefs d'ateliers,
contre-maîtres, et ouvriers entre eux, à raison de la
branche d'industrie qu'ils exercent et aux conventions
dont cette industrie a été l'objet (D. 18 mars 1806).

En premier ressort, la compétence des prud'hommes
est illimitée; peu importe le chiffre de la demande
(D. 1809, art. 23, et D. 3 août 1810, art. 1).

Mode de procéder devant les conseils de prud'hommes.

Les parties pourront toujours se présenter volontairement devant les prud'hommes pour être conciliées par
eux : dans ce cas elles seront tenues de déclarer qu'elles
demandent leurs bons offices. Cette déclaration sera
signée par elles; ou mention en sera faite si elles ne
savent signer (D. 1809, art. 58).

Tout justiciable des conseils de prud'hommes appelé
devant eux sera tenu, sur une simple lettre de leur secrétaire, de s'y rendre en personne au jour et à l'heure
fixés, sans pouvoir se faire remplacer, hors le cas d'ab-

sence ou de maladie; alors seulement il sera admis à se faire représenter par l'un de ses parents, négociant ou marchand exclusivement, porteur de sa procuration (D. 1809, art. 29).

Cet article doit être entendu en ce sens qu'en cas d'absence ou de maladie, un patron peut être remplacé par son employé, un ouvrier par un parent ouvrier comme lui.

En faisant de la présence des parties une règle presque absolue, le législateur a eu l'intention de rendre les conciliations plus faciles, d'accélérer l'expédition des affaires et de diminuer le plus possible les frais de procédure.

Lors des troubles qui agitaient Lyon en 1848, les ouvriers réclamèrent ce qu'ils appelaient la libre défense, ou soit l'autorisation d'amener devant les conseils, des avocats et défenseurs officieux; ils furent plus tard les premiers à se féliciter de l'opposition que les prud'-hommes apportèrent dans l'intérêt des ouvriers à la demande irréfléchie de ceux-ci, et de nos jours encore la comparution personnelle exigée par l'article 29 du décret de 1809, sauf les exceptions que cet article prévoit, est restée la règle à suivre (Rapport à la chambre sur la loi de 1853).

Si le particulier qui aurait été invité par le secrétaire à se rendre au bureau particulier ou au bureau général des prud'hommes ne paraît point, il lui sera envoyé une citation, qui lui sera remise par l'huissier attaché au conseil. Cette citation, qui contiendra la date des jour, mois et an, les noms, profession et domicile du

demandeur, les noms et demeure du défendeur, énoncera sommairement les motifs qui le font appeler (D.
1809, art. 30).

La citation sera notifiée au domicile du défendeur; et
il y aura un jour au moins entre celui où elle aura été
remise et le jour indiqué pour la comparution, si la
partie est domiciliée dans la distance de trois myriamètres ; si elle est domiciliée au-delà de cette distance, il
sera ajouté un jour pour trois myriamètres.

Dans le cas où les délais n'auraient pas été observés,
si le défendeur ne paraît point, les prud'hommes or-
donneront qu'il lui soit envoyé une nouvelle citation.
Alors les frais de la première citation seront à la charge
du demandeur (Id. art. 31).

Au jour fixé par la lettre du secrétaire ou par la
citation de l'huissier, les parties comparaîtront devant
le bureau particulier des prud'hommes, sans pouvoir être
admises à faire signifier aucunes défenses (Id. art. 32).

Elles seront tenues de s'expliquer avec modération et
de se conduire avec respect : si elles ne le font point,
elles seront d'abord rappelées à leurs devoirs par un
avertissement du prud'homme marchand fabricant. En
cas de récidive, le bureau particulier pourra les con-
damner à une amende, qui n'excédera pas 10 fr., avec
affiches du jugement dans la ville où siége le conseil
(Id. art. 33).

Dans le cas d'insulte ou d'irrévérence grave, le bureau
particulier en dressera procès - verbal, et pourra con-
damner celui qui s'en sera rendu coupable, à un emprisonnement dont la durée ne pourra excéder trois
jours (Id. art. 34).

Les jugements, dans les cas prévus par les deux articles précédents, seront exécutoires par provision (Id. art. 35).

Les parties seront d'abord entendues contradictoirement. Le bureau particulier ne négligera rien pour les concilier : s'il ne peut y parvenir, il les renverra, ainsi qu'il est dit à l'article 22, devant le bureau général, qui statuera sur le champ (Id. art. 36).

Lorsque l'une des parties déclarera vouloir s'inscrire en faux, déniera l'écriture, ou déclarera ne pas la reconnaître, le président du bureau général lui en donnera acte ; il paraphera la pièce, et renverra la cause devant les juges auxquels en appartient la connaissance (Id. art, 37).

Si, au jour indiqué par la lettre du secrétaire, ou par la citation de l'huissier, l'une des parties ne comparaît pas, la cause sera jugée par défaut, sauf l'envoi d'une nouvelle citation dans le cas prévu au dernier paragraphe de l'article 31 (Id. art. 44).

Si les parties sont contraires en faits de nature à être constatés par témoins, et dont le conseil de prud'hommes trouve la vérification utile et admissible, il ordonnera la preuve et en fixera précisément l'objet (Id. art. 48).

Au jour indiqué, les témoins, après avoir dit leurs noms, profession, âge et demeure, feront le serment de dire la vérité, et déclareront s'ils sont parents ou alliés des parties, et à quel degré, et s'ils sont leurs serviteurs ou leurs domestiques (Id. art. 49).

Ils seront entendus séparément, hors comme en la présence des parties, ainsi que le conseil l'avisera bien :

les parties seront tenues de fournir leurs reproches avant la déposition, et de les signer; si elles ne le savent ou ne le peuvent, il en sera fait mention (Id. art. 50).

Les parties n'interrompront point les témoins. Après la déposition, le président du conseil des prud'hommes pourra, sur la réquisition des parties, et même d'office, faire aux témoins les interpellations qu'il jugera convenables (Id. art. 51).

Dans les causes sujettes à l'appel, le secrétaire du conseil dressera procès-verbal de l'audition des témoins : cet acte contiendra leurs noms, prénoms, âge, profession et demeure, leur serment de dire la vérité, leur déclaration s'ils sont parents, alliés, serviteurs ou domestiques des parties, et les reproches qui auraient été fournis contre eux. Lecture de ce procès-verbal sera faite à chaque témoin, pour la partie qui le concerne ; il signera sa déposition, ou mention sera faite qu'il ne sait ou ne peut signer. Le procès-verbal sera en outre signé par le président du conseil, et contresigné par le secrétaire. Il sera procédé immédiatement au jugement, ou au plus tard à la première séance (Id. art. 52).

Dans les causes de nature à être jugées en dernier ressort, il ne sera point dressé de procès-verbal ; mais le jugement énoncera les noms, âge, profession et demeure des témoins, leur serment, leur déclaration, s'ils sont parents, alliés, serviteurs ou domestiques des parties, les reproches et le résultat des dépositions (Id. art. 53).

Il sera taxé aux témoins entendus par les conseils de prud'hommes, ou par les maires, une somme équivalente à une journée de travail, même à une double journée, si le témoin a été obligé de se faire remplacer dans sa profession. Cette taxation est laissée à la prudence des conseils et des maires.

Si le témoin n'a pas de profession, il lui sera taxé 2 fr.

Il ne lui sera point passé de frais de voyage, s'il est domicilié dans le canton où il est entendu. S'il est domicilié hors du canton et à une distance de plus de deux myriamètres et demi du lieu où il fera sa déposition, il lui sera alloué, autant de fois une somme double de journée de travail, ou une somme de 4 fr., qu'il y aura de fois cinq myriamètres de distance entre son domicile et le lieu où il aura déposé (Id. art. 61).

Un ou plusieurs prud'hommes pourront être récusés :

1° Quand ils auront un intérêt personnel à la contestation ;

2° Quand ils seront parents ou alliés de l'une des parties jusqu'au degré de cousin germain inclusivement;

3° Si, dans l'année qui a précédé la récusation, il y a eu procès criminel entre eux et l'une des parties ou son conjoint, ou ses parents et alliés en ligne directe ;

4° S'il y a procès civil existant entre eux et l'une des parties ou son conjoint;

5° S'ils ont donné un avis écrit dans l'affaire (Id. art. 54).

La partie qui voudra récuser un ou plusieurs prud'hommes, sera tenue de former la récusation, et d'en exposer les motifs par un acte qu'elle fera signifier au secrétaire du conseil par le premier huissier requis. L'exploit sera signé, sur l'original et la copie, par la partie ou son fondé de pouvoir. La copie sera déposée sur le bureau du conseil, et communiquée immédiatement au prud'homme qui sera récusé (Id. art. 55).

Le prud'homme sera tenu de donner au bas de cet acte, dans le délai de deux jours, sa déclaration par écrit, portant ou son acquiescement à la récusation, ou son refus de s'abstenir, avec ses réponses aux moyens de récusation (Id. art. 56).

Dans les trois jours de la réponse du prud'homme qui refuse de s'abstenir, ou faute par lui de répondre, une expédition de l'acte de récusation et de la déclaration du prud'homme, s'il y en a, sera envoyée par le président du conseil au président du tribunal de commerce dans le ressort duquel le conseil est situé. La récusation y sera jugée en dernier ressort dans la huitaine, sans qu'il soit besoin d'appeler les parties (Id. art. 57).

Des jugements.

Il faut au moins la présence de cinq membres y compris le président ou vice-président pour que le bureau puisse rendre un jugement (L. 1853, art. 11).

Les jugements sont portés par le secrétaire sur la feuille de séance (D. 1809, art. 40) ; ils sont signés par le président et par le secrétaire (L. 1853, art. 12).

Voies de recours contre les jugements, — opposition, — appel, — cassation.

La partie condamnée par défaut pourra former opposition dans les trois jours de la signification faite par l'huissier du conseil. Cette opposition contiendra sommairement les moyens de la partie, et assignation au premier jour de séance du conseil de prud'hommes, en observant toutefois les délais prescrits pour les citations; elle indiquera en même temps les jour et heure de la comparution, et sera notifiée ainsi qu'il est dit ci-dessus (D. 1809, art. 42).

Si le conseil de prud'hommes sait par lui-même, ou par les représentations qui lui seront faites par les proches voisins ou amis du défendeur, que celui-ci n'a pu être instruit de la contestation, il pourra, en adjugeant le défaut, fixer, pour le délai de l'opposition, le temps qui lui paraîtra convenable ; et dans le cas où la prorogation n'aurait été ni accordée d'office, ni demandée, le défaillant pourra être relevé de la rigueur du délai, et admis à opposition, en justifiant qu'à raison d'absence ou de maladie grave, il n'a pu être instruit de la contestation (Id. art. 43).

La partie opposante, qui se laisserait juger une seconde fois par défaut, ne sera plus admise à former une nouvelle opposition (Id. art. 44).

Les jugements par défaut, qui n'ont pas été exécutés dans le délai de six mois, sont réputés non avenus (L. 1853, art. 15).

Les jugements des conseils de prud'hommes sont définitifs et sans appel, lorsque le chiffre de la demande n'excède pas 200 fr. en capital. Au-dessus de 200 fr., les jugements sont sujets à l'appel devant le tribunal de commerce (L. 1853, art. 13).

S'il n'y a pas de tribunal de commerce dans l'arrondissement, l'appel est porté devant le tribunal civil juge des matières commerciales.

L'appel ne sera pas recevable après les trois mois de la signification faite par l'huissier attaché au conseil (D. 1809, art. 38). Aucune disposition de loi ne prohibe en ces matières de l'interjeter immédiatement après le jugement et sans qu'il soit besoin de laisser écouler un délai, comme cela a lieu devant d'autres juridictions.

Les jugements des tribunaux de commerce statuant sur appel des décisions des prud'hommes sont susceptibles de recours en cassation; il en est de même des jugements rendus par ces conseils en dernier ressort, qu'ils soient attaqués pour incompétence et excès de pouvoir, ou pour simple violation de la loi (Cass., 20 déc. 1852). La loi, n'ayant pas fait pour ces tribunaux les exceptions que les lois des 27 ventôse an VIII et 25 mai 1838 avaient établies pour les tribunaux militaires et les juges de paix, la règle générale en matière de pourvoi, d'après laquelle la Cour de cassation est appelée à prononcer sur toutes demandes en cassation formées contre les jugements en dernier ressort, est applicable dans toute son étendue, aux décisions en dernier ressort des prud'hommes.

Exécution des jugements.

Les jugements qui ne seront pas définitifs, ne seront point expédiés quand ils auront été rendus contradictoirement et prononcés en présence des parties.

Dans le cas où le jugement ordonnerait une opération à laquelle les parties devraient assister, il indiquera le lieu, le jour et l'heure, et la prononciation vaudra citation (D. 1809, art. 45).

Toutes les fois qu'un ou plusieurs prud'hommes jugeront devoir se transporter dans une manufacture ou dans des ateliers, pour apprécier, par leurs propres yeux, l'exactitude de quelques faits qui auraient été allégués, ils seront accompagnés de leur secrétaire, qui apportera la minute du jugement préparatoire (Id. art. 46).

Il n'y aura lieu à l'appel des jugements préparatoires qu'après le jugement définitif, et conjointement avec l'appel de ce jugement ; mais l'exécution des jugements préparatoires ne portera aucun préjudice aux droits des parties sur l'appel, sans qu'elles soient obligées de faire à cet égard aucune protestation, ni réserve (Id. art. 47).

Nous avons vu tantôt que les jugements par défaut qui n'ont pas été exécutés dans le délai de six mois, sont réputés non avenus.

Lorsque le chiffre de la demande excède 200 fr., le jugement de condamnation peut ordonner l'exécution immédiate et à titre de provision jusqu'à concurrence de cette somme, sans qu'il soit besoin de fournir caution.

Pour le surplus, l'exécution provisoire ne peut être ordonnée qu'à charge de fournir caution (L. 1853, art. 14),

Les condamnations peuvent être prononcées par corps dans les cas et les limites posées par les lois sur ce mode d'exécution.

Frais et dépens.

Les frais et dépens devant les conseils de prud'hommes doivent être supportés, d'après les règles du droit commun, par la partie qui succombe.

Lorsque les parties comparaissent volontairement, elles n'ont rien à payer pour la déclaration qu'elles sont tenues de faire en pareil cas (D. 1809, art. 58). Il n'est d'ailleurs rien dû pour tout acte du secrétariat (Id.)

Il est payé aux secrétaires des conseils de prud'hom-hommes :

Pour la lettre d'invitation de se rendre au conseil . . . . 0 fr. 30 c.

Pour chaque rôle d'expédition qu'ils délivreront, contenant vingt lignes à la page et dix syllabes à la ligne 0 40

Pour l'expédition du procès – verbal constatant la non conciliation 0 80

Pour l'expédition du procès–verbal constatant le dépôt du modèle d'une marque 3 00

(D. 1809, art. 59).

Il est encore alloué les sommes suivantes :

Au greffier du tribunal de commerce pour l'expédition du procès – verbal, constatant le dépôt du modèle d'une marque 3   00

A l'huissier attaché au conseil pour chaque citation . . . . 1 fr. 25 c.

Pour la signification d'un jugement . 1   75

S'il y a une distance de plus d'un demi-myriamètre entre la demeure de l'huissier et le lieu où doivent être remises la citation et signification, il lui est alloué par myriamètre aller et retour,

Pour la citation 1   75

Pour la signification 2   00

Lorsque les significations des jugements contiendront copie de pièces, il sera payé à l'huissier par chaque rôle d'expédition de vingt lignes à la page et de dix syllabes à la ligne 0   20

(D. 1809, art. 61).

Dans l'un des paragraphes précédents, relatif à la procédure devant les conseils de prud'hommes à l'occasion des enquêtes, nous avons indiqué comment devaient être taxés les témoins.

Les frais de papier, registre et expédition, au moyen des taxes dont il vient d'être question, sont à la charge des secrétaires des conseils de prud'hommes et des tribunaux de commerce (D. 1809, art. 63).

Tout secrétaire des conseils de prud'hommes, ou greffier des tribunaux de commerce, ou huissier, convaincu d'avoir exigé une taxe plus forte que celle qui lui est allouée, sera puni comme concussionnaire (Id. art. 64).

Ajoutons , en ce qui concerne les frais de timbre et d'enregistrement devant les conseils de prud'hommes, les règles suivantes :

Dans les contestations entre patrons et ouvriers devant les conseils de prud'hommes , les actes de procédure, ainsi que les jugements et les actes nécessaires à leur exécution, sont rédigés sur papier visé pour timbre (L. 22 frim. an VII, art. 22 ; et L. 7 août 1850, art. 1).

L'enregistrement aura lieu en débet (L. 1850, art. 1, §2).

Ces dispositions sont applicables aux causes du ressort du conseil des prud'hommes portées en appel ou devant la Cour de cassation (L. 1850, art. 2).

Le visa pour timbre est donné sur l'original au moment de l'enregistrement (Id. art. 3).

Là partie qui succombera sera condamnée aux dépens envers le trésor ; le recouvrement aura lieu suivant les règles ordinaires contre les parties condamnées (Id. art. 4).

CHAPITRE II.

JUGES DE PAIX.

———

A défaut de conseils de prud'hommes les contestations judiciaires du ressort de ces conseils doivent être portées devant les juges de paix, quelque soit le chiffre de la demande (L. 6 juin 1838, art. 5).

Ils connaissent donc des difficultés nées entre patrons et ouvriers lorsqu'il n'y a pas de conseil de prud'hommes dans le canton, ou lorsque ces difficultés naissent entre ouvriers étrangers aux professions appelées à siéger dans ces conseils.

Alors même que ces difficultés auraient un caractère commercial (Besançon, 5 déc. 1843 ; Riom, 3 janv. 1846).

Qu'il s'agisse d'ouvriers au jour ou à temps, et quelles que soient leur dénomination et la quotité de leurs salaires (Paris, 6 janv. 1841 ; Limoges, 26 juillet 1841 et 8 juillet 1843 ; Bourges, 5 janv. 1842 ; Douai, 14 fév. 1843).

Toutefois, alors qu'on reconnaît aux prud'hommes compétence pour régler les difficultés entre les patrons et les ouvriers à façon ou à forfait, on a jugé que le tribunal de commerce, en l'absence du conseil de prud'hommes, était seul compétent, à l'exclusion du juge de paix, pour statuer dans ce cas (Cass. 28 nov. 1821 ; Douai, 3 mai 1841 ; Paris, 6 mars 1843). Ces décisions ne doivent être acceptées comme règle que dans le cas où l'ouvrier à façon ou à forfait, fournissant la matière, est aux yeux du législateur un véritable fabricant sur une plus ou moins grande échelle ; s'il reçoit la matière pour l'ouvrer, il conserve la qualité d'ouvrier, et les différends qui naissent entre lui et son patron, ou soit le fabricant qui lui a confié la matière, sont, à défaut de prud'hommes, de la compétence du juge de paix.

Il est inutile d'ajouter que les juges de paix substitués aux conseils de prud'hommes dans les lieux où il n'en existe pas, ne sont pas compétents à ce titre pour connaître des contestations entre patrons et ouvriers, s'il s'agit d'engagements pris en dehors de cette qualité (Douai, 15 oct. 1843 ; Orléans, 15 fév. 1845).

C'est le juge de paix de l'atelier où se trouve employé l'ouvrier, et non celui du domicile du défendeur, qui est compétent (L. 22 germ. an XI, art. 21 ; L. 22 fév. 1851, art. 18).

Les prud'hommes statuent en dernier ressort lorsque le chiffre de la demande n'excède pas 200 fr. en capital (L. 1853, art. 13). Les juges de paix ne connaissent sans appel que jusqu'à la valeur de 100 fr. (L. 6 juin 1838, art. 5).

Il en résulte que là où il n'y a pas de conseil de prud'hommes, les parties pourront subir dans un plus grand nombre de cas les frais et les lenteurs qu'occasionnent les deux degrés de juridiction ; mais les juges de paix ne connaissant de ces affaires que dans les localités où à cause du peu de développement de l'industrie, il n'a pas paru utile de créer des conseils de prud'hommes : dans la pratique ces inconvénients ne se réaliseront que dans des cas rares.

Les formes de procéder devant les juges de paix, les voies de recours contre leurs jugements, les moyens d'exécution en ces matières, ne sont autres que ceux établis d'une manière générale par le Code de procédure civile pour les justices de paix.

Avance des frais et dépens.

Dans les contestations entre patrons et ouvriers, qui sont de la compétence des conseils de prud'hommes et dont les juges de paix sont saisis dans les lieux où ces conseils ne sont pas établis, les actes de procédure, ainsi que les jugements et les actes nécessaires à leur exécution, seront rédigés sur papier visé pour timbre. La partie qui succombera sera condamnée aux dépens envers le trésor ; le recouvrement aura lieu, suivant les règles ordinaires, contre les parties condamnées (L. 7 août 1850, art. 1 et 4 ; — L. 22 janvier 1851, art. 27, § 1).

Les mêmes règles sont applicables à toutes les contestations relatives aux engagements respectifs des gens de travail au jour, au mois et à l'année, et de ceux qui

15

les emploient ; des maîtres, des domestiques ou gens de
service à gages, des maîtres et de leurs ouvriers ou apprentis, et aux contestations relatives au paiement des
nourrices (L. 25 mai 1838, art. 5, § 3 et 4 ; — L.
22 janvier 1851, art. 27, § 2).

CHAPITRE III.

TRIBUNAUX.

—

Par suite d'appel, ou à cause de la nature du litige,
les contestations dans lesquelles se trouvent engagés les
ouvriers peuvent être portées devant les tribunaux, où ils
ne peuvent se défendre utilement que par des mandataires légaux ou volontaires. Ces mandataires auront à
observer les formes prescrites par les lois de procédure
qu'il serait sans utilité d'exposer ici en détail ; mais
l'accomplissement de ces formalités exige souvent des
débours et avances de frais que l'ouvrier n'est pas dans
le cas de supporter, et il pourrait parfois se trouver dans
l'impossibilité de recourir à ces tribunaux, si la loi n'a-
vait pourvu à ce cas par l'institution dont nous allons
nous occuper.

CHAPITRE IV.

ASSISTANCE JUDICIAIRE.

On a toujours reconnu en principe qu'il était juste d'assurer aux personnes qui n'avaient pas les ressources nécessaires pour faire face aux débours que nécessite un procès, les moyens d'obtenir justice de la part des tribunaux,

L'édit de 1610 avait essayé d'y pourvoir; le zèle et le désintéressement des avocats avaient suppléé à son défaut d'exécution. Dans la plupart des circonstances, ce désintéressement avait rencontré le concours des avoués, mais l'inflexible rigueur du fisc paralysait souvent la bonne volonté des officiers ministériels. Le gouvernement a fait étudier certaines institutions qui ont le même objet à l'étranger ; il a recueilli les observations auxquelles ces institutions ont donné lieu. (Voyez *Etudes sur l'institution de l'avocat des pauvres*, par M. Du Beux ; le savant rapport de M. Vivien à l'Institut, suivi des avis de MM. Cousin, Dupin, Giraud, Gustave de Beaumont) et l'Assemblée nationale a voté, le 22 janvier 1851, sur le projet présenté par M. le garde-des-sceaux Rouher, et à la suite du remarquable rapport de M. de Vatisménil, une loi qui assure l'assistance judiciaire à ceux auxquels leur position ne permettrait pas de porter leurs réclamations devant les tribunaux.

SECTION I.

ASSISTANCE JUDICIAIRE EN MATIÈRE CIVILE.

Personnes auxquelles l'assistance judiciaire est accordée.

L'assistance judiciaire est accordée aux indigents dans les cas prévus par la loi du 22 janvier 1851 (L. 22 janv. 1851, art. 1).

L'indigence ne s'entend pas d'une indigence absolue, mais d'une indigence relative. Elle existe, dans le sens de la loi, lorsque la nature de la contestation est telle que la personne qui demande l'assistance est dans l'impossibilité, au moyen de ses ressources personnelles, de faire valoir son droit devant les tribunaux. La question d'indigence est pour le bureau une question d'appréciation. C'est en comparant les moyens pécuniaires de la personne qui réclame l'assistance avec les frais présumés du litige qu'il résoudra la question. Il faut que dans cette appréciation, le bureau soit juste ; mais il ne faudrait pas qu'il sortît du cercle dans lequel on l'a placé. On a refusé d'inscrire dans la loi le mot insuffisance de ressources proposé par la commission extra-parlementaire chargée par le garde-des-sceaux de préparer le projet de loi, au lieu du mot indigence. Cependant, dans l'appréciation de cette indigence, le gouvernement, la commission et la chambre ont entendu que s'agissant d'une indigence relative, le bureau prononcerait comme jury en tenant compte des circonstances particulières à chaque cause (M. Vatismenil; Rapport à la chambre; loi du 22 janvier 1851).

Juridictions devant lesquelles on peut être admis à l'assistance judiciaire.

On peut être admis à l'assistance judiciaire devant les juges de paix, les tribunaux de commerce, les tribunaux civils, les cours impériales, la cour de cassation, le conseil d'Etat (L. 1851, art. 2, 3 et 5).

La loi ne l'accorde pas devant les tribunaux de répression à la partie civile ; mais après condamnation sur les poursuites du ministère public, la partie lésée peut l'obtenir pour demander des réparations devant les tribunaux civils.

Elle ne l'accorde pas non plus devant les tribunaux de simple police à cause du peu d'importance des frais.

Ni devant les conseils de prud'hommes, la loi du 7 août 1850, dont nous rapportions tantôt les dispositions, y ayant pourvu.

Ni devant les conseils de préfecture, parce qu'on y procède sans frais (Rapport à la ch., loi 22 janv. 1851).

Pour l'assistance devant les tribunaux criminels, voyez la section suivante.

Qui admet à l'assistance.

Il y a dans chaque arrondissement au chef-lieu judiciaire, un bureau spécial chargé de prononcer sur l'admission à l'assistance judiciaire devant les tribunaux civils, les tribunaux de commerce et les juges de paix. Près chaque cour impériale, la cour de cassation et le conseil d'État, il y a également des bureaux spéciaux appelés à prononcer sur l'admission à l'assistance devant ces cours ou ce conseil (L. 1851, art. 2. 3 et 5).

A qui doit être adressée la demande à fin d'admission à l'assistance, — bureau compétent pour statuer.

Toute personne qui réclame l'assistance judiciaire adresse sa demande sur papier libre au procureur impérial du tribunal de son domicile. Ce magistrat en fait la remise au bureau établi près ce tribunal. Si le tribunal n'est pas compétent pour statuer sur le litige, le bureau se borne à recueillir des renseignements tant sur l'indigence que sur le fond de l'affaire. Il peut entendre les parties; si elles ne se sont pas accordées, il transmet, par l'intermédiaire du procureur impérial, la demande, le résultat de ses informations et les pièces au bureau établi près la juridiction compétente (L. 1851, art. 8).

Le demandeur peut se présenter lui-même au parquet de première instance et remettre sa demande au magistrat de service ou la transmettre à ce magistrat, avec les pièces à l'appui, par l'intermédiaire du maire de sa commune (Rapp. sur la loi de 1851). Ce n'est pas que le bureau ne puisse être saisi directement par le demandeur, mais il est plus régulier que ce soit par l'intermédiaire du procureur impérial que le bureau soit investi.

Les pièces peuvent être remises soit au procureur impérial du domicile du demandeur, soit au procureur impérial du domicile du défendeur, lorsque ces domiciles sont différents ; mais le bureau établi près du tribunal qui doit connaître du procès est seul compétent pour statuer. Si la personne qui réclame l'assistance est défenderesse, elle ne peut se plaindre de cette règle ; le bureau est alors presque toujours celui de son domicile; si elle est demanderesse, on ne peut forcer le défendeur qui a faculté de combattre la demande en assistance de se déplacer pour le faire ; on ne peut le distraire de ses juges; le demandeur doit s'adresser au bureau du domicile du défendeur, comme il doit s'adresser aux juges de ce domicile (Rapport sur la loi de 1851).

Dans ce cas toutefois le demandeur peut remettre sa demande au procureur impérial de son arrondissement. L'instruction se fait par le bureau du même arrondissement qui transmet ensuite les pièces au bureau établi près le tribunal compétent pour être statué, ainsi le demandeur ni le défendeur n'ont à se déplacer (Rapport sur la loi de 1851).

Les règles que nous venons d'indiquer sont applicables lorsque l'assistance est demandée pour la première fois dans une affaire, qu'il s'agisse de plaider en première instance, d'un appel ou d'un pourvoi, car il est impossible que l'indigent, qui n'est pas légiste, puisse savoir quelle est la voie de recours la plus utile qui lui est ouverte ; il s'adresse toujours au procureur impérial de son domicile, qui investit le bureau qui fonctionne dans l'arrondissement, lequel, après examen et instruction, investit le bureau compétent (Rapport sur la loi de 1851).

Si l'assistance a été accordée dès le début de l'instance, d'autres règles sont applicables.

Si la juridiction devant laquelle l'assistance judiciaire a été admise se déclare incompétente et que, par suite de cette décision, l'affaire soit portée devant une autre juridiction de même nature et de même ordre, le bénéfice de l'assistance judiciaire subsiste devant cette dernière juridiction.

Celui qui a été admis à l'assistance judiciaire devant une première juridiction continue à en jouir sur l'appel interjeté contre lui dans le cas même où il se rendrait incidemment appelant. Il continue pareillement à en jouir sur le pourvoi en cassation formé contre lui.

Lorsque c'est l'assisté qui émet un appel principal, ou qui forme un pourvoi en cassation, il ne peut, sur cet appel ou sur ce pourvoi, jouir de l'assistance qu'autant qu'il y est admis par une décision nouvelle. Pour y parvenir, il doit adresser sa demande, savoir :

S'il s'agit d'un appel à porter devant le tribunal civil, au procureur impérial près ce tribunal ;

S'il s'agit d'un appel à porter devant la Cour impériale, au procureur général près cette Cour;

S'il s'agit d'un pourvoi en cassation, au procureur général près la Cour de cassation.

Le magistrat auquel la demande est adressée en fait la remise au bureau compétent (L. 1851, art. 9).

Mais, je le répète, cette règle n'est à suivre que si l'indigent est déjà assisté avant d'exercer ces voies de recours, parce que déjà il est pourvu d'un avoué et d'un avocat qui peuvent lui donner une bonne direction. Si n'ayant pas été assisté en première instance, il veut l'être en appel ou en cassation, il doit, comme nous l'indiquions tantôt, s'adresser au procureur impérial de son domicile, pour que le bureau de ce même domicile puisse instruire l'affaire, surtout au point de vue de l'indigence (Rapport à la ch. sur la loi de 1851).

Pièces à joindre à la demande. — Peines en cas de fausses déclarations.

Quiconque demande à être admis à l'assistance judi-ciaire, doit fournir :

1° Un extrait du rôle de ses contributions ou un cer-tificat du percepteur de son domicile constatant qu'il n'est pas imposé.

2° Une déclaration attestant qu'il est, à raison de son indigence, dans l'impossibilité d'exercer ses droits en jus-tice, et contenant l'énumération détaillée de ses moyens d'existence quels qu'ils soient.

Le réclamant affirme la sincérité de sa déclaration de-vant le maire de la commune de son domicile; le maire lui en donne acte au bas de la déclaration (L. 1851 , art. 1).

Il est inutile de répéter ici que la disposition de la loi comprend tous les particuliers demandeurs ou défen-deurs ; mais l'assistance ne peut être demandée que par des particuliers et jamais par des communes ou des éta-blissements publics, non plus que par syndics de faillite. Cela a été formellement reconnu lors du vote de la loi.

Les pièces que doit produire celui qui demande l'assis-tance sont exemptes de timbre et d'enregistrement.

Si l'assisté avait fait une déclaration frauduleuse relati-vement à son indigence, et que le retrait de l'assistance fût prononcé pour ce motif, il pourrait, sur l'avis du bureau, être traduit devant le tribunal de police correctionnelle et condamné, indépendamment du payement des droits et frais de toute nature, dont il avait été dispensé, à une amende égale au montant total de ces droits et frais, sans que cette amende pût être au-dessous de 100 fr., et à un emprisonnement de huit jours au moins et de six mois au plus.

L'article 463 du Code pénal, sur les circonstances atténuantes, est applicable (L. 1851, art. 26).

Décisions du bureau, — Recours.

Le bureau prend toutes les informations nécessaires pour s'éclairer sur l'indigence du demandeur. Si l'instruction déjà faite par le bureau du demandeur, dans le cas où ce dernier a dû être saisi, ne lui fournit pas à cet égard des documents suffisants,

Il donne avis à la partie adverse qu'elle peut se présenter devant lui, soit pour contester l'indigence, soit pour fournir des explications sur le fond.

Si elle comparaît, le bureau emploie ses bons offices pour opérer un arrangement amiable (L. 1851, art. 11).

Quant à l'appréciation de l'indigence, nous avons déjà dit plus haut sous l'empire de quelles règles elle doit être faite.

Les décisions des bureaux ne contenant que l'exposé sommaire des faits et moyens et la déclaration que l'assistance est accordée ou qu'elle est refusée sans indication de motifs dans l'un et l'autre cas, ne sont susceptibles d'aucun recours du chef des parties. Le procureur général près la Cour, que l'assistance ait été accordée ou refusée, peut seul déférer la décision du bureau d'arrondissement au bureau établi près la Cour (L. 1851, art. 12).

Effets de l'assistance.

Lorsque l'admission à l'assistance est prononcée, l'assisté, par l'intermédiaire du ministère public auquel le bureau transmet les pièces, est pourvu d'un avocat, d'un avoué et d'un huissier chargés de lui prêter leur ministère (L. 1851, art. 10).

Ici je n'ai point à développer les autres immunités dont jouit l'assisté ; pourvu de ses défenseurs, il n'a plus à se préoccuper des détails de procédure et de l'accomplissement des formalités imposées par la loi à ceux qui réclament justice des tribunaux. Ces immunités se résument dans la dispense provisoire pour l'assisté de payer tous droits de timbre, d'enregistrement, de greffe; de faire toute consignation d'amende; de payer tous frais et honoraires aux greffiers, officiers ministériels, avocats, témoins, experts (L. 1851, art. 14).

En cas de condamnation aux dépens, prononcée contre l'adversaire de l'assisté, la taxe comprend tous les droits, frais de toute nature, honoraires et émoluments auxquels l'assisté aurait été tenu s'il n'y avait pas eu assistance judiciaire : le recouvrement a lieu suivant les formes indiquées par la loi (L. 1851, art. 17 et 18).

En cas de condamnation aux dépens prononcée contre l'assisté, il ne peut être tenu de payer les sommes dues au trésor pour droits de timbre, d'enregistrement, de greffe et les émoluments dus au greffiers et officiers ministériels pour droits, émoluments et honoraires. L'assisté est non-seulement un homme pauvre, mais presque toujours un homme peu instruit et incapable d'apprécier son affaire sous le point de vue de droit et des chances de succès qu'elle peut présenter. Il s'adresse au bureau comme à un conseil ; le bureau lui déclare que la cause offre des apparences favorables, et c'est sur la foi de cet avis qu'il s'engage dans le procès. L'équité ne permet pas que s'il succombe le trésor vienne réclamer les droits de timbre et d'enregistrement auxquels le procès a donné lieu; d'un autre côté, en ce qui concerne les officiers ministériels, la loi a pu mettre à l'exercice des priviléges de leur profession des conditions qu'un esprit de justice et de désintéressement avait déjà placées dans leurs habitudes. Ainsi l'assisté condamné n'aura à supporter ni les émoluments dus aux officiers ministériels, ni les sommes perçues au profit du trésor.

Toutefois, pour ces dernières, il y a lieu de distinguer: pour ce qui concerne les droits de timbre, de greffe, d'enregistrement d'actes dont l'enregistrement n'est pas exigé dans un délai fixé, mais seulement au moment où on en fait usage, il n'y a qu'un manque à gagner: ces droits n'auraient pas existé, si le procès n'eût pas existé ; il n'y a pas lieu de les répéter.

Mais, à l'égard des actes dont la loi exige l'enregistrement dans un délai déterminé, le droit étant acquis au trésor, indépendamment du procès et lors même qu'il n'aurait pas été fait usage en justice de ces actes, l'Etat ne doit pas y renoncer ; il doit seulement en ajourner la perception jusqu'à la fin du litige.

La même observation s'applique aux amendes pour infraction aux lois sur le timbre.

De même, si le trésor a fait l'avance des taxes des témoins ou des honoraires des experts, ce sont là des prêts faits à l'assisté et celui-ci doit employer ses ressources, quelque faibles qu'elles soient, à en rendre le montant.

Donc , si l'assisté est condamné aux dépens , il n'aura à payer ni émoluments ou honoraires aux officiers ministériels, ni droits de greffe, timbre, enregistrement auxquels le procès exclusivement aura donné lieu ; mais il sera tenu de rembourser les droits d'enregistrement des actes et titres produits au procès dont les lois ordonnent l'enregistrement dans un délai déterminé et qui ne constituent pas des actes de procédure ; les sommes dues pour contravention aux lois sur le timbre; les frais de transport des juges, officiers ministériels et experts; les honoraires de ces derniers, les taxes des témoins avancées par le trésor (L. 1851, art. 14, § 5 et 8, et d'après la disposition typographique de ces paragraphes dans le bulletin, il faut lire § 6 et 9; — L. 1851, art. 19; — Rapport à la ch. sur la loi de 1851).

Le recouvrement de ces sommes est fait par l'administration de l'enregistrement et des domaines en la forme prescrite par les lois (L. 1851, art. 18 et 19).

Du retrait de l'assistance.

Devant toutes les juridictions, le bénéfice de l'assistance peut être retiré en tout état de cause, soit avant, soit même après le jugement :

1° S'il survient à l'assisté des ressources reconnues suffisantes ;

2° S'il a surpris la décision du bureau par une déclaration frauduleuse (L. 1851, art. 21), c'est-à-dire non-seulement mensongère par suite d'erreur, par suite de préoccupations, mais encore sciemment fausse et faite de mauvaise foi pour tromper le bureau (Rapp. sur la loi de 1851).

Le retrait peut être demandé soit par le ministère public, soit par la partie adverse ; il peut être prononcé d'office par le bureau. Dans tous les cas il est motivé (L. 1851, art. 22) ; il ne peut être prononcé qu'après que l'assisté a été entendu ou mis en demeure de s'expliquer (art. 13).

Il a pour effet de rendre immédiatement exigibles les droits, honoraires, émoluments et avances de toute nature, dont l'assisté avait été dispensé (L. 1851, art. 24). Ce recouvrement se fait à la diligence du receveur de l'enregistrement (Id. art. 24, § 2, et 25).

Nous indiquions tantôt, à l'occasion des justifications que doit faire celui qui demande l'assistance, la peine correctionnelle qu'il encourrait en cas de retrait de l'assistance pour déclaration frauduleuse relativement à son indigence.

SECTION II.

DE L'ASSISTANCE JUDICIAIRE EN MATIÈRE CRIMINELLE ET CORRECTIONNELLE.

En matière criminelle, l'accusé est interpellé, dans l'interrogatoire que lui fait subir le président de la cour d'assises à son arrivée dans la maison de justice, de déclarer le choix qu'il a fait d'un conseil pour l'aider dans sa défense ; sinon il lui en désigne un sur-le-champ, à peine de nullité de tout ce qui suivra. Cette désignation sera comme non avenue , et la nullité ne sera pas prononcée, si l'accusé choisit son conseil (C. instr. crim., art. 293 et 294 ; L. 22 janv. 1851, art. 28).

Les présidents des tribunaux correctionnels désigneront un défenseur d'office aux prévenus poursuivis à la requête du ministère public, ou détenus préventivement, lorsqu'ils en feront la demande et que leur indigence sera constatée soit par un extrait du rôle de leurs contributions ou un certificat du percepteur de leur domicile constatant qu'ils ne sont pas imposés, soit par une déclaration attestant qu'ils sont, à raison de leur indigence, dans l'impossibilité de choisir un défenseur, et contenant l'énumération détaillée de leurs moyens d'existence, quels qu'ils soient, soit par tous autres documents (L. 1851, art. 29).

L'avocat nommé d'office ne peut refuser son ministère sans faire approuver ses excuses ou empêchement par les cours et tribunaux qui, en cas de résistance, prononceront l'avertissement, la réprimande, l'interdiction temporaire ou la radiation du tableau (Ord. 20 nov. 1822, art. 18 et 41 combinés avec les art. 28 et 29 de la loi du 22 janv. 1851).

Les présidents des cours d'assises et les présidents des tribunaux correctionnels pourront même, avant le jour fixé pour l'audience, ordonner l'assignation des témoins qui leur seront indiqués par l'accusé ou le prévenu indigent, dans le cas où la déclaration de ces témoins serait jugée utile pour la découverte de la vérité.

Pourront être également ordonnées d'office toutes productions et vérifications de pièces.

Les mesures ainsi prescrites seront exécutées à la requête du ministère public (L. 1851, art. 30).

Cet article ne fait pas obstacle au droit qu'a le ministère public de faire citer d'office des témoins sur la demande des prévenus et accusés, sans ordonnance préalable du président (C. instr. crim., art. 321).

L'assistance en matière criminelle et correctionnelle n'a pas lieu au profit de la partie civile (Commission de la Ch.; Rapport; L. 1851).

Elle n'est pas applicable aux contestations portées devant le tribunal de simple police.

Ceux qui se pourvoient en cassation après une condamnation criminelle, sont dispensés de consigner une amende. Cette consignation est exigée de la part de tout autre condamné qui se pourvoit, à moins qu'il ne joigne à sa demande 1° un extrait du rôle des contributions constatant qu'il paye moins de 6 francs, ou un certificat du percepteur de sa commune, portant qu'il n'est point imposé.

2° Un certificat d'indigence délivré par le maire de la commune de son domicile, ou par son adjoint, visé par le sous-préfet et approuvé par le préfet de son département (C. instr. crim., art. 420).

Toutes ces formalités sont prescrites rigoureusement, et leur inobservation entraîne déchéance du pourvoi.

SECTION III.

FRANCHISES ET IMMUNITÉS DIVERSES. — MARIAGES.— LEGITIMATIONS. — RETRAIT D'ENFANTS DÉPOSÉS DANS LES HOSPICES. — RECTIFICATION DES ACTES DE L'ÉTAT CIVIL.

Les pièces nécessaires au mariage des indigents, à la légitimation de leurs enfants naturels et au retrait de ces enfants déposés dans les hospices, sont réclamées et réunies par les soins de l'officier de l'état civil de la commune dans laquelle les parties déclarent vouloir se marier.

Les expéditions de ces pièces peuvent, sur la demande du maire, être réclamées et transmises par les procureurs impériaux (L. 10 déc. 1850, art. 1).

Les procureurs impériaux pourront, dans les mêmes cas, agir d'office et procéder à tous actes d'instruction préalables à la célébration du mariage (L. 1850, art. 2).

Tout jugement de rectification ou d'inscription des actes de l'état civil, toutes homologations d'actes de notoriété, et généralement tous actes judiciaires ou procédures nécessaires au mariage des indigents, seront poursuivis et exécutés d'office par le ministère public (Id., art. 3).

Les extraits des registres de l'état civil , les actes de notoriété, de consentement, de publications; les délibérations de conseil de famille ; les certificats de libération du service militaire; les dispenses pour cause de parenté, d'alliance ou d'âge ; les actes de reconnaissance des enfants naturels ; les actes de procédure, les jugements et arrêts dont la production sera néeessaire pour le mariage ; la reconnaissance des enfants ou leur retrait des hospices seront visés pour timbre et enregistrés gratis lorsqu'il y aura lieu à enregistrement. Il ne sera perçu aucun droit de greffe, ni aucun droit de sceau au profit du trésor sur les minutes et originaux, ainsi que sur les copies ou expéditions qui en seraient passibles. L'obligation du visa pour timbre n'est pas applicable aux publications civiles, ni au certificat constatant la célébration civile du mariage (L. 1850, art. 4) qui par suite sont inscrits purement sur papier libre :

C'est à dessein que dans la nomenclature qui précède ne sont pas compris les actes respectueux (M. de Limayrac, Rapport à la ch., loi de 1850).

La taxe des expéditions des actes de l'Etat civil requises pour le mariage des indigents est réduite, quels que soient les détenteurs de ces pièces, à 30 centimes lorsqu'il n'y aura pas lieu à légalisation ; à 50 centimes, lorsque

cette dernière formalité devra être accomplie. Le droit
de recherche alloué aux greffiers, par l'article 14 de la
loi du 21 ventôse an VII; les droits de légalisation perçus
au ministère des affaires étrangères ou dans les chan-
celleries de France à l'Étranger sont supprimés en ce
qui concerne l'application de la loi du 10 décembre 1850
dont nous indiquons les dispositions (L. 1850, art. 5).

Seront admises au bénéfice de cette loi, les personnes
qui justifieront d'un certificat d'indigence à elles délivré
par le commissaire de police, ou par le maire dans les
communes où il n'existe pas de commissaire de police,
sur le vu d'un extrait du rôle des contributions constatant que les parties intéressées paient moins de 10 fr.,
ou d'un certificat du percepteur de leur commune portant
qu'elles ne sont pas imposées. Le certificat d'indigence
sera visé et approuvé par le juge de paix du canton ; il
sera fait mention dans le visa de l'extrait des rôles ou du
certificat négatif du percepteur (Id., art. 6).

La position de chacun des futurs est distincte et l'un
d'eux peut être admis au bénéfice de la loi sans que
l'autre y ait droit ; cependant, dans ce cas, on doit
être moins facile pour celui qui demande, son futur
conjoint ne pouvant qu'être disposé à lui prêter son
concours.

Les actes, extraits, copies ou expéditions ainsi délivrés, mentionneront expressément qu'ils sont destinés
à servir à la célébration d'un mariage entre indigents,
à la légitimation ou au retrait de leurs enfants naturels
déposés dans les hospices.

Ils ne pourront servir à autres fins sous peine de

25 fr. d'amende, outre le paiement des droits, contre ceux qui en auront fait usage, ou qui les auront indûment délivrés ou reçus.

Le recouvrement des droits et des amendes de contravention sera poursuivi par voie de contrainte comme en matière d'enregistrement (L. 1850, art. 7).

Le certificat constatant l'indigence sera délivré en plusieurs originaux, lorsqu'il devra être produit dans divers bureaux d'enregistrement. Il sera remis au bureau de l'enregistrement, où les actes, extraits, copies ou expéditions devront être visés pour timbre et enregistrés gratis. Le receveur en fera mention dans le visa pour timbre et dans la relation de l'enregistrement.

Néanmoins les réquisitions des procureurs impériaux tiendront lieu des originaux, pourvu qu'elles mentionnent le dépôt du certificat d'indigence à leur parquet.

L'extrait du rôle ou le certificat négatif du percepteur sera annexé aux pièces déposées pour la célébration du mariage (L. 1850, art. 8).

Ces règles sont applicables aux mariages entre Français et étrangers (Id., art. 9).

La loi, dont nous venons de parcourir les dispositions, est d'un grand secours aux indigents; elle a considérablement aidé les sociétés charitables qui s'occupent de leurs mariages, et notamment celle de saint François-Régis. Mais elle n'a pas rendu leur concours inutile; au contraire, aujourd'hui si, grace à cette législation, on ne leur demande plus des sacrifices pécuniaires pour remplir les formalités obligatoires en pareil cas, les malheureux ont toujours besoin de ce concours pour les aider de leurs conseils et de leurs démarches dans les demandes qu'ils ont à faire. Depuis la loi de 1850, l'œuvre qui avait fait tant de bien aux indigents a marché parallèlement avec l'assistance officielle et par la nature même des choses il s'est établi entre ces deux institutions une louable réciprocité de bons offices.

La loi de 1850 a abrogé les anciennes dispositions législatives qui réglaient l'action du ministère public lorsqu'il s'agissait d'office de faire réparer au profit des indigents les omissions et opérer les rectifications sur les actes de l'état civil, si ces rectifications et réparations d'omissions ont pour but la célébration du mariage, la légitimation ou le retrait d'enfants. Dans les autres cas, son action nous paraît rester entière, l'ensemble des nouvelles lois sur la matière nous paraissant peu de nature à paralyser les bonnes dispositions du ministère public en ces matières; les lois des 25 mars 1817, art. 75, et les avis du conseil d'Etat des 12 brumaire an XI et 30 frimaire an XII et le décret du 18 juin 1811, article 122, qui autorisent le ministère public à agir d'office dans certaines circonstances pour les individus notoirement indigents, sont, d'après nous, encore en vigueur.

TITRE IV.

PROPRIÉTÉ INDUSTRIELLE

Bien que la législation sur la propriété industrielle ne concerne point exclusivement les ouvriers, ils ne doivent pas ignorer les règles qui régissent les brevets d'invention, marques de fabriques, noms de fabricant, enseigne. Il importe qu'ils connaissent les avantages que leur intelligence appliquée à leurs travaux les met dans le cas de revendiquer et les peines auxquelles ils s'exposeraient s'ils abusaient à leur profit des priviléges que la la loi accorde comme récompense au travail et à la réputation de leurs camarades.

CHAPITRE I.

BREVETS D'INVENTION.

Un brevet d'invention est un titre que toute personne qui se prétend inventeur obtient du gouvernement sur sa demande, à l'effet d'en assurer l'exploitation exclu-
.sive. Ce titre est délivré sous examen sans garantie; il

constitue seulement une prise de possession de cette qualité qui, si elle est réelle et certaine, produit au moyen de ce titre les conséquences les plus importantes.

Objets susceptibles d'être brevetés.

Toute nouvelle découverte ou invention dans tous les genres d'industrie, c'est-à-dire l'invention de nouveaux produits industriels;

L'invention de nouveaux moyens, ou l'application nouvelle de moyens connus, pour l'obtention d'un résultat ou d'un produit industriel (L. 5 juillet 1844, art. 1 et 2) ;

Ne sont pas susceptibles d'être brevetés les compositions pharmaceutiques, ou remèdes de toute espèce, et les plans ou combinaisons de crédit ou de finance (Id., art. 3).

Durée des Brevets.

La durée des brevets est de cinq, dix ou quinze ans (L. 1844, art. 4) ; elle ne peut être prolongée que par une loi (L. 1844 , art. 15) ; elle commence à courir du jour du dépôt de la demande au secrétariat de la préfecture (L. 1844, art. 8). La loi du 2 mai 1855 a autorisé en faveur des exposants, qui en avaient fait la demande dans le premier mois de l'ouverture de l'exposition, et qui, Français ou Étrangers, avaient exposé des objets susceptibles d'être brevetés, à se faire délivrer par la commission impériale un certificat descriptif de l'objet déposé. Ce certificat assurait à celui qui l'obtenait les mêmes droits que lui conférerait un brevet d'invention à dater du jour de l'admission par le comité local de l'exposition jusqu'au 1ᵉʳ mai 1856, sans préjudice du brevet que l'exposant pouvait prendre.

Taxe.

Chaque brevet donne lieu au paiement d'une taxe qui est fixée comme suit :

500 fr. pour un brevet de cinq ans ;

1,000 fr. pour un brevet de dix ans ;

1,500 fr. pour un brevet de quinze ans.

Cette taxe est payée par annuités de 100 fr., sous peine de déchéance, si le breveté laisse écouler un terme sans l'acquitter (L. 1844, art. 4).

Demandes de Brevet.

Toute personne peut demander et obtenir un brevet, sans distinction entre étranger et national, mineur et majeur, capable ou incapable civilement, sauf l'application des règles du droit civil, lorsqu'il s'agira de la propriété et de son exploitation.

Quiconque voudra prendre un brevet d'invention devra déposer sous cachet au secrétariat de la préfecture dans le département où il est domicilié, ou dans tout autre département en y élisant domicile :

1° Sa demande au ministre de l'agriculture et du commerce ;

2° Une description de la découverte, invention ou application faisant l'objet du brevet demandé ;

3° Les dessins ou échantillons qui seraient nécessaires pour l'intelligence de la description ;

Et 4° un bordereau des pièces déposées (L. 1844, art. 5).

L'inobservation des prescriptions contenues dans les numéros 2 et 3 entraîne le rejet de la demande.

La demande sera limitée à un seul objet principal avec les objets de détail qui le constituent et les applications qui auront été indiquées.

Elle mentionnera la durée que les demandeurs entendent assigner à leur brevet dans les limites de cinq à quinze ans et ne contiendra ni restrictions, ni conditions, ni réserves.

Elle indiquera un titre renfermant la désignation sommaire et précise de l'objet de l'invention.

La description ne pourra être écrite en langue étrangère (ce qui n'empêche pas que l'intercallation de certains mots empruntés aux langues étrangères ne soit licite) ; elle devra être sans altération, ni surcharge. Les mots rayés comme nuls seront comptés et constatés, les pages et les renvois seront paraphés. Elle ne devra contenir aucune dénomination de poids ou de mesures autres que celles qui sont portées au tableau du système métrique décimal (tableau annexé à la loi du 4 juillet 1837).

Les dessins seront tracés à l'encre (ils peuvent donc être lithographiés et gravés), et d'après une échelle métrique. Un duplicata de la description et des dessins sera joint à la demande. Toutes les pièces seront signées par le demandeur ou par un mandataire, dont le pouvoir restera annexé à la demande (L. 1844, art. 6).

Ces diverses prescriptions, à partir de celle relative à la limitation de la demande à un objet principal, doivent être remplies avec d'autant plus de soin et de régularité que leur omission entraîne, comme nous l'indiquions tantôt pour deux autres formalités, le rejet de la demande. Dans la pratique bien des tempéraments sont apportés à la rigueur de cette règle; généralement les demandeurs sont officieusement avertis des irrégularités et invités à les faire disparaître dans un délai fixé. Même, lorsque ces irrégularités de forme sont sans importance, l'administration passe outre et par la délivrance du brevet les couvre définitivement, à moins qu'elles ne constituent des causes de nullité et de déchéances prévues par la loi de 1844, art. 30 et 32 (Cass. 12 juillet 1837); dans le cas de rejet de la demande, la moitié de la somme versée reste acquise au trésor; mais il est tenu compte de la totalité de cette somme au demandeur s'il reproduit sa demande dans un délai de trois mois à compter de la date de la notification du rejet de la requête (L. 1844, art. 12).

Aucun dépôt ne sera reçu que sur la production d'un récépissé constatant le versement d'une somme de 100 fr. à valoir sur le montant de la taxe du brevet.

Un procès-verbal dressé sans frais par le secrétaire général de la préfecture, sur un registre à ce destiné et signé par le demandeur, constatera chaque dépôt en énonçant le jour et l'heure de la remise des pièces.

Une expédition de ce procès-verbal sera remise au déposant moyennant le remboursement des frais de timbre (L. 1844, art. 7).

Lorsqu'il n'y aura pas lieu de délivrer un brevet parce que l'objet pour lequel on le demanderait serait une composition pharmaceutique, un remède, un plan, ou une combinaison de crédit ou de finance, la taxe sera restituée (L. 1844, art. 3 et 13).

Délivrance des Brevets.

Aussitôt après l'enregistrement des demandes et dans les cinq jours de la date du dépôt, les préfets transmettent les pièces, sous le cachet de l'inventeur, au ministre de l'agriculture et du commerce, en y joignant une copie certifiée du procès-verbal de dépôt, le récépissé constatant le versement de la taxe, et, s'il y a lieu, le pouvoir donné au tiers qui a signé la demande et pièces à l'appui (L. 1844, art. 6 et 9).

A l'arrivée des pièces au ministère, il est procédé à l'ouverture, à l'enregistrement des demandes et à l'expédition des brevets dans l'ordre de réception de ces demandes (Id., art. 10).

Les brevets, dont la demande a été régulièrement formée, sont délivrés sans examen préalable aux risques et périls des demandeurs et sans garantie, soit de la réalité de la nouveauté ou du mérite de l'invention, soit de la fidélité ou de l'exactitude de la description.

Un arrêté du ministre constatant la régularité de la demande est délivré au demandeur et constitue le brevet d'invention.

A cet arrêté est joint le duplicata certifié de la description et des dessins qui accompagnent la demande, après que la conformité avec l'expédition originale en aura été reconnue et établie au besoin.

La première expédition des brevets sera délivrée sans frais (sauf les droits de timbre seuls).

Toute expédition ultérieure demandée par le breveté ou ses ayants cause donnera lieu au paiement d'une taxe de 25 fr.

Les frais de dessin, s'il y a lieu, demeureront à la charge de l'impétrant (Id., art. 11). Ces copies de dessin ne seront délivrées que sur demande spéciale. C'est l'administration qui désigne les personnes qui les feront ; l'impétrant n'a pas le droit de les faire lui-même, ou de les faire faire par quelqu'un de son choix. Cette mesure est motivée par les inconvénients qu'il y aurait à mettre les dessins à la disposition d'étrangers et les abus auxquels avaient donné lieu de telles communications.

Des certificats d'addition.

Le breveté ou les ayants droit au brevet auront, pendant toute la durée du brevet, le droit d'apporter à l'invention, des changements, perfectionnements ou additions, en remplissant, pour le dépôt de la demande, les formalités déterminées pour la demande du brevet

(L. 1844, art. 16, § 1). Les changements de forme ou de proportion et les ornements, de quelque genre qu'ils soient, ne constituent pas des perfectionnements industriels, à moins qu'ils ne produisent des effets nouveaux.

Ces changements, perfectionnements ou additions, seront constatés par des certificats délivrés dans la même forme que le brevet principal et qui produiront, à partir des dates respectives des demandes et de leur expédition, les mêmes effets que ledit brevet principal, avec lequel ils prendront fin.

Chaque demande de certificat d'addition donnera lieu au paiement d'une taxe de 20 fr. (L. 1844, art. 16, § 2 et 3). Il n'est perçu qu'une taxe, quoique la demande ait pour objet plusieurs additions.

Les certificats d'addition pris par un des ayants droit profitent à tous les autres (L. 1844, art. 16, § 4).

Tout breveté qui, pour un changement, perfectionnement ou addition, voudra prendre un brevet principal de cinq, dix ou quinze années, au lieu d'un certificat d'addition avec le brevet primitif, devra remplir les formalités prescrites pour l'obtention d'un brevet d'invention, et acquitter la taxe due dans le même cas (L. 1844, art. 4, 5, 6, 7 et 17).

Le brevet ainsi pris par un des ayants droit, ne profite pas aux autres, et il est délivré sans préjudice des droits du public sur l'invention principale lors de l'expiration du brevet primitif.

Nul autre que le breveté, ou ses ayants droit, agissant comme il est dit ci-dessus, ne pourra, pendant une année (à partir de la signature ou délivrance du brevet) , prendre valablement un brevet pour un changement, perfectionnement ou addition à l'invention qui fait l'objet du brevet primitif.

Néanmoins , toute personne qui voudra prendre un brevet pour changement, addition ou perfectionnement à une découverte déjà brevetée, pourra, dans le cours de ladite année, former une demande qui sera transmise , et restera déposée sous cachet, au ministère d'agriculture et du commerce. L'année expirée le cachet sera brisé et le brevet délivré.

Toutefois le breveté principal aura la préférence pour les changements , perfectionnements et additions pour lesquels il aurait lui-même, pendant l'année , demandé un certificat d'addition ou un brevet (L. 1844, art. 18).

Ce privilége, créé en faveur de l'inventeur pour les perfectionnements apportés à l'invention même, s'applique-t-il à ceux qui viendraient s'ajouter à un premier perfectionnement ? L'affirmative a été soutenue; mais cette opinion est très controversable.

Quiconque aura pris un brevet pour une découverte, invention ou application se rattachant à l'objet d'un autre brevet , n'aura aucun droit d'exploiter l'invention déjà brevetée, et réciproquement le titulaire du brevet primitif ne pourra exploiter l'invention objet du nouveau brevet (Id., art. 19).

De la transmission et de la cession des brevets.

Tout breveté pourra céder la totalité ou partie de la propriété de son brevet.

La cession totale ou partielle d'un brevet, soit à titre gratuit, soit à titre onéreux, ne pourra être faite que par acte notarié et après le paiement de la totalité de la taxe, au paiement de laquelle on s'est soumis en demandant le brevet.

Aucune cession ne sera valable à l'égard des tiers qu'après avoir été enregistrée au secrétariat de la préfecture du département dans lequel l'acte aura été passé.

L'enregistrement des cessions et de tous autres actes emportant mutation, sera fait sur la production et le dépôt d'un acte authentique de l'acte de cession ou de mutation.

Une expédition de chaque procès-verbal d'enregistrement, accompagné de l'extrait de l'acte ci-dessus mentionné, sera transmise par les préfets au ministre de l'agriculture et du commerce, dans les cinq jours de la date du procès-verbal (L. 1844, art. 20).

Il sera tenu au ministère de l'agriculture et du commerce un registre sur lequel seront inscrites les mutations intervenues sur chaque brevet, et tous les trois mois un décret proclamera les mutations enregistrées dans le trimestre expiré (Id., art. 21).

Ces formalités ne sont prescrites que pour les transmissions et cessions de brevet; elles ne sont pas exigées pour de simples autorisations données à un tiers de l'exploiter dans un rayon plus ou moins étendu.

La cession totale du brevet entraîne une substitution pure et simple du nouveau titulaire à l'ancien, avec transmission de tous droits et actions.

La cession partielle peut varier à l'infini ; elle peut aller jusqu'à la division de la découverte objet du brevet ; elle est régie par les conditions insérées dans chaque contrat particulier de cession.

Les difficultés auxquelles les cessions peuvent donner lieu sont, suivant leur nature, de la compétence des tribunaux civils, ou des tribunaux de commerce.

Les cessionnaires d'un brevet et ceux qui auront acquis d'un breveté ou de ses ayants droit la faculté d'exploiter la découverte ou l'invention, profiteront de plein droit des certificats d'addition qui seront ultérieurement délivrés au breveté ou à ses ayants droit. Réciproquement le breveté ou ses ayants droit profiteront des certificats d'addition qui seront ultérieurement délivrés aux cessionnaires. Tous ceux qui auront droit de profiter des certificats d'addition, pourront en lever une expédition au ministère de l'agriculture et du commerce moyennant un droit de 20 fr. (Id. art. 22).

De la communication et de la publication des descriptions des brevets.

Les descriptions, dessins, échantillons et modèles des brevrets délivrés resteront, jusqu'à l'expiration des brevets, déposés au ministère de l'agriculture et du commerce , où ils seront communiqués sans frais à toute réquisition, à toute personne qui voudra obtenir à ses frais copie desdites descriptions et dessins, suivant les formes déterminées par le règlement (L. 1844, art. 23).

Après le paiement de la deuxième annuité, les descriptions et dessins seront publiés, soit textuellement, soit par extraits. Il sera en outre publié au commencement de chaque année un catalogue contenant les titres des brevets délivrés dans le courant de l'année précédente (Id. , art. 24).

Le recueil des descriptions et dessins et le catalogue seront déposés au ministère de l'agriculture et du commerce et au secrétariat de la préfecture de chaque département où ils pourront être consultés sans frais (Id., art. 25). La communication ne peut être refusée à personne et sous aucun prétexte, a dit le rapporteur à la chambre des députés.

A l'expiration des brevets, les originaux des descriptions seront déposés au conservatoire des arts et métiers (L. 1844, art. 26) où chacun a également le droit de les consulter.

Étrangers.

Les étrangers peuvent obtenir des brevets d'invention en France, à charge de remplir les formalités et conditions imposées aux nationaux, alors même que l'invention ou la découverte serait déjà brevetée à l'étranger; mais la durée de ce brevet ne pourra excéder celle des brevets antérieurement pris à l'étranger (L. 1844, art. 27, 28 et 29).

Nullités.

Seront nuls et de nul effet les brevets délivrés dans les cas suivants :

1° Si la découverte, invention ou application n'est pas nouvelle ;

2° Si elle n'est pas susceptible d'être brevetée comme étant une composition pharmaceutique ou autre remède, ou un plan et combinaison de crédit ou de finance ;

3° Si les brevets portent sur des principes, méthodes, systèmes, découvertes, et conceptions théoriques ou purement scientifiques dont on n'a pas indiqué les applications industrielles ;

4° Si la découverte, invention ou application, est reconnue contraire à l'ordre ou à la santé publique, aux bonnes mœurs et aux lois de l'empire ; sans préjudice, dans ce cas et dans celui du paragraphe précédent, des peines qui pourraient être encourues pour la fabrication ou le débit d'objets prohibés ;

5° Si le titre, sous lequel le brevet a été demandé, indique frauduleusement un objet autre que le véritable objet de l'invention ;

6° Si la description jointe au brevet n'est pas suffisante pour l'exécution de l'invention, ou si elle n'indique pas, d'une manière complète et loyale, les véritables moyens de l'inventeur ;

7° Si le brevet a été obtenu pour changement, addition ou perfectionnement, à une découverte déjà brevetée,
contrairement au privilége réservé pendant un an au
breveté, ou contrairement aux prescriptions imposées
dans ce cas par la loi (voyez *suprà : des certificats
d'addition*).

Seront également nuls et de nul effet les certificats
comprenant des changements, perfectionnements ou additions, qui ne se rattacheront pas au brevet principal
(L. 1844, art. 30).

Ne sera pas réputée nouvelle toute découverte, invention ou application qui, en France ou à l'Etranger et antérieurement à la date du dépôt de la demande, aura
reçu une publicité suffisante pour pouvoir être exécutée
(Id., art. 31), quels que soient les moyens à l'aide des
quels cette publicité ait eu lieu, et alors même qu'ils
émaneraient de l'inventeur lui-même. Toutefois, de
simples confidences faites par ce dernier, des expérimentations devant des sociétés d'encouragement, des
autorisations mêmes gratuites ou payées, accordées à
des industriels, d'appliquer la découverte à charge du
secret (Cass., 22 avril 1854), ne sont pas des divulgations suffisantes pour présenter le caractère de publicité
faisant perdre, dans le sens de la loi, le caractère de
nouveauté à une découverte. La divulgation frauduleuse
par le fait d'un tiers, en droit strict, si elle a donné de
la publicité à l'invention, entraîne l'impossibilité d'obtenir un brevet. Toutefois, dans ce cas, les tribunaux
apportent le plus de tempéraments possibles à l'application rigoureuse de la règle.

Déchéances.

Sera déchu de tous ses droits :

1° Le breveté qui n'aura pas acquitté son annuité avant le commencement de chacune des années de la durée de son brevet (L. 1844, art. 32, § 1).

C'est la date du brevet principal qui sert de point de départ, quelle que soit la date des certificats d'addition. Le paiement devant être effectué avant le commencement de chaque année, il est tardif s'il est fait dans le courant du premier jour de l'année;

2° Le breveté qui n'aura pas mis en exploitation sa découverte ou invention en France dans le délai de deux ans à dater de la signature du brevet, ou qui aura cessé de l'exploiter pendant deux années consécutives, à moins que, dans l'un et l'autre cas, il ne justifie des causes de son inaction (L. 1846, art. 32, § 2). Parmi ces causes sont : l'impuissance personnelle, le défaut de fonds, les circonstances particulières méritant faveur ; mais les tribunaux qui ont à apprécier ces circonstances devront être rigoureux, si la cessation d'exploitation vient d'un mauvais vouloir ou de suggestions antifrançaises (*Moniteur*, 17 avril 1844, pag. 986, discussion à la ch.)

3° Le breveté qui aura introduit en France des objets fabriqués en pays étrangers et semblables à ceux qui sont garantis par son brevet, à moins qu'il ne s'agit de modèles de machines dont le ministre de l'agriculture et du commerce aurait autorisé l'introduction (Id., art. 32, § 3).

Cette prescription, qui a pour but de faire profiter le travail national de la main d'œuvre et d'empêcher que le brevet ne soit une prime en faveur de l'industrie étrangère, doit être entendue en ce sens que la déchéance est encourue lorsque le breveté introduit en France pour le livrer au commerce des objets fabriqués à l'étranger, mais non lorsque même sans autorisation il reçoit des échantillons ou modèles sans valeur commerciale.

Des actions en nullité et en déchéance.

L'action en nullité et l'action en déchéance pourront être exercées par toute personne y ayant intérêt (L. 1844, art. 34, § 1). Cet intérêt peut être dans l'avenir comme dans le passé ; il suffit que les tribunaux le reconnaissent.

C'est devant les tribunaux civils de première instance que ces actions, ainsi que toutes contestations relatives à la propriété des brevets, doivent être portées (Id., art. 34, § 2).

Si la demande est dirigée en même temps contre le titulaire du brevet et contre un ou plusieurs cessionnaires partiels, elle sera portée devant le tribunal du domicile du titulaire du brevet où l'affaire sera instruite et jugée, comme matière sommaire, après communication au ministère public. Dans toute instance tendant à faire prononcer la nullité ou déchéance d'un brevet, le ministère public pourra se rendre partie intervenante et prendre des réquisitions pour faire prononcer la nullité ou déchéance absolue de ce brevet (Id., art. 35, 36 et 37). Ce droit toutefois n'appartient pas au ministère public près les tribunaux correctionnels, lorsque ces tribunaux, sur une poursuite en contrefaçon , sont appelés par exception à connaître de la nullité ou déchance du brevet ; mais la loi, dans certains cas, autorise le ministère public près les tribunaux civils à se pourvoir même directement par action principale pour faire prononcer la nullité du brevet (L. 1844, art. 37, § 2).

Dans les instances en nullité, ou déchéance, tous les ayants droit au brevet, dont les titres auront été enregistrés au ministère de l'agriculture et du commerce, devront être mis en cause (Id. , art. 38).

Lorsque la nullité ou la déchéance absolue d'un brevet aura été prononcée par jugement ou arrêt ayant acquis force de chose jugée, il en sera donné avis au ministre de l'agriculture et du commerce, et la nullité ou déchéance sera publiée dans la forme déterminée pour la proclamation des brevets.

Contrefaçon.

Les règles relatives à la répression des contrefaçons sont examinées ailleurs.

Usurpation de la qualité de breveté. — Obligation imposée au breveté qui se prévaut de ce brevet par un moyen de publicité.

Quiconque, dans des enseignes, annonces, prospectus, affiches, marques ou estampilles, prendra la qualité de breveté sans posséder un brevet délivré conformément aux lois, ou après l'expiration d'un brevet antérieur ; ou qui, étant breveté, mentionnera sa qualité de breveté ou son brevet sans y ajouter ces mots, sans garantie du gouvernement, sera puni d'une amende de 50 fr. à 1,000 fr.

En cas de récidive, l'amende pourra être portée au double (L. 1844, art. 33).

L'article 463, sur les circonstances atténuantes, est applicable le cas échéant (Id., art. 44).

CHAPITRE II.

MARQUES DE FABRIQUE ET DE COMMERCE.

—

Sous l'ancienne législation, le gouvernement qui réglait tout ce qui concernait l'industrie, fixait pour chaque nature de produit les conditions de fabrication et de mise en vente, et après vérification des objets, il apposait sur les produits une marque qui présentait aux acheteurs une sorte de garantie. Le respect des noms des fabricants et de toutes les indications propres à faire connaître l'origine de la marchandise était d'ailleurs commandé sous les peines les plus sévères.

Ce régime avait été souvent attaqué comme pesant
sur le travail et l'industrie auxquels il ôtait toute leur
liberté. Les états généraux de 1614 en avaient fait
l'objet de leurs remontrances ; Colbert l'avait condamné
dans son testament politique ; Turgot l'avait signalé en
1776 à l'indignation publique, et plusieurs villes en
avaient secoué le joug. Déjà les lettres patentes du
5 mai 1779 avaient eu pour résultat d'abolir l'usage
de l'estampille officielle et de la faire remplacer par la
libre marque de fabrique, lorsque l'abolition des maîtrises et jurandes en 1791 vint abroger les anciens règlements et rendre toute leur liberté au commerce et à
l'industrie.

Malheureusement cette liberté sans frein et sans règles,
succédant à cette règlementation excessive, fut encore
plus nuisible à l'industrie que l'oppression dont elle
venait de se dégager ; et comme le disait M. Ch. Dupin
en 1845 à la chambre des pairs, l'industrie fut menacée
de passer par la licence, d'un travail sans liberté à
une liberté sans travail.

Personne n'osa cependant se plaindre ouvertement
sous le comité du Salut public, ni la Convention. Aux
derniers jours du Directoire, on trouve une pétition de
certains fabricants de coutellerie et de quincaillerie demandant une garantie pour leurs marques particulières,
recommandée au Pouvoir exécutif par le Conseil des
Cinq-Cents.

L'arrêté du 23 ventôse an IX fit droit à ce renvoi.

L'arrêté du 7 germinal an X donna ensuite un titre
et une marque à une manufacture d'Orléans.

Un an plus tard était promulguée la loi du 22 germinal an XI sur la police des manufactures ; cette loi, œuvre de Chaptal, assura à tout fabricant la propriété de sa marque.

Le décret du 16 juin 1809 sur les prud'hommes les chargea de veiller à la conservation des marques de fabrique.

Diverses lois spéciales à des industries particulières ont été ensuite promulguées sur la matière.

Les peines sévères, que la loi du 22 germinal an XI avait portées contre les contrefacteurs, ont été successivement adoucies et réduites par les lois postérieures.

Enfin, en 1845, un projet de loi sur les marques de fabrique fut présenté à la chambre des Pairs ; mais ce projet n'ayant pas abouti, il fallait, pour connaître la législation, combiner les diverses dispositions disséminées dans les lois promulguées depuis la loi du 19 brumaire an VII sur les ouvrages d'or et d'argent jusqu'à l'ordonnance du 3 avril 1836 sur la marque des tulles. Le grand nombre de ces documents, dont la plupart remontent déjà bien loin et ont vieilli, donnait naissance à des difficultés d'application que le gouvernement a voulu faire disparaître en reprenant le travail abandonné en 1848, et le Corps législatif a été investi dans la séance du 2 avril 1856 d'un projet de loi sur les marques de fabrique et de commerce précédemment délibéré et adopté par le conseil d'Etat. C'est ce document qui servira de base à notre exposé.

Des marques de fabrique.

On entend par marques de fabrique certains signes emblématiques adoptés par un industriel ou un négociant pour faire reconnaître l'origine, la provenance et la nature de ses marchandises.

Les marques imposées jadis par le gouvernement, ou concédées par lui à titre de privilége, en reprenant dans la législation moderne leur véritable caractère, sont destinées à sauvegarder la propriété industrielle et commerciale. Le droit d'apposer son nom, son signe, sa marque distinctive sur les produits de son travail, disait M. Cunin-Gridanne, à la chambre des pairs en 1845, est la conséquence nécessaire du droit de travailler. L'exercice de ce droit, qui d'ailleurs est une puissante garantie pour sauvegarder le travail du producteur, est d'une utilité incontestable pour l'acheteur, qu'il préserve des fraudes et des sophistications.

La législation sur les marques est distincte de celle sur les noms des fabricants et sur les étiquettes non adhérentes aux objets fabriqués eux-mêmes.

La marque est tout signe particulier incorporé ou adhérent au produit (Cass. 22 janv. 1807). Ce signe ne peut consister dans l'indication seule du nom du fabricant; toutefois la marque ne perd pas ce caractère par cela seul que le nom du fabricant serait porté dans une partie des lignes qui la composent.

La marque doit être adhérente aux produits, de telle

manière qu'elle ne puisse pas en être détachée pour être appliquée sur un autre produit. Cette adhérence s'obtient de diverses manières, suivant la nature de l'objet manufacturé. Elle est placée là où le fabricant le juge convenable.

Elle doit être assez distincte des autres marques pour qu'elle ne puisse être confondue avec elles (D. 20 fév. 1810, art. 5).

Marques obligatoires et facultatives.

Bien que, après la révolution de 1790, les dispositions législatives qui ont été édictées concernant les marques de fabrique aient eu pour but principal de sauvegarder le travail de chacun en consacrant la propriété des signes distinctifs de la provenance de ce travail et qu'on n'ait pas voulu faire revivre les dispositions si peu libérales de l'ancien droit concernant l'industrie et le commerce, la législation moderne avait cependant admis en dehors des règles générales sur les marques de fabrique, de certaines règles particulières pour diverses industries qui, dans certains cas, sanctionnaient des marques spéciales facultatives et qui dans d'autres imposaient des marques spéciales obligatoires.

C'est ainsi qu'un décret du 5 septembre 1810 prévenait et réprimait les contrefaçons des marques que les fabricants de quincaillerie et de coutellerie étaient autorisés à mettre sur leurs ouvrages.

Le décret du 22 décembre 1812 était plus particulièrement applicable aux contrefacteurs des marques spéciales de fabrique accordées à certaines villes pour leurs produits en drap.

Un autre décret sous la même date punissait ceux qui hors de Marseille usurpaient la marque concédée à cette ville pour ses savons à l'huile d'olive.

Parmi les actes qui, dans un intérêt public, industriel ou fiscal, avaient imposé aux fabricants l'obligation d'apposer des marques sur leurs produits, citons :

Le décret du 1er avril 1811 relatif à la marque que doivent porter les savons ;

Le décret du 22 décembre 1812 sur la fabrication des draps ;

Le décret du 20 floréal an XIII sur les étoffes de soie, or et argent, croisés, satins, taffetas brochés ou lisérés, velours, toiles d'or et d'argent tant pleins que figurés, quelque dénomination qu'on puisse leur donner, fabriqués avec or et argent fin ou mi-fin ;

Le décret du 30 floréal an XIII sur la fabrication des velours ;

La loi du 28 avril 1816 concernant les cotons filés, les tissus et tricots de coton et de laine ;

L'ordonnance du 3 avril 1836 sur les tissus de coton.

Les décrets des 9 février 1810 et 4 prairial an XIII concernant les fabricants de cartes à jouer.

Je m'abstiens d'indiquer la loi du 19 brumaire an VI sur les empreintes et poinçons que doivent porter les ouvrages d'or et d'argent. Ce sont là non des marques de fabrique, mais bien des empreintes apposées par l'administration de la garantie des matières d'or et d'argent sur les produits de tous les fabricants de ces objets, sans distinction entr'eux, qui n'ont nullement pour but de différencier leurs produits et de les faire reconnaître, mais seulement de présenter aux acheteurs des garanties contre les alliages frauduleux et de fixer le titre des objets mis en vente.

Le projet de 1856 pose en principe, art. 1 : la marque de fabrique ou de commerce est facultative. Mais d'un autre côté il ne repousse pas l'application dans des cas exceptionnels de la marque obligatoire ; car il ajoute : toutefois des décrets rendus en la forme des règlements d'administration publique peuvent, exceptionnellement, déclarer la marque obligatoire pour les produits qu'ils déterminent.

Propriété des marques.

La propriété des marques était considérée comme perpétuelle ; elle subsistait tant que durait l'industrie et la fabrication, en quelques mains que l'exploitation vînt à passer. Elle ne tombait dans le domaine public que lorsqu'il résultait des circonstances qu'elle avait été abandonnée par ceux qui se l'étaient réservée. Le nouveau projet de loi, par son article 3, dispose que la propriété de la marque, qui n'est acquise qu'à partir du jour du dépôt dont il va être question, ne se conserve que pendant 15 ans, à partir de ce dépôt ; toutefois, cette propriété peut toujours être conservée pour un nouveau terme de 15 ans, au moyen d'un nouveau dépôt.

Rien ne s'oppose d'ailleurs à ce que cette propriété

puisse faire l'objet d'une cession ou puisse être transmise par tout autre moyen du droit civil.

Dépôt des marques.

La propriété de la marque est subordonnée au dépôt préalable de cette marque qui l'authentique en quelque sorte.

Ce dépôt, aux termes de l'article 18 de la loi du 22 germinal an xi, devait être fait au greffe du tribunal de commerce d'où relevait le chef-lieu de la manufacture et de l'atelier. Le décret du 20 février 1810, art. 7, exigeait de plus un semblable dépôt au secrétariat du conseil des prud'hommes. Le projet de loi de 1856 se borne à exiger le dépôt de deux exemplaires du modèle de la marque au greffe du tribunal de commerce du domicile du déposant (art. 2).

Procès-verbal du dépôt est dressé et expédition de ce procès-verbal, signé par le greffier du tribunal de commerce, est remise au déposant (D. 28 fév. 1810, art. 8).

Il est perçu un droit fixe de 1 fr. pour la rédaction du procès-verbal de dépôt et pour le coût de l'expédition, non compris les frais de timbre et d'enregistrement (Projet de loi de 1856, art. 4).

Contrefaçon.

En matière de propriété littéraire, artistique ou de brevets d'invention, la contrefaçon est la reproduction de l'œuvre d'autrui ou l'exploitation par un tiers et à son profit d'une invention qui ne lui appartient pas; en matière de marque, la contrefaçon est la reproduction de la marque d'un fabricant pour détourner la clientèle d'une fabrique ou d'une maison de commerce, et s'assurer un débouché au préjudice de cette fabrique ou de cette maison.

Il faut donc, pour qu'il y ait contrefaçon de marques, usurpation par imitation ou altération de la marque et fraude dommageable.

L'exception de bonne foi est en conséquence admissible.

L'imitation n'a pas besoin d'être complète pour qu'il y ait contrefaçon, il suffit qu'elle ait été faite dans l'intention d'entraîner une méprise et une confusion de la part des acheteurs et de manière à ce que cette méprise et cette confusion soient possibles.

Étrangers.

Sous l'ancienne législation, l'application frauduleuse d'une marque de fabrique étrangère ne constituait pas une contrefaçon de marque; elle pouvait seulement constituer, suivant les circonstances, une tromperie, de nature à être punie par application de l'article 423 du Code pénal.

Le projet de loi de 1856 contient les dispositions suivantes relatives aux étrangers :

Les étrangers qui possèdent en France des établissements d'industrie et de commerce jouissent, pour les produits de leurs établissements, du bénéfice de la présente loi, en remplissant les formalités qu'elle prescrit (L. 1856, art. 5).

Les étrangers et les Français, dont les établissements sont situés hors de France, jouissent également du bénéfice de la présente loi, pour les produits de ces établissements, si, dans les pays où ils sont situés, des conventions diplomatiques ont établi la réciprocité pour les marques françaises.

Dans ce cas, le dépôt des marques étrangères a lieu au greffe du tribunal de commerce du département de la Seine (Id., art. 6).

Poursuites. — Pénalités.

Les contraventions aux lois sur les marques peuvent, dans plusieurs cas, donner lieu à une double action ; la contrefaçon notamment peut être poursuivie par la voie civile ou par la voie criminelle.

L'action civile est portée, comme nous l'indiquerons bientôt, devant le tribunal de commerce (D. 20 fév. 1810, art. 12, et 16 du projet de loi de 1856), lorsque la conciliation devant les prud'hommes n'a pas réussi (D. de 1810, art. 12).

Au point de vue criminel, la contrefaçon des marques, aux termes de l'article 16 de la loi du 22 germinal an xi, était assimilée à un faux en écriture privée, punie de la réclusion et justiciable de la cour d'assises. Voici la

18

série des pénalités qui remplacent et complètent dans le projet de 1856 ces anciennes dispositions :

Sont punis d'une amende de 300 à 3000 fr. et d'un emprisonnement de trois mois à trois ans, ou de l'une de ces peines seulement :

1° Ceux qui ont contrefait une marque ou fait usage d'une marque contrefaite ;

2° Ceux qui ont frauduleusement apposé sur leurs produits une marque appartenant à autrui ;

3° Ceux qui ont sciemment vendu ou exposé en vente un ou plusieurs produits revêtus d'une marque contrefaite ou frauduleusement apposée (L. 1856, art. 7).

Sont punis d'une amende de 200 fr. à 2000 fr. et d'un emprisonnement d'un mois à un an, ou de l'une de ces peines seulement:

1° Ceux qui ont fait usage d'une marque portant des indications propres à tromper l'acheteur sur la nature du produit ;

2° Ceux qui ont sciemment vendu ou exposé en vente un ou plusieurs produits revêtus d'une marque portant des indications propres à tromper l'acheteur sur la nature du produit (Id., art. 8).

Sont punis d'une amende de 100 fr. à 1000 fr. et d'un emprisonnement de quinze jours à six mois, ou de l'une de ces peines seulement :

1° Ceux qui n'ont pas apposé sur leurs produits une marque déclarée obligatoire ;

2° Ceux qui ont vendu ou exposé en vente un ou plusieurs produits ne portant pas la marque déclarée obligatoire pour cette espèce de produits ;

3° Ceux qui ont contrevenu aux dispositions des décrets rendus en exécution de l'article 1er de la présente loi (Id., art. 9).

Les peines établies par la présente loi peuvent être cumulées.

La peine la plus forte est seule prononcée pour tous les faits antérieurs au premier acte de poursuite (Id.,art.10).

Les peines portées aux articles 7, 8 et 9 peuvent être élevées au double en cas de récidive.

Il y a récidive lorsqu'il a été prononcé contre le prévenu, dans les cinq années antérieures, une condamnation pour un des délits prévus par la présente loi (Id., art. 11).

L'article 463 du code pénal peut être appliqué aux délits prévus par la présente loi (Id., art. 12).

Les délinquants peuvent, en outre, être privés du droit de participer aux élections des tribunaux et des chambres de commerce, des chambres consultatives des arts et manufactures, et des conseils de prud'hommes, pendant un temps qui n'excèdera pas dix ans.

Le tribunal peut ordonner que les jugements de condamnation soient affichés ou publiés dans un ou plusieurs journaux (Id., art 13).

La confiscation des produits dont la marque serait reconnue contraire aux dispositions des articles 7 et 8 peut, même en cas d'acquittement, être prononcée par le tribunal, ainsi que celle des instruments et ustensiles ayant spécialement servi à commettre le délit.

Le tribunal peut ordonner que les produits confisqués soient remis au propriétaire de la marque qui a été contrefaite ou frauduleusement apposée , indépendamment de plus amples dommages-intérêts, s'il y a lieu.

Il prescrit, dans tous les cas, la destruction des marques reconnues contraires aux dispositions des articles 7 et 8 (Id. , art. 14).

Dans le cas prévu par les deux premiers paragraphes de l'article 9, le tribunal prescrit toujours que les marques déclarées obligatoires soient apposées sur les produits qui y sont assujettis.

Le tribunal peut prononcer la confiscation des produits si le prévenu a encouru, dans les cinq années antérieures, une condamnation pour un des délits prévus par les deux premiers paragraphes de l'article 9 (Id. , art. 16).

Juridiction et procédure.

Après avoir confirmé la compétence du tribunal de commerce relativement aux actions civiles relatives aux marques de fabrique, le projet de loi statue comme suit :

En cas d'action intentée par la voie correctionnelle, si le prévenu soulève pour sa défense des questions relatives à la propriété de la marque, le tribunal de police correctionnelle statue sur l'exception.

Le propriétaire d'une marque peut faire procéder par tous huissiers à la description détaillée, avec ou sans saisie, des produits qu'il prétend marqués à son préjudice en contravention aux dispositions de la présente loi, en vertu d'une ordonnance du président du tribunal civil de première instance, ou du juge de paix du canton, à défaut de tribunal, dans le lieu où se trouvent les produits à décrire ou saisir.

L'ordonnance est rendue sur simple requête et sur la présentation du procès-verbal constatant le dépôt de la marque. Elle contient, s'il y a lieu, la nomination d'un expert pour aider l'huissier dans sa description.

Lorsque la saisie est requise, le juge peut exiger du requérant un cautionnement qu'il est tenu de consigner avant de faire procéder à la saisie.

Il est laissé copie aux détenteurs des objets décrits ou saisis, de l'ordonnance et de l'acte constatant le dépôt du cautionnement, le cas échéant ; le tout à peine de nullité et de dommages-intérêts contre l'huissier (L. 1856, art. 17).

A défaut par le requérant de s'être pourvu, soit par la voie civile, soit par la voie correctionnelle, dans le délai de quinzaine, outre un jour par cinq myriamètres de distance entre le lieu où se trouvent les objets décrits ou saisis et le domicile de la partie contre laquelle l'action doit être dirigée, la description ou saisie est nulle de plein droit, sans préjudice des dommages-intérêts qui peuvent être réclamés, s'il y a lieu, devant le tribunal de commerce (Id. , art. 18).

Dispositions générales ou transitoires.

Enfin le projet de loi de 1856 se termine par les dispositions générales ou transitoires qui suivent :

Tous produits étrangers portant soit la marque, soit le nom d'un fabricant résidant en France, soit l'indication du nom ou du lieu d'une fabrique française, sont prohibés à l'entrée et exclus du transit et de l'entrepôt, et peuvent être saisis à la requête du ministère public ou de la partie lésée (L. 1856, art. 19).

Toutes les dispositions de la présente loi sont applicables aux vins, eaux-de-vie, farines et autres produits de l'agriculture (Id. art. 20).

Tout dépôt de marques opéré au greffe du tribunal de commerce antérieurement à la présente loi aura effet pour quinze années, à dater de l'époque où ladite loi sera exécutoire (Id. art. 21).

La présente loi ne sera exécutoire que six mois après la promulgation. Un règlement d'dministration publique déterminera les formalités à remplir pour le dépôt et la publicité des marques, et toutes les autres mesures nécessaires pour l'exécution de la loi (Id. art. 22).

Il n'est pas dérogé aux dispositions antérieures qui n'ont rien de contraire à la présente loi (Id. art. 23).

CHAPITRE III.

NOMS DES FABRICANTS;
DÉSIGNATIONS PARTICULIÈRES; ENSEIGNES.

—

SECTION I.

NOMS DES FABRICANTS.

La propriété des noms, qui est reconnue et consacrée par les règles générales du droit civil, est sauvegardée d'une manière plus rigoureuse encore par des règles spéciales dans l'industrie.

Usurpation de nom; — Pénalité.

Quiconque aura soit apposé, soit fait apparaître par addition, retranchement ou par une altération quelconque sur des objets fabriqués, le nom d'un fabricant autre que celui qui en est l'auteur, ou la raison commerciale d'une fabrique autre que celle où lesdits objets auront été fabriqués, ou enfin le nom d'un lieu autre que celui de la fabrication, sera puni de l'emprisonnement pendant trois mois au moins, un an au plus, et d'une amende qui ne pourra excéder le quart des restitutions et dommages-intérêts, ni être au-dessous de 50 fr. ; les objets du délit, ou leur valeur, s'ils appartiennent encore au vendeur, seront confisqués, sans préjudice des dommages-intérêts, s'il y a lieu.

Tout marchand, commissionnaire, ou débitant quelconque sera passible des effets de la poursuite lorsqu'il aura sciemment exposé en vente ou mis en circulation les objets marqués de noms supposés ou altérés (L. 28 juillet 1824, art. 1 ; C. p. art. 423).

Noms auxquels s'applique la loi du 28 juillet 1824.

La loi de 1824 s'applique aux noms des fabricants ou soit à la dénomination d'une raison de commerce ; mais les simples initiales et indications autres que le nom de la société de commerce, ou le nom patronymique du fabricant ou de son prédécesseur, constituent des marques de fabriques régies par les règles que nous avons déjà indiquées (Cass., 19, 29 nov. 1850 ; 12 juillet 1851).

La loi de 1824 ne s'applique également qu'au nom employé comme marque de fabrique, ou soit apposé sur les objets fabriqués dans le but de tromper sur leur origine et leur provenance, et nullement à l'usurpation de nom dans des lettres ou factures, qui est réprimée suivant les règles générales du droit commun.

Homonymes.

Lorsqu'un commerçant ou industriel est déjà connu dans le commerce par ses produits, s'il ne peut être défendu à un individu portant le même nom, de s'établir dans la même ville et d'y exercer la même industrie, il est de toute justice et de jurisprudence constante qu'au moyen de l'emploi de son prénom, ou de toute autre modification, il doit empêcher toute méprise préjudiciable à l'ancien exploitant.

Caractères de la propriété du nom.

La propriété du nom est de plein droit perpétuelle, transmissible, soit aux héritiers naturels, soit à ceux qui continuent l'exploitation ; elle n'est soumise pour sa conservation à aucune formalité, déclaration ou dépôt. Lorsque les produits susceptibles d'être brevetés sont tombés dans le domaine public, chacun peut les reproduire, mais personne n'a le droit de le faire sous le nom du fabricant breveté ; l'invention tombe dans le domaine public, mais le nom et son usage restent propriété privée. Cette propriété ne se perd que lorsque ces circonstances établissent l'intention d'un abandon volontaire et définitif.

SECTION II.

DÉSIGNATIONS DIVERSES.

Certains fabricants, au lieu d'apposer sur leurs produits une marque de fabrique ou leurs noms, sont dans l'habitude d'employer des étiquettes, enveloppes, formes ou couleurs particulières qui indiquent à tous d'une manière saisissante la provenance de ces produits.

Ces désignations peuvent constituer une propriété pour celui qui les a adoptées, à condition qu'elles soient nouvelles et qu'elles aient un caractère particulier qui les fasse distinguer et reconnaître.

C'est aux juges à apprécier dans chaque cause si ces conditions sont remplies ; c'est à eux également à décider, en cas de plainte, s'il y a eu usurpation, par une imitation complète ou suffisante pour opérer une confusion.

Ces usurpations ne sont point punies de peines spéciales, comme lorsqu'il s'agit de marques de fabrique ou de noms de fabricants ; l'action civile en dommages-intérêts pour obtenir la réparation du préjudice causé est seule ouverte ; les tribunaux en reconnaissant l'usurpation, doivent faire défense au condamné de continuer à désigner ses produits d'une manière attentatoire aux droits des tiers.

SECTION III.

ENSEIGNES.

Une enseigne est un mode de désignation spécial ; placée sur un endroit apparent du lieu où se trouve le siége
d'un établissement industriel ou commercial, elle sert à
désigner, indiquer, faire connaître et distinguer cet
établissement ; elle contient soit l'indication du nom du
commerçant, ou de la nature de son commerce, soit un
insigne, un nom, une marque, un tableau, une phrase
allégorique, ou toute autre indication particulière.

Ces enseignes sont susceptibles de propriété privée
lorsqu'elles renferment des indications particulières qui
ne sont pas dans le commerce : ainsi un nom propre, un
noméro spécial, une dénomination propre, telle que :
A l'Ours blanc, pour un marchand de fourrures, par
exemple ; mais des indications générales, telles que :
Magasin de Nouveautés, Marchand Droguiste, etc., ne
sauraient constituer une propriété privée.

La propriété des enseignes se transmet par succession
et par cession. En cas de vente d'un fonds de commerce
il y a vente implicite, à moins de conventions contraires,
de la propriété de l'enseigne. Par suite, le vendeur ne
peut, en exerçant son industrie dans un autre local de
la même ville, y apposer son ancienne enseigne ; toutefois, lorsqu'il s'était borné à apposer son nom sur son

enseigne, si en vendant son magasin, il ne s'interdit pas d'exercer encore son industrie, on ne saurait lui refuser le droit d'apposer de nouveau son nom sur l'entrée du local où il exercerait de nouveau sa profession.

Il y a usurpation d'enseigne du moment où un industriel a porté préjudice à un autre en faisant à l'enseigne de ce dernier des emprunts suffisants pour entraîner chez lui, par surprise ou méprise, la clientèle que s'était faite son ancien confrère.

L'usurpation ou imitation d'enseigne ne peut donner lieu qu'à une action civile en réparation du préjudice causé et en défense de continuer cette usurpation.

Ces affaires doivent être portées devant le tribunal de commerce, comme actions relatives aux actes de commerce des deux intéressés.

L'apprenti qui a payé son apprentissage a le droit de se qualifier sur son enseigne d'élève de ce fabricant.

« Celui qui souscrit un engagement avec une personne en réputation dans un genre d'industrie, et se soumet à lui payer une somme pour recevoir ses leçons ou à lui consacrer gratuitement un temps déterminé, a nécessairement l'intention de recueillir le prix de ses sacrifices et de se présenter plus tard comme l'élève de celui qui jouit de la confiance ou de la faveur du public. Si le chef d'une industrie en réputation croit qu'il puisse résulter pour ses intérêts un préjudice de la création d'établissements semblables au sien, par ceux qui recevraient ses leçons, il est libre de n'en pas donner et de ne pas former d'élèves ; mais on ne saurait lui reconnaître le droit, après avoir effectivement donné des leçons et en avoir obtenu le prix, d'interdire à ceux qui les ont reçues pendant le temps déterminé de se dire ses élèves et de se présenter avec ce titre à la confiance publique. » (Trib. de comm. de la Seine, 13 oct. 1841).

« Le fait d'une énonciation vraie en elle-même inhérente à la personne qui se l'attribue, ne peut être reprochable, surtout lorsqu'elle n'a pour but que de faire jouir celui qui s'en sert des avantages qu'il doit attendre et chercher à retirer de son travail. » (Paris, 4 mai 1834).

On a toutefois jugé que ce droit n'appartenait pas à l'apprenti qui n'aurait pas payé son apprentissage.

Et il est bien entendu que dans la disposition des énonciations que contient l'enseigne, il ne faut pas qu'il y ait de confusion possible et qu'il ne saurait être licite à un apprenti, après avoir mis son nom et le mot élève, en caractères trop petits pour être distingués, de placer le nom de son ancien patron de telle manière que le public pût croire que ce dernier a transferré son exploitation dans le local occupé par l'ancien apprenti.

Le simple ouvrier ne peut prendre sur son enseigne la qualité d'élève de celui qui l'a employé, puisque c'est une qualification qui indique un fait qui n'est pas. Mais peut-il prendre la qualification d'ancien ouvrier de...? En général cette question est résolue négativement; l'ouvrier, il est vrai, ne fait, dans ce cas, que se prévaloir d'un fait matériellement vrai, et cependant cette indication a une portée que ne justifient pas toujours les circonstances. Ainsi le titre d'ouvrier d'un fabricant renommé implique l'idée de la connaissance des procédés de fabrication; or il peut se faire que l'ouvrier n'ait pas été initié, comme l'apprenti, au secret de cette fabrication, et il importe aux chefs de fabrique, comme le disent MM. Goujet et Merger, que ceux qu'ils ont employés temporairement dans leurs ateliers en rémunérant au reste leur colloboration, ne fassent pas usage d'une qualité à l'aide de laquelle des ouvriers anciennement employés, inhabiles ou malveillants, compromettraient la renommée de leur patron.

Ce n'est pas qu'il ne se rencontre des cas où l'ouvrier puisse prendre cette qualification ; mais, en règle générale, ce droit lui est refusé par les tribunaux, et il ne pourra lui être reconnu que dans les circonstances où quant à sa portée, autant que par sa signification réelle, cette indication ne sera pas de nature à nuire aux droits et à l'intérêt du patron, chez lequel l'ouvrier n'a été employé qu'à la condition première de ne pas lui nuire.

CHAPITRE IV.

DESSINS DE FABRIQUE.

———

Les dessins et figures de toute espèce qui sont imprimés sur une étoffe ou tissu, ou qui sont appliqués sur tout autre produit manufacturé, sont susceptibles de devenir l'objet d'une propriété industrielle.

Avant 1789, le roi, comprenant combien il importait à la prospérité nationale, dont l'industrie est une des sources les plus fécondes, d'assurer à chacun la jouissance légitime des fruits de son travail, avait fait défenses expresses à tous maîtres et ouvriers de copier et contrefaire les dessins de fabrique.

Ces défenses se trouvent notamment dans les lettres patentes du 1er octobre 1737, art. 134, et dans les arrêts du conseil des 19 juin 1744, tit. 9, art. 13, et 14 juillet 1787. Elles étaient faites surtout en faveur des manufactures de soieries du royaume dont les produits étaient préférés à l'étranger à cause de la nouveauté, de la correction et du bon goût des dessins.

La loi du 17 mars 1791, en supprimant les maîtrises et jurandes et détruisant les communautés des fabricants de soieries, abrogea ces règlements, qui faisaient partie de leurs statuts.

La loi du 19 juillet 1793 vint bientôt régler le droit de propriété des auteurs des productions artistiques et littéraires, et, à défaut d'une législation spéciale pour les dessins de fabrique, on leur appliquait par extension les mêmes règles, lorsque fut promulguée la loi du 18 mars 1806 sur les prud'hommes, qui, en chargeant ces conseils de diverses mesures conservatrices de la propriété des dessins, sanctionna de nouveau cette propriété.

La loi de 1806 était faite pour la ville de Lyon ; mais son application avait été successivement étendue aux diverses villes où, en vertu des dispositions de cette même loi, le gouvernement établissait des conseils de prud'hommes, lorsque l'ordonnance du 17 août 1825 rendit exécutoires pour toute la France les règles relatives aux dessins de fabrique, en décidant que pour les fabriques situées en dehors de la juridiction d'un conseil de prud'hommes, le dépôt des dessins serait reçu au greffe du tribunal de commerce et à défaut au greffe du tribunal civil.

A la suite de nombreuses réclamations, le gouvernement avait présenté en 1846, à la chambre des pairs, un projet de loi qui n'a pas abouti. D'après ce projet, la peine de l'emprisonnement aurait été applicable aux contrefacteurs, le droit de jouissance aurait été limité, les artistes étaient garantis contre la reproduction des œuvres d'art dans les dessins et modèles, etc.

En l'état donc la loi du 18 mars 1806, sect. iii, et l'ordonnance du 17 août 1825, forment le code de la matière. Notons toutefois que la loi du 2 mai 1855 contient quelques dispositions sur les dessins admis à l'exposition universelle.

Caractères légaux du dessin de fabrique.

Le dessin de fabrique est celui qui est employé par des procédés industriels dans la confection de produits fabriqués ou manufacturés. S'il constitue par lui-même une œuvre d'art, son auteur trouve dans les lois sur la propriété artistique des garanties nécessaires pour sauvegarder sa propriété; mais pour le fabricant, ce n'est qu'un dessin de fabrique.

Le dessin de fabrique peut, à la charge par l'ouvrier ou le fabricant de remplir certaines formalités, constituer une propriété industrielle.

La propriété du dessin de fabrique ne peut s'acquérir que pour les dessins nouveaux (L. 1806, art. 15), c'est-à-dire qui n'ont été appliqués ni en France, ni à l'étranger. La simple application nouvelle à des tissus, d'un dessin qui n'aurait été employé que pour des tissus faits avec une autre matière, ne saurait créer, au profit du fabricant, un droit exclusif (Cass. , 16 nov. 1846). En un mot, il faut, pour que le dessin constitue une propriété, que ce soit ce dessin même qui soit nouveau et non sa reproduction; qu'il y ait invention, et non imitation, reproduction, emprunt ou copie.

Mais du moment où ce dessin est réellement nouveau, il peut constituer une propriété, alors même qu'il ne présenterait pas des figures artistiques, mais de simples dispositions particulières de lignes, rayures, carreaux, etc, qu'il soit tissé, broché, imprimé, appliqué, gaufré, etc. ; composé d'ombres, de jours, de mailles, de creux, etc.; à la condition toutefois qu'il y ait une disposition ou une configuration reconnaissable.

Peu importe qu'il se trouve sur des étoffes de soies comme sur d'autres tissus, et même sur toutes matières, papiers peints, métaux, porcelaines, etc.

Peu importe également que le métier ou le procédé au moyen duquel le dessin est produit ne soit pas nouveau. Le procédé sera susceptible ou non d'être breveté, mais le dessin n'en constituera pas moins une propriété du moment où il sera nouveau, quelque soit l'ancienneté du procédé industriel par l'emploi duquel il pourra se manifester.

19

Généralement on reconnaît que les modèles en relief dont on se sert dans les manufactures et ateliers doivent être considérés comme dessins de fabrique.

Durée de la propriété.

Au moment du dépôt de l'échantillon dont il va être question, le déposant déclarera s'il entend se réserver la propriété exclusive pendant une, trois ou cinq années, ou à perpétuité : il sera tenu note de cette déclaration (L. 1806, art. 18).

En faisant ce dépôt, le déposant acquittera entre les mains du receveur de la commune une indemnité qui ne pourra excéder un franc pour chacune des années pendant lesquelles il voudra conserver la propriété exclusive de son dessin, et sera de dix francs pour la propriété perpétuelle (Id., art. 19).

Par ces mots à perpétuité, il faut entendre une durée indéfinie et non par exemple la durée de la vie de l'inventeur. La loi est claire et formelle ; l'intention du législateur ne l'est pas moins : la propriété indéfinie que la loi permet d'acquérir, n'a pas d'inconvénient, disait le tribun Camille Pernon devant le corps législatif, dans la séance du 18 mars 1806 ; la facture d'un dessin, ajoutait-il, ne saurait être assimilée aux inventions pour lesquelles s'obtiennent des brevets ; ceux-ci sont toujours le résultat d'une découverte ou du perfectionnement d'un objet utile qu'il importe de faire connaître et de multiplier ; il n'en est pas de même du dessin d'une étoffe qui n'a le plus souvent d'intéressant que de fournir au consommateur la facilité de faire un choix qui lui plaise davantage. Au surplus, comme on l'a fait remarquer, la durée illimitée que donne la loi à la propriété se trouve considérablement restreinte par les changements de mode et les caprices du goût.

Si , au moment du dépôt, l'inventeur n'a pas fait connaître la durée qu'il veut réserver à sa propriété, il est présumé s'être réservé la durée la plus courte, soit un an.

Les droits de l'inventeur peuvent être cédés. Ils peuvent être vendus pour en faire une application différente : par exemple, un fabricant d'étoffes peut céder à un fabricant de papiers peints le droit de reproduire ses dessins de fabrique.

A l'expiration du délai pendant lequel la propriété a été réservée par l'inventeur à son profit, le dessin tombe dans le domaine public.

Du dépôt des dessins.

Tout fabricant qui voudra pouvoir revendiquer par la suite la propriété d'un dessin de son invention, sera tenu d'en déposer aux archives du conseil de prud'hommes un échantillon plié sous enveloppe revêtue de ses cachet et signature, sur laquelle sera également apposé le cachet du conseil de prud'hommes (L. 1806, art. 15).

Les dépôts de dessins seront inscrits sur un registre tenu *ad hoc* par le conseil de prud'hommes, lequel délivrera aux fabricants un certificat rappelant le numéro d'ordre du paquet déposé et constatant la date du dépôt (Id., art. 16).

Dans les fabriques situées hors du ressort d'un conseil de prud'hommes, le dépôt sera reçu au greffe du tribunal de commerce, ou au greffe du tribunal de première instance dans les arrondissements où les tribunaux civils exerceront la juridiction des tribunaux de commerce; il se fera dans les mêmes formes que devant les prud'hommes (Ord. 17 août 1825, art. 1 et 2).

Le dépôt produisant son effet pour toute la France, si le fabricant a deux établissements situés dans des ressorts divers de prud'hommie, il suffit qu'il fasse son dépôt aux archives de l'un des conseils.

Le dépôt ne doit être fait au greffe du tribunal civil qu'à défaut du tribunal de commerce, et au greffe du tribunal de commerce, qu'à défaut de conseil de prud'hommes.

Le dépôt fait dans un greffe autre que celui de la fabrique n'est pas valable pour conserver la propriété au déposant; c'est du moins ce qui est communément jugé.

Le dépôt est reçu gratuitement, sauf le droit du greffier pour la délivrance du certificat qui le constate (Ord. 17 août 1825, art. 2).

Au moment du dépôt il est payé une indemnité qui ne peut excéder un franc par année pendant lesquelles la propriété du dessin est réservée, et sera de dix francs pour la propriété perpétuelle (L. 1806, art. 19).

Par échantillon à déposer on doit entendre une partie même de l'objet fabriqué reproduisant le dessin et suffisant pour faire connaître le tout. Mais tout le monde reconnaît que le dépôt d'une esquisse qui reproduit les couleurs et la configuration du dessin remplit le vœu de la loi, qui n'a point abrogé en cela les anciens règlements.

Bien que la question ait été diversement résolue et que dans la pratique on tienne que le dépôt n'est pas nécessaire pour constituer le droit des fabricants et qu'il n'est qu'une formalité préalable à l'exercice de l'action en revendication du dessin, formalité que les ayants droit peuvent remplir utilement, même après avoir mis leurs produits dans le commerce (Motifs du projet de loi de 1845 sur les dessins de fabrique), on décide cependant le plus généralement, que le dépôt doit précéder la mise en vente et l'exposition publique, sinon il y a abandon présumé de la réserve de la propriété par le fabricant. Cette opinion nous paraît fondée sur les articles 15 et 18 de la loi de 1806 et l'article 6 de l'arrêt du conseil du 14 juillet 1787 (Cass., 1er juillet 1850 ; — Lyon, 11 mai 1842, et 15 août 1849). Elle est implicitement consacrée par la loi du 2 mai 1855, dont l'article 1 porte : tout Français ou étranger auteur d'un dessin de fabrique qui doive être déposé conformément à la loi du 18 mars 1806, ou ses ayants droit, peuvent, s'ils sont admis à l'exposition universelle, obtenir de la commission impériale de l'exposition un certificat descriptif de l'objet déposé. Ce certificat, dont la demande doit être faite dans le premier mois au plus tard de l'ouverture de l'exposition, assure à celui qui l'obtient les mêmes droits que lui conférerait le dépôt. L'efficacité du certificat remonte , d'après l'article 2 de la loi , au jour de l'admission par le comité local , et se prolonge jusqu'au 1ᵉʳ mai 1856, sans préjudice du dépôt, que l'exposant peut opérer avant l'expiration de ce terme.

En cas de contestation entre deux ou plusieurs fabricants sur la propriété d'un dessin, le conseil de prud'-hommes procèdera à l'ouverture des paquets qui auront été déposés par les parties ; il fournira un certificat indiquant le nom du fabricant qui aura la priorité de date (L. 1806, art. 17).

A l'expiration du délai fixé par le déposant au moment du dépôt et pendant lequel il s'est réservé la propriété du dessin, si la réserve est temporaire, tout paquet d'échantillon déposé sous cachet dans les archives du conseil, devra être transmis au conservatoire des arts de la ville et les échantillons y contenus être joints à la collection de cet établissement (Id. , art. 18).

Contrefaçon.

Toute reproduction totale ou partielle d'un dessin déposé est une contrefaçon.

Il y a contrefaçon partielle d'un dessin toutes les fois que l'imitation qui en a été faite est de nature, par sa ressemblance avec le dessin contrefait, à nuire au débit des étoffes sur lesquelles est imprimé le dessin dont la loi garantit la propriété (Trib. cor. de la Seine, 8 août 1835).

La question de savoir si l'imitation constitue une

contrefaçon est au surplus une question de fait laissée
à l'appréciation des tribunaux.

La contrefaçon résulte non-seulement de la reproduction, mais de l'introduction et débit en France de dessins
contrefaits à l'étranger.

Les dessins de fabrique peuvent-ils être reproduits par
des fabricants d'un autre genre ?

La question est controversée. Nous admettons vo-
lontiers la négative, bien que ce ne soit pas peut-être
l'opinion la plus généralement suivie. Mais il nous
semble que le droit de l'inventeur n'a pas été limité par
la loi ; que l'on ne peut l'exposer à souffrir d'une reproduction qui enlèverait à son dessin son principal
avantage, l'attrait de la nouveauté. Suivant nous, la
propriété d'un dessin implique le droit de reproduction
sur toutes étoffes et de toute manière. Que dans l'appréciation des dommages-intérêts en cas de poursuite,
on ait égard au plus ou moins de préjudice causé par
l'imitation reprochée à des fabricants de genre différent,
rien de plus juste ; mais nous ne pouvons pas conclure
de là à une faculté légale de reproduction : le fabricant
de papiers peints, qui reproduit le dessin d'un fabricant
d'étoffes de soie sans l'autorisation de ce dernier, s'ap-
proprie incontestablement la chose d'autrui ; cela n'est
pas juste et ne saurait être légal. Les fabricants n'ont
pas des dessinateurs qu'ils paient et entretiennent pour
fournir des dessins nouveaux aux fabricants d'autres
produits que les leurs.

On admet en ces matières l'excuse tirée de la bonne
foi.

Poursuites.

La contrefaçon donne lieu à deux actions, l'une civile l'autre pénale. Les termes de la loi du 18 mars 1806 disposant, article 15, que tout fabricant pourra revendiquer devant le tribunal de commerce la propriété d'un dessin, ne sont pas exclusifs de la compétence du tribunal correctionnel résultant des principes généraux en matière de poursuites des délits. Mais si le plaignant choisit la voie civile, il doit investir le tribunal de commerce et non le tribunal civil, la loi spéciale ayant attribué juridiction en ces matières aux tribunaux de commerce.

Les conseils de prud'hommes, appelés à intervenir dans certains cas pour constater l'identité des échantillons ou la priorité des dépôts, sont incompétents pour connaître de l'action civile résultant de la contrefaçon.

La peine est de 100 fr. à 2000 fr. d'amende à l'égard du contrefacteur et de l'introducteur, et de 25 fr. à 500 fr. contre le débitant. La confiscation des planches, moules ou matrices des objets contrefaits, doit aussi être prononcée par la juridiction répressive (art. 427, C. P.)

Lorsqu'on choisit la voie civile, les tribunaux fixent les dommages-intérêts qui sont dus, en cas de contrefaçon, au demandeur, en ayant égard au préjudice causé. En réparation du préjudice, ils peuvent aussi ordonner l'impression et l'affiche du jugement. Il est inutile de dire que le plaignant, en se portant partie civile, peut obtenir ces réparations devant les tribunaux correctionnels.

TITRE V.

ENCOURAGEMENTS A L'INDUSTRIE.

———————

Les développements et la prospérité de l'industrie sont des conditions essentielles de l'existence et de la vie d'un grand peuple ; aussi les gouvernements se sont-ils fait un devoir d'encourager, d'honorer et de récompenser les grands manufacturiers et les habiles ouvriers.

Notre histoire, qui a enregistré avec respect les nobles efforts faits par Sully dans l'intérêt de l'agriculture, n'est pas moins élogieuse pour les encouragements que Colbert procurait vers la même époque à l'industrie manufacturière et l'essor que recevait l'industrie de ce grand ministre.

Encouragements divers.

Nous n'avons pas à exposer ici les mesures générales que le gouvernement a pu prendre à diverses époques pour protéger et encourager l'industrie française. Cela nous entraînerait dans l'examen de diverses questions d'économie politique qu'il ne peut être dans notre inten-

tion de traiter ici. Il ne sera donc, par exemple, nullement question de la législation des douanes ; nous nous
bornerons à indiquer qu'à diverses époques, par des remises de droit, par des primes , par des allocations de
crédit, par des prohibitions dont ont été frappés des produits de l'étranger, le gouvernement s'est efforcé de protéger le développement de l'industrie française. Le respect constant de la liberté de l'industrie , proclamé en
1789 , a secondé ces efforts et ce développement. Des
conseils spéciaux , parmi lesquels le conseil général des
manufactures, le comité consultatif des arts et manufactures, le conseil de perfectionnement du Conservatoire et
des écoles des arts et métiers, les chambres de commerce
et les chambres consultatives des arts et manufactures,
ont prêté à l'industrie l'appui éclairé de nombreuses
délibérations réclamées par le gouvernement et basées
sur la connaissance certaine et profonde des besoins de
l'industrie.

Enfin, le Pouvoir, convaincu de l'immense influence
de la classe ouvrière sur les progrès de l'industrie nationale, n'a cessé , surtout dans ces derniers temps , en
favorisant cette classe , d'assurer le développement de
l'industrie. Déjà en 1834, M. le baron Charles Dupin,
dans ses leçons au conservatoire des arts et métiers, démontrait la puissance de cette influence en même temps
que les heureux résultats qu'avaient produits pour l'industrie française la propagation de l'enseignement professionnel parmi les ouvriers. Cette propagation, qui s'est
si largement développée de nos jours, est dès lors un encouragement nouveau et pour l'industrie et pour les
ouvriers.

Faut-il ajouter qu'à notre époque , en France, toutes les distinctions honorifiques sont également dues et décernées aux chefs d'industrie, comme aux ouvriers, suivant les services qu'ils ont rendus à leur pays. La liste des récompenses qui viennent d'être distribuées après l'exposition universelle, est une garantie pour tous de la justice de ces distributions, qui vont rémunérer tous les services rendus à l'industrie sans distinction. Et déjà n'avions – nous pas vu le garçon de ferme Grangé être l'objet des distinctions les plus éminentes de la part du grand jury national , de l'académie des sciences , des gouvernements étrangers et du gouvernement français? Combien d'ouvriers ont reçu la croix de la légion d'honneur depuis qu'elle a été placée sur la poitrine de l'ancien ouvrier Jacquart ! Il n'est pas de pays au monde où , plus qu'en France , le mérite soit récompensé , quelque soit la classe où il se rencontre. « Nulle part en Europe , dit avec raison M. Charles Dupin, on ne citerait un peuple où cet admirable mouvement d'ascension entre des citoyens égaux et libres soit aussi favorisé que par nos lois, amies de la véritable égalité ; nul peuple n'a des droits politiques aussi précieux et des honneurs nationaux aussi nombreux, aussi généreux, aussi sublimes que ceux du peuple français. Qu'on ne veuille donc en aucun point de l'échelle sociale scinder en deux la nation pour placer les uns dans le privilége, les autres dans l'exclusion ; tous sont aptes à tout par le fait, et les plus hauts honneurs sont acquis par les plus illustres sortis des rangs de là foule : maréchaux, anciens soldats ; grands commerçants, anciens commis ; et grands fabricants , anciens ouvriers. Voilà pourquoi l'état social que nos pères ont conquis, et que nous avons complété, mérite notre amour et nos efforts pour le transmettre à nos fils dans sa gloire et sa pureté.»

Sociétés libres d'encouragement.

En dehors des corps officiels dont je faisais tantôt la nomenclature et qui sont plus spécialement chargés par le pouvoir de s'enquérir des besoins de l'industrie et de les faire connaître, il existe des sociétés libres qui s'occupent aussi de patroner l'industrie et de l'aider par leurs encouragements. Parmi ces sociétés, qui sont autres que les sociétés de patronage dont il sera question dans la troisième partie de ce travail, se place la société d'encouragement pour l'industrie nationale fondée en 1789, réorganisée en 1801, dont le but est de seconder les efforts du gouvernement, pour l'amélioration de toutes les branches de l'industrie française. Ses moyens d'action sont la distribution de prix et médailles , l'introduction en France des procédés expérimentés à l'étranger, les expériences et essais, les envois de modèle et de renseignement. la publication d'un bulletin mensuel.

Après cette société, qu'on nous permette de citer parmi les associations qui s'occupent avec un actif dévoûment de l'étude des questions qui intéressent les classes ouvrières : la société industrielle de Mulhouse , puis la société philomatique de Bordeaux, la société libre d'émulation de Rouen, le cercle philanthropique de Toulouse, la société industrielle d'Angers, la société académique de Saint-Quentin, la société de statistique des arts utiles et des sciences naturelles de Valence, la société philomatique de Verdun, la société d'émulation d'Epinal, etc., etc.

Exposition des produits de l'industrie.

La première exposition des produits de l'industrie eut lieu au Champ-de-Mars à Paris en l'an VI (1793) ; elle dura trois jours ; on y compta 110 exposants.

Depuis, ces expositions publiques se sont renouvelées à des époques plus ou moins éloignées, et le nombre des exposants a été sans cesse en grossissant ; ainsi il fut de 229 en l'an IX, de 540 en 1802, de 1422 en 1806, de 1662 en 1819, de 1642 en 1823, de 1695 en 1827, de 2447 en 1834, de 3281 en 1839, de 3960 en 1844, de 4532 en 1849.

Dans ces diverses expositions n'étaient admis que les produits français.

La première exposition des produits de toutes les nations s'est ouverte à Londres le 1er mai 1851, dans un palais dont la longueur était de 564 mètres sur une largeur maximum de 139 mètres. Après l'exposition universelle de Londres, citons en 1853, l'exposition universelle de Dublin et celle de New-Yorck.

L'exposition universelle qui vient d'avoir lieu à Paris est à peine terminée. Les terrains qui lui ont été consacrés s'étendaient sur une surface totale de 123,390 mèt., y compris 22,087 m. de terrain enclos de barrières en dehors du palais de l'industrie, 41,540 m. occupés par la galerie du quai de Billy et 9026 par le Panorama et portour. Le nombre total des exposants a été de 20,788, dont 10,691 appartenant à la France, 2445 à la Grande-Bretagne, 1632 à la Prusse et à l'Allemagne, 1296 à l'Autriche, etc., etc.

Il n'est pas de moyen plus sûr que ces expositions pour apprécier l'état des progrès de l'industrie et pour exciter et développer ces progrès ; elles entretiennent une louable émulation entre les manufacturiers et les ouvriers et elles fournissent aux gouvernements l'occasion d'encourager avec éclat les travaux utiles de ces fabricants et de ces ouvriers.

Les journaux nous ont donné récemment la liste des récompenses accordées à divers industriels et à leurs ouvriers à la suite de la dernière exposition, et par cette publicité ils ont donné un prix de plus à la juste faveur dont ces lauréats avaient été l'objet.

Chaque exposition a été suivie de récompenses semblables. A la suite de l'exposition de l'an VI, il en fut distribué 23 ; en l'an IX, 80 ; en 1802, 254 ; en 1806, 610; en 1819, 869 ; en 1823, 1091 ; en 1827, 1254 ; en 1834, 1785 ; en 1839, 2305 ; en 1844, 3253; en 1849, 3738.

Ces récompenses consistent en nominations dans la légion d'honneur, médailles d'honneur, grandes médailles, médailles d'or, d'argent ou de bronze, mentions simples et mentions honorables.

Il est impossible de tracer ici d'une manière bien précise les règles qui régissent ces expositions. Chacune d'elles, suivant les conditions dans lesquelles elle a eu

lieu, s'est trouvée régie par des règles différentes auxquelles les exposants ont dû se conformer. Toutefois, en
ce qui concerne les expositions des produits de l'industrie
française, il résulte d'un ensemble de documents législatifs, actes et règlements de l'autorité publique, les règles suivantes :

Les expositions périodiques des produits de l'industrie
ont lieu de cinq en cinq ans (Ordon. 4 octobre 1833,
art. 5). L'époque de l'ouverture de l'exposition est fixée
officiellement par un acte du pouvoir exécutif ; tous les
manufacturiers, ouvriers et fabricants, sont appelés à y
envoyer les produits remarquables à un titre quelconque,
nouveauté, perfection d'exécution, bon marché.

Les produits, avant d'être envoyés au lieu où se fait
l'exposition, sont soumis, dans chaque département, à
une commission nommée par le préfet qui prononce
l'admission ou le rejet ; dans son rapport, cette commission doit signaler les services rendus à l'industrie par
les chefs d'exploitation, contre-maîtres, ouvriers et journaliers. Arrivés à Paris, ces produits sont soumis à
l'examen d'une commission centrale divisée en plusieurs
comités. Cette commission est chargée d'apprécier et de
juger les produits exposés et de faire des propositions
pour la distribution des récompenses.

TITRE VI.

PATENTES.

L'industrie est une source de revenus ; elle a besoin , plus que toute autre propriété, de la protection de l'État; elle doit donc contribuer, comme la propriété foncière et la propriété mobilière, aux charges de l'État.

Les anciens droits de maîtrise et de jurande ont été abolis. Une contribution spéciale est seule restée à la charge directe de l'industrie dans notre législation fiscale moderne : c'est l'impôt des patentes.

Il frappe tous ceux qui dans l'étendue de l'empire exercent un commerce, un métier, une industrie ou une profession.

La loi a fait cependant une exception pour les ouvriers qui, en général, ne retirent de leur travail qu'une rémunération nécessaire pour leurs besoins et ceux de leur famille. Voici comment est conçu l'article 13 de la loi du 25 avril 1844, en ce qui les concerne :

Ne sont pas assujetis à la patente :

Toutes les personnes travaillant à gages, à façon et à la journée , dans les maisons , ateliers et boutiques des personnes de leur profession, ainsi que les ouvriers travaillant chez eux ou chez les particuliers , sans compagnons, apprentis, enseigne ni boutique.

Ne sont pas considérés comme compagnons ou apprentis, la femme travaillant avec son mari, ni les enfants non mariés travaillant avec leurs père et mère, ni le simple manœuvre dont le concours est indispensable à l'exercice de la profession.

TITRE VII.

OUVRIERS DES ARSENAUX MARITIMES.

Avant de terminer l'exposé de la législation professionnelle concernant les ouvriers, nous devons rapporter les règles spéciales applicables à la classe nombreuse des ouvriers employés dans les arsenaux maritimes.

Les anciens règlements sur la matière avaient été modifiés en 1848 par l'arrêté du 22 septembre qui a paru au *Moniteur* sans être inséré au *Bulletin des Lois.* Un décret plus récent du 11 mars 1855 , dont quelques dispositions ont été modifiées par le décret du 22 décembre 1855 et qui a été promulgué le 15 mars 1856, est aujourd'hui le Code de la matière. Ce récent document a amélioré le sort des ouvriers de la marine, en assurant l'ordre dans les ateliers. L'arrêté du 22 sept. 1848 était empreint des caractères de la violente crise de cette époque; il renfermait plusieurs dispositions qui ne pouvaient être conservées, parce qu'elles étaient contraires à la discipline, à la hiérarchie et au principe de l'autorité si énergiquement restauré par les mains de l'Empereur (Rapport du ministre de la marine).

Outre les arsenaux maritimes, la marine possède divers établissements considérables hors ports, qui sont: les ateliers d'Indret, pour la construction et réparation des machines à vapeur à l'usage de la navigation ; les forges de Guerigny ou de la Chaussade, dans le département de la Nièvre ; les fonderies de Saint-Gervais dans l'Isère, et de Ruelle près d'Angoulême ; de nombreux ouvriers sont également employés dans ces établissements.

L'administration de la marine a de plus des compagnies de mécaniciens et d'ouvriers chauffeurs affectés au service des bâtiments à vapeur. Ces compagnies, lors de leur création en 1845, avaient une organisation particulière ; depuis tous les efforts de l'administration ont eu pour but de les rattacher aux divisions des équipages de ligne.

Voici les dispositions du décret du 11 mars 1855, promulgué en 1856, sur l'administration du personnel ouvrier des arsenaux maritimes ; en ayant égard aux modifications apportées aux articles 21, 26 et 28 par le décret du 22 décembre 1855.

TITRE 1er. — Composition, recrutement et admission du personnel ouvrier.

Art. 1er. Le personnel ouvrier employé dans les arsenaux maritimes se compose de :

Contre-maîtres,

Aides contre-maîtres ,

Ouvriers ,

Apprentis ,

Chefs journaliers ,

Journaliers.

2. Les contre-maîtres et aides contre-maîtres sont pris exclusivement parmi les hommes de profession appartenant à l'effectif de l'arsenal, ou provenant de l'industrie privée, qui savent lire , écrire et calculer, et possèdent , en outre, des connaissances en dessin ou tracé en rapport avec leur profession.

Le nombre des contre-maîtres et aides, pris ensemble, dans chaque service , ne peut excéder le dixième du nombre total des ouvriers et apprentis , augmenté du vingtième du nombre des journaliers.

3. Les ouvriers se recrutent :

1° Par l'apprentissage ;

2° Par la levée, sur leur demande ou d'office, des ouvriers soumis à l'inscription maritime ;

3° Par l'admission aux professions inscrites d'ouvriers non inscrits que leurs travaux antérieurs ont suffisamment préparés à l'exercice de ces professions ;

4° Par l'admission des ouvriers de toutes autres professions non soumises à l'inscription maritime qui se présentent volontairement, soit dans les arsenaux, soit devant les autorités ayant mission de les recevoir ;

5° Par l'admission au titre d'ouvrier des chefs journaliers ou journaliers de l'arsenal qui , après un an au moins d'exercice dans la profession qu'ils veulent embrasser, satisfont aux conditions d'aptitude exigées.

4. Ne sont reçus apprentis que des jeunes gens de 12 à 18 ans reconnus sains et robustes.

La préférence pour l'admission à l'apprentissage est accordée aux fils des maîtres, contre-maîtres, aides et ouvriers des arsenaux et usines de la marine ; aux fils des marins, militaires, journaliers et autres employés de la marine.

Les premiers choix portent sur les orphelins et les fils de veuves , dont les pères sont morts au service ou en jouissance d'une pension de retraite.

Les apprentis sont tenus de fréquenter les écoles élémentaires instituées dans les ports, à moins qu'ils ne justifient qu'ils savent déjà lire, écrire et calculer.

5. Les chefs de service fixent le salaire que doivent recevoir les apprentis au moment de leur admission ; toutefois, ceux qui sont âgés de moins de 14 ans doivent être placés à la plus basse paie.

6. L'âge auquel les apprentis sont aptes à passer ouvriers varie de dix-sept à vingt ans, selon leur aptitude professionnelle et le développement de leurs forces.

Les apprentis charpentiers ne peuvent passer ouvriers qu'après avoir fait un apprentissage de six mois dans le calfatage.

7. Le nombre des apprentis dans chaque service ne peut excéder, dans les circonstances ordinaires, le huitième du nombre total des ouvriers employés par ce service.

Toutefois, cette proportion peut être dépassée, avec l'autorisation du ministre, pour certaines professions, lorsque les besoins du service l'exigent.

8. Le nombre des chefs journaliers doit être, au plus, du quinzième de celui des journaliers.

9. Ne sont reçus journaliers que des hommes sains, vigoureux et âgés de dix-huit ans au moins.

10. Nul ne peut passer d'une profession non inscrite dans une profession inscrite s'il n'a travaillé dans l'arsenal, à titre d'essai, pendant six mois au moins, dans cette dernière profession.

Si, après ce temps d'épreuve, il est agréé par le chef du service, il est renvoyé au commissaire de l'inscription maritime du port, qui lui délivre un ordre de levée.

11. En dehors des apprentis, nul n'est admis dans le personnel ouvrier au-dessous de dix-sept ans et au-dessus de trente-cinq ans, à moins que, dans ce dernier cas, il ne justifie par pièces régulières de services qui lui permettent de réunir vingt-cinq années de services à l'Etat au moment où il atteindra l'âge de soixante ans.

Il ne peut être fait exception à cette règle que par un ordre du préfet, donné sur l'avis favorable du conseil d'administration du port, et dont il est rendu compte au ministre.

12. Quiconque a été agréé par un chef de service est adressé par ce fonctionnaire à l'officier de santé de garde dans l'arsenal, qui constate et certifie, s'il y a lieu, que le sujet n'a point de maladie ou d'infirmités qui le rendent impropre à l'emploi auquel il est destiné.

13. Les admissions dans le personnel ouvrier, inscrit ou non inscrit, par voie de recrutement volontaire, sont prononcées par les chefs de service dans les limites fixées par le préfet maritime en conseil d'administration.

Les ouvriers inscrits doivent présenter un permis du commissaire de l'inscription maritime de leur quartier. Après acceptation, ils sont renvoyés au commissaire de l'inscription maritime du port chef-lieu, qui leur délivre un ordre de levée.

Les ouvriers non inscrits doivent présenter dans les bureaux du service où ils sont admis leur livret et toutes autres pièces établissant leur profession et leurs antécédents.

La formalité du livret n'est point exigée des apprentis et des journaliers.

Ces pièces ne leur sont rendues qu'après congédiement.

14. Les ouvriers provenant d'une levée ordonnée par l'autorité compétente sont reçus sur la présentation de la feuille de route ou de l'ordre de levée qui leur a été remis par le commissaire de l'inscription maritime de leur quartier.

15. Le ministre détermine par des décisions spéciales, eu égard aux besoins du service, le temps que les ouvriers inscrits doivent passer dans les arsenaux de la marine.

16. Les ouvriers non inscrits qui, sur l'appel des autorités, se présentent pour servir dans les arsenaux, reçoivent pour frais de route les mêmes allocations que les ouvriers inscrits lorsqu'ils partent de lieux éloignés de leur destination de plus d'un myriamètre.

17. Tout contre-maître, aide contre-maître, ouvrier, apprenti, chef journalier et journalier, perd ses salaires acquis, sans préjudice des peines portées par la loi, s'il

abandonne les travaux du port avant d'avoir obtenu son congédiement du chef de service.

S'il appartient à une profession non inscrite, il a droit à ce congédiement quinze jours après l'avoir demandé.

18. Les salaires des contre-maîtres, aides contre-maîtres et ouvriers admis pour la première fois, ou réadmis après une absence d'un an au moins, ne sont établis qu'après une épreuve de vingt jours.

Les chefs de service les fixent sur la proposition des officiers chargés des divers ateliers.

Si la fin du mois administratif arrive avant la fin du temps d'épreuve, il est établi une solde provisoire, sauf rappel ou retenue à faire, s'il y a lieu, à la fin du mois suivant.

Si la réadmission succède à une absence de moins d'un an, le grade, la classe et le salaire sont immédiatement fixés au même taux qu'avant le congédiement.

Sont exceptés de cette disposition les apprentis dont la solde sera de nouveau réglée selon l'appréciation du chef de service.

19. Les officiers mariniers, les contre-maîtres, les aides contre-maîtres et les ouvriers, inscrits ou non inscrits, embarqués pour le service, rentrent, sur leur demande, dans les arsenaux, après leur débarquement, s'ils sont pourvus de certificats, livrets ou documents constatant leur bonne conduite pendant le temps de leur embarquement. Leur solde matriculaire ne peut être moindre que celle dont ils jouissaient au moment où ils ont quitté l'arsenal.

Les hommes embarqués d'office rentrent, s'ils le désirent, dans l'arsenal auquel ils appartenaient avant leur embarquement. Ils ont droit aux frais de route.

La même faveur est accordée aux mêmes conditions, mais seulement s'il y a lieu d'admettre des ouvriers, aux hommes non inscrits des arsenaux désignés par le sort pour le service des troupes de la marine ou de l'armée de terre, lorsqu'ils se présentent aussitôt après leur libération.

Les hommes inscrits qui refusent de naviguer, sur la désignation des chefs de service, sont congédiés ou réduits de solde pendant une durée de six mois à un an.

20. Dans les circonstances ordinaires, les chefs de service prononcent le congédiement du personnel ouvrier étranger aux professions maritimes ; dans les cas exceptionnels, le préfet maritime peut se réserver ce droit.

TITRE II. — Salaires.

Art. 21. Le salaire se compose :

1° De la solde matriculaire ou paie représentative du grade et de la classe ;

2° Du supplément ou paie variable et facultative, dont la fixation est faite, chaque année, en raison du zèle ou de l'habileté de chacun ;

3° D'allocations exceptionnelles définies aux articles 23, 24, 25 et 26 ci-après :

La solde matriculaire, le supplément individuel, les

moyennes de solde et de supplément, sont établis, pour chaque service de l'arsenal et sur l'ensemble du personnel correspondant à chaque catégorie, conformément au tableau suivant :

DÉSIGNATION DES CATÉGORIES		SOLDE individuelle	LAIRE moyenne. maximum.	SUPPLÉMENT individuel. maximum.	SUPPLÉMENT moyen. maximum.
		F. C. F. C.	F. C.	F. C.	F. C.
1re Catégorie. Contre maîtres.	1re classe.	3 20 à 3 50	2 90	1 50	» 75
	2e classe.	2 80 et 3 »			
Aides-contre maîtres.	1re classe.	2 60			
	2e classe.	2 40			
2e Catégorie. — Ouvriers..	1re classe.	1 90 et 2 »	1 80	1 30	» 55
	2e classe.	1 70 et 1 80			
	3e classe.	1 50 et 1 60			
	4e classe.	1 30 et 1 40			
3 Catégorie. — Apprentis............		» 40 à 1 »	» 65	» 30	» 10
4e Catégorie. Chefs Journaliers.	1re classe.	2 20	1 55	» 30	» 25
	2e classe.	2 »			
Journaliers		1 20 à 1 75			

Les suppléments individuels doivent être multiples de dix centimes.

22. Les ouvriers provenant de levées d'office ne sont pas comptés dans ces calculs qui servent à établir la moyenne de la solde matriculaire par catégorie. Ils sont compris dans l'évaluation de la moyenne des suppléments.

23. Aux suppléments mentionnés à l'article 21 peuvent être ajoutées, en faveur de quelques ouvriers d'un habileté hors ligne, des primes qui portent à 5 fr. le maximum de leur salaire journalier.

Ces primes ne peuvent être accordées qu'à des ouvriers de première classe jouissant du maximum de solde et de supplément prévu à l'article 21.

24. Les contre-maîtres qui, à défaut de maîtres entretenus, sont chargés de conduire les ateliers, peuvent recevoir des suppléments de fonctions de 50 centimes par jour en sus de la solde et des suppléments mentionnés à l'article 21.

Les contres-maîtres et aides contre-maîtres d'élite, ainsi que ceux qui mettent eux-mêmes la main à l'œuvre, peuvent, comme les ouvriers, recevoir des primes susceptibles de porter à 5 fr. le maximum de leur salaire journalier.

Ces primes peuvent être accordées à des contre-maîtres et aides-contre-maîtres non pourvus du maximum de la solde et du supplément.

25. Les allocations exceptionnelles mentionnées aux articles 23 et 24 ne sont concédées qu'en vertu d'une décision du ministre, prise sur la proposition du chef de service et sur l'acceptation du conseil d'administration du port.

Ces propositions doivent être accompagnées d'un rapport établissant d'une manière très positive les titres des ouvriers à ces allocations exceptionnelles.

26. Il peut être accordé des indemnités temporaires aux contre-maîtres, aides-contre-maîtres, ouvriers, apprentis orphelins ou fils de veuves d'anciens agents de la marine, aux chefs journaliers et journaliers, dans les circonstances suivantes :

1° Pour cherté de vivres ;

2° Pour attirer, dans des cas particuliers, des ouvriers de certaines professions ;

3° Pour frais de vacations pendant des missions spéciales.

Dans tous les cas, le ministre fixe l'indemnité à allouer.

Tout ouvrier en mission doit recevoir, indépendamment de ses frais de voyage, la totalité de son salaire journalier, à l'exception de l'indemnité pour cherté de vivres.

27. Chaque heure de travail, en dehors des heures de cloche, est payée à raison d'un huitième de journée.

28. Les travaux qui sont exécutés à la tâche sont payés d'après des tarifs de main-d'œuvre approuvés par le ministre.

TITRE III. — Avancement.

Art. 29. Les avancements en grade ou en solde ont lieu, pour tout le personnel ouvrier, seulement une fois par an, à moins d'exceptions particulières, pour lesquelles l'autorisation du ministre doit être demandée. Les apprentis peuvent être avancés en solde deux fois par an.

Le passage des apprentis et des journaliers au titre d'ouvrier peut avoir lieu dès qu'ils ont satisfait aux conditions d'âge et d'aptitude fixées par les articles 3 et 6.

Art. 30. Les propositions d'avancement en grade et en solde matriculaire, sont faites en conseil d'administration par le chef de service, conformément à l'article 112 de l'ordonnance du 14 juin 1844; ces propositions doivent toujours se renfermer dans les limites prescrites par les articles 2 et 21 du présent décret.

Les contre-maîtres, aides contre-maîtres, chefs-journaliers et ouvriers détachés des arsenaux, soit en France, soit hors de France, pour y exercer des fonctions spéciales sous les ordres d'officiers pourvus de missions particulières, reçoivent l'avancement sur les propositions desdits officiers, après approbation du ministre.

Art. 31. L'avancement parmi les contre-maîtres, aides contre-maîtres, chefs journaliers et ouvriers se fait de paie en paie, ou de la haute paie d'une classe ou d'un grade inférieur à la basse paie de la classe ou du grade supérieur. Toutefois, et lorsqu'il n'en résulte pas changement de grade, ceux d'entre eux qui se font remarquer particulièrement peuvent recevoir un avancement annuel, embrassant deux de ces degrés, ou même un plus grand nombre.

Pour les apprentis, l'avancement doit être de 10 centimes; il peut être porté à 20 centimes pour ceux qui sont bien notés à l'école élémentaire du port, et pour ceux qui se font remarquer le plus particulièrement par leur zèle et leur aptitude pour les travaux.

Les apprentis qui ont passé deux ans de suite sans être jugés dignes d'avancement sont congédiés, à moins qu'ils ne soient conservés dans l'arsenal en qualité de journaliers.

Il en est de même de ceux qui, à l'âge de vingt ans, ne sont pas reconnus susceptibles d'être nommés ouvriers.

L'avancement des journaliers se fait de dix centimes en dix centimes, et peut, dans des cas exceptionnels, être porté à vingt centimes.

Art. 32. Chaque année, le maximum et la moyenne des suppléments pour chacun des ateliers des arsenaux, sont proposés (dans les limites fixées par l'article 21) par les chefs de service, arrêtés par le conseil d'administration du port et soumis à l'approbation du ministre.

La répartition des suppléments se fait dans la forme indiquée aux articles 30 et 31 pour les avancements ; les maîtres et contre-maîtres sont consultés pour la répartition du supplément entre les ouvriers.

Art. 33. Les chefs de service peuvent, avec l'approbation du conseil d'administration, réduire la solde matriculaire des hommes et apprentis qui encourent cette punition par leur négligence, leur incapacité, leur inconduite, ou enfin pour une faute grave contre la discipline.

Ils peuvent, de leur propre autorité, réduire les suppléments pour les mêmes causes et faire emploi immédiat des fonds ainsi devenus disponibles.

Art. 34. Tous les trois mois, les chefs de service font

connaître au conseil d'administration du port les diminutions, suppressions ou concessions nouvelles de suppléments qu'ils ont prononcées.

Les fonds disponibles à ces époques par suite d'extinction, de départ ou par tous autres motifs, peuvent
être répartis entre les hommes qui se sont fait remarquer
par leur zèle ou leur habileté. La répartition en est faite
suivant les formes prescrites à l'article 32.

TITRE IV. — Dispositions diverses.

Art. 35. Tout contre-maître, aide contre-maître,
ouvrier inscrit ou non inscrit, apprenti, chef journalier,
journalier employé dans les arsenaux de la marine, s'il
est blessé ou malade, est traité aux frais de l'Etat dans
les hôpitaux de la marine, ou, à défaut, dans les hospices
civils, et, pendant son séjour dans lesdits hôpitaux ou
hospices, il jouit de sa solde matriculaire, déduction
faite des retenues déterminées par les règlements en
vigueur.

Dans le cas où ces mêmes hommes blessés ou malades
et vivant dans leur famille préfèrent se faire soigner chez
eux, le préfet peut leur en accorder l'autorisation, sur
la proposition du chef de service compétent.

S'ils ont leur résidence en ville, ou dans un lieu assez
rapproché pour qu'ils puissent être soumis à l'inspection des officiers de santé de la marine, ils sont visités,
au moins une fois par semaine, par un de ces officiers de

santé, qui adresse au chef de service intéressé un rapport sur leur situation. Ce rapport est ensuite renvoyé au commissaire des travaux ; ils reçoivent alors la moitié de leur solde matriculaire. Toutefois, cette allocation ne peut se prolonger au-delà de six semaines.

Art. 36. La solde des ouvriers blessés ou malades traités dans les hôpitaux, et la retenue à exercer sur cette solde, sont décomptées par le nombre de journées de travail régulier dans l'arsenal, y compris les journées extraordinaires accordées pour les fêtes publiques, et déduction faite des dimanches et jours fériés.

Les mêmes règles sont appliquées pour le décompte de la demi-solde des malades à domicile.

Le jour du décès est décompté de la même manière et sur le même pied que les journées précédentes.

Tout homme en traitement à domicile qui travaille en ville encourt la perte de sa demi-solde.

Art. 37. Les contre-maîtres, aides contre-maîtres, ouvriers inscrits ou non inscrits, apprentis, chefs journaliers ou journaliers, autorisés à se rendre aux eaux thermales aux frais de l'État, reçoivent la totalité de leur solde matriculaire, cumulativement avec l'indemnité de route, sous la déduction de la moitié de la solde pendant le temps qu'ils ont été hospitalisés.

38. Les services de tout agent du personnel ouvrier employé dans les arsenaux maritimes sont établis ainsi qu'il suit :

A la fin de chaque mois ouvrier, ou à la fin d'une période d'emploi dans le même mois, on fait la somme des journées de présence sur les travaux, ou en mission pour le service, pendant les jours autres que les jours fériés et de chômage forcé, et des journées passées à l'hôpital ou en traitement à domicile.

A cette somme on ajoute le nombre des jours fériés et de chômage forcé pendant le mois ouvrier ou la période d'emploi dont il s'agit. Le total est inscrit sur la matricule.

A la fin de chaque année, ou à la fin des périodes d'emploi dans la même année, on fait la somme de toutes les journées. Le total en est porté sur la matricule et certifié.

A la fin de chaque période d'emploi, il est fait un relevé des journées certifiées. Le total de ces journées est multiplié par douze (nombre de mois dans une année), et l'on divise le produit par trois cent soixante-cinq (nombre de jours dans une année). On obtient ainsi un quotient et un reste.

Le quotient indique le nombre de mois entiers de service qui doit être compté, et le douzième du reste indique le nombre de jours qu'il faut ajouter aux mois entiers pour compléter la durée de service pendant la période d'emploi pour laquelle la constatation a lieu.

Les mois et les jours, ainsi calculés, sont inscrits sur la matricule et certifiés.

Si le total des journées certifiées est égal ou inférieur à trente, il suffit d'inscrire le nombre sur la matricule et de le certifier, l'application à ce chiffre des calculs prescrits dans les deux derniers paragraphes précédents devant donner pour résultat le même nombre.

La totalité des services servant de base au règlement de la pension de retraite se compose de la somme de mois et jours constatés pendant chaque période. Avant d'en faire le total général, on convertit, s'il y a lieu, les jours en mois, conformément aux prescriptions des paragraphes 5 et 6 du présent article.

Pour les pensions régies par la loi de 1791, on établit la solde mensuelle des ayants droit en multipliant par vingt-cinq la solde matriculaire journalière, augmentée du supplément moyen mentionné à l'article 3 de la loi du 24 novembre 1848 sur la retraite du personnel ouvrier.

Art. 39. Tout contre-maître, aide contre-maître, ouvier, chef journalier, dont la retraite a été prononcée, demeure sur les travaux et est payé, comme par le passé, jusqu'au jour inclus de la remise de son brevet de pension, à moins qu'il ne soit pas jugé capable de rendre des services jusqu'audit jour.

Dans ce dernier cas, à compter du jour de sa sortie de l'arsenal, il reçoit, jusqu'à la remise de son brevet, et par journée de travail, déterminée comme il est dit à l'article 36, une solde d'expectative fixée comme suit :

Contre-maître, 1 fr.

Aide contre-maître, 75 c.

Ouvriers, chefs journaliers et journaliers, 50 c.

Art. 40. Tous les contre-maîtres, aides contre-maîtres, ouvriers, apprentis, chefs journaliers et journaliers, employés dans les arsenaux de la marine, sont soumis aux lois et consignes relatives à la discipline, à la police et à la sûreté de ces établissements.

Art. 41. Le présent règlement est applicable au personnel ouvrier des directions des constructions navales, des mouvements du port, de l'artillerie, des travaux hydrauliques, du magasin général et des subsistances.

Toutefois, les prescriptions relatives aux moyennes des soldes matriculaires et des suppléments, et aux proportions à observer entre les diverses catégories d'ouvriers, ne sont pas obligatoires dans la direction des travaux hydrauliques.

Art. 42. Sont et demeurent abrogées les ordonnances des 3 mai 1839, 17 septembre 1841 et 7 décembre 1846, ainsi que l'arrêté du 22 septembre 1848, et toutes autres dispositions contraires à celles qui précèdent.

LIVRE III.

ASSISTANCE.

LIVRE III.

ASSISTANCE.

Un ouvrage destiné à retracer la législation française concernant les ouvriers serait incomplet s'il n'indiquait pas les règles sous lesquelles se développent et fonctionnent un grand nombre d'institutions de secours, de charité ou de prévoyance, destinées à venir en aide aux ouvriers, à soulager leurs maux et leurs misères, à accroître leur bien-être matériel et améliorer leur condition morale. La législation que nous avons à exposer dans cette dernière partie de notre travail, nous paraît même la plus digne d'étude et la plus importante au point de vue de l'avenir de la classe ouvrière et des intérêts sociaux attachés à son amélioration.

J'exposerai successivement la législation concernant l'assistance publique, les institutions de prévoyance, les sociétés de secours, et je terminerai en indiquant quelques lois auxquelles on doit l'initiative de mesures hygiéniques prises dans l'intérêt des ouvriers.

TITRE I.

ASSISTANCE PUBLIQUE.

—

Signalons d'abord les établissements publics de charité destinés à soulager les misères des populations pauvres de nos villes et à leur procurer les soins qui leur sont nécessaires en cas de maladie.

L'assistance publique à Paris comprend le service des secours à domicile et le service des hôpitaux et hospices civils (L. 10 janvier 1849); dans les départements, ces deux principales branches des secours publics, c'est-à-dire les hôpitaux et hospices et les secours à domicile, ont chacune son administration séparée, qui, placée sous le patronage de l'administration municipale et la tutelle de l'administration supérieure, conserve une certaine indépendance et liberté d'action.

CHAPITRE I.

HOPITAUX.

—

L'hôpital reçoit les malades civils, hommes, femmes et enfants, et les femmes enceintes, qui n'ont pas les moyens de se faire soigner chez eux; il reçoit également les malades militaires et marins sous des conditions déterminées d'avance avec les représentants de l'administration de la guerre et de la marine.

Tout malade domicilié de droit ou non, qui est sans ressource, doit être secouru dans l'hôpital le plus voisin de sa résidence aux frais de l'établissement (L. 24 vend. an II, titre 5).

Le voyageur indigent qui tombe malade en route doit être transporté dans l'hôpital le plus rapproché et y être soigné aux frais de cet établissement.

Aucune condition de domicile ne peut être exigée dans ces cas pour son admission (L. 7 août 1851, art. 1).

Les malades indigents des communes privées d'établissements hospitaliers peuvent être admis dans les hôpitaux du département désignés par le conseil général, sur la proposition du préfet, suivant un prix de journée fixé par le préfet d'accord avec la commission des hôpitaux (Id., art. 3).

L'obligation imposée dans ce cas aux hôpitaux de tenir des lits à la disposition des communes de leur circonscription n'emporte pas nécessairement celle de recevoir les malades de ces communes. Cette dernière obligation n'existe qu'à la condition d'un prix de journée qui est facultatif pour les administrations municipales (Ar. min., 8 août 1852).

Lorsque les revenus de l'hôpital le permettent, les commissions administratives peuvent recevoir des malades des communes voisines sans paiement de prix de journée (L. 7 août 1851, art. 4). C'est là une question d'appréciation et d'humanité laissée à la sagesse des administrateurs qui doivent prendre en considération, d'un côté, les droits des malheureux, de l'autre, les ressources et les possibilités de l'établissement qu'ils administrent (Ar. min., 8 août 1852).

Quand la loi a imposé aux commissions administratives l'obligation d'admettre dans les hôpitaux les individus privés de ressources qui tombaient malades dans une commune, elle leur a enlevé le droit de refuser de recevoir dans les établissements confiés à leur soin et de traiter gratuitement les indigents atteints de maladies psoriques ou syphilitiques, et, en cas de refus, les préfets doivent faire admettre les indigents d'office dans l'hôpital, afin de leur faire donner les soins qu'exige leur maladie (Décision min. de l'int. du 31 janvier 1844).

Les malades indigents sont admis dans l'hôpital par un des membres de la commission administrative, sur l'avis du médecin de l'établissement. Cette admission, hors le cas d'urgence, ne devrait être accordée que sur la présentation d'un certificat de l'autorité compétente attestant l'indigence (L. 16 mess. an VII ; — 4 juil.1799 ; — Cir. min. 31 janv. 1840). .

Les malades sortent de l'hôpital dès que le médecin a déclaré que cette sortie peut avoir lieu sans danger (Circ. min. 31 janv. 1840). Les incurables ne peuvent également y être maintenus (Id.). Les effets mobiliers apportés par les malades décédés dans les hôpitaux, qui y ont été traités gratuitement, appartiennent à ces hôpitaux.

Les malades non indigents peuvent être traités dans les hôpitaux moyennant le paiement du prix de journée et à condition qu'ils n'absorberont pas la place nécessaire pour recevoir les malades indigents de la commune.

CHAPITRE II.

HOSPICES.

—

Les hospices reçoivent :

1° Les vieillards indigents et valides des deux sexes ;

2° Les incurables indigents des deux sexes ;

3° Les orphelins pauvres ;

4° Les enfants trouvés et abandonnés.

Il existe en outre, pour les aliénés, des hospices distincts et séparés; le plus souvent dans les départements les hospices et hôpitaux sont sous la même administration; les maisons d'aliénés en sont plus généralement distraites. Laissant de côté la législation spéciale relative à ces derniers établissements, nous allons rapidement indiquer les conditions d'entrée dans les autres.

L'admission des vieillards et indigents incurables dans les hospices est prononcée par délibération de la commission administrative (L. 16 mess. an VII; — 4 juillet 1799; — Cir. min., 31 juillet 1840). Elle ne peut être utilement réclamée que par ceux qui ont dans la commune leur domicile de secours, c'est-à-dire un séjour de plus d'une année (Cir. 12 janvier 1829).

Les incurables indigents des communes privées d'établissements hospitaliers peuvent être admis dans les hospices désignés par le conseil général, sur la proposition du préfet, suivant un prix de journée fixé par le préfet d'accord avec la commission (L. 7 août 1853, art. 3). Dans ce cas l'incurable est reçu sur la demande de la commune et l'offre qu'elle fait de payer le prix fixé.

Les commissions administratives peuvent admettre dans les hospices des individus moyennant abandon de biens ou de capitaux, ou paiement des journées (Cir. 31 janv. 1840).

L'entrée des hospices ne peut être refusée sur le motif que l'indigent n'a pas été vacciné (Cir. 4 sept. 1831).

Le renvoi des vieillards et incurables peut être prononcé lorsque l'état d'indigence ou d'infirmité qui avait

motivé leur admission cesse. Ce renvoi ne peut être prononcé que par la commission.

Les enfants trouvés sont admis moyennant leur apport
à l'hospice, immédiatement après leur naissance, par
la personne qui a fait l'accouchement ; l'abandon de
la mère qui a fait ses couches à l'hospice et est reconnue dans l'impossibilité de s'en charger ; la remise du
procès-verbal dressé par l'officier de l'état civil pour les
enfants exposés hors de l'hospice; enfin le dépôt dans
les tours là où ils ont été maintenus (Inst. min., 8
fév. 1823).

A Paris, les enfants sont reçus à charge de fournir
réponses aux divers renseignements qui sont demandés
par les employés spéciaux à ceux qui les présentent et de
rapporter les justifications suivantes :

Pour les enfants trouvés exposés dans un lieu quelconque; un procès-verbal dressé en exécution de l'article
58 du C. Nap. par l'officier de l'état civil des communes
rurales, et par un commissaire de police à Paris.

Pour les enfants apportés directement à l'hospice; expédition de l'acte de naissance constatant qu'il est né de
père et mère inconnus.

Pour les enfants abandonnés ; un acte de notoriété
des maires des communes rurales, et d'un commissaire
de police à Paris constatant l'absence et la disparition
des père et mère et le refus des parents de se charger de
l'enfant.

Pour les orphelins; l'acte de naissance, les actes de décès des père et mère, et un procès-verbal du maire et
commissaire de police constatant l'indigence de l'enfant

et le refus des parents de s'en charger (Délib. du cons. gén. des hospices de Paris, du 6 août 1845, tit. 2 , approuvé par le min. de l'int. le 5 mars 1852).

Aucun enfant abandonné ne peut être admis s'il a 12 ans (Inst. gén., 8 fév. 1828).

Telles sont les règles générales sur l'admission des vieillards et des enfants dans les hospices. On comprend que les règlements particuliers de chaque maison , suivant les ressources des établissements, les besoins des localités, y ont fait apporter des modifications partielles, et même que dans la pratique, suivant les cas, des tempéraments sont apportés à leur rigueur lorsqu'ils conduiraient à l'inhumanité.

Ajoutons qu'à Paris les enfants des personnes détenues pour crimes ou délits sont reçus par les hospices, et que la même chose se pratique généralement dans les départements.

Les dépenses occasionnées aux hospices par les voyageurs indigents, sont à la charge de ces établissements, qu'ils voyagent avec ou sans secours (Décis. min., 20 déc. 1833).

CHAPITRE III.

BUREAUX DE BIENFAISANCE.

Les bureaux de bienfaisance sont des établissements communaux qui ont pour objet de distribuer des secours à domicile aux malades, aux indigents et aux infirmes (L. 7 frim. an v – 27 nov. 1796, art. 4).

Les secours doivent, autant que possible, être distribués en nature (Id., art. 10).

Les bureaux de bienfaisance ne peuvent consacrer une partie de leurs revenus à entretenir des indigents dans les hospices (Avis du C. d'Etat, 14 août 1833).

Ils ne doivent de secours qu'à ceux qui ont au moins un an de séjour dans la commune (L. 24 vend. an. 2).

Il y a deux classes de personnes secourues par les bureaux de bienfaisance :

Celles qui reçoivent temporairement des secours, telles que blessés, malades, femmes enceintes, etc., et celles qui en reçoivent annuellement, telles que aveugles, paralytiques, infirmes, etc.

Tous les assistés doivent être portés sur un registre. La liste est arrêtée par le bureau en assemblée.

Les membres des bureaux de bienfaisance, en dehors

des secours en nature qu'ils distribuent, doivent s'appliquer à procurer du travail aux indigents, soit en les plaçant chez des manufacturiers, soit en créant des ateliers de travail (Circ. min. de niv. an x et inst. 8 fév. 1823).

CHAPITRE IV.

MONTS - DE - PIÉTÉ.

———

Les monts-de-piété sont des établissements publics de bienfaisance qui prêtent sur nantissement moyennant un intérêt et à des conditions déterminées par les lois et règlements.

Ils ne peuvent être établis qu'au profit des pauvres avec l'autorisation du gouvernement (L. 16 pluv. an 12). Ils ne peuvent être créés par voie d'action (Avis du C. d'Etat, 12 juillet 1807).

Les premiers établissements de monts-de-piété ont été fondés en Italie ; c'est par le Comtat que cette institution s'est introduite en France dans le seizième siècle.

Voici , d'après le règlement modèle du ministre de l'intérieur, du 18 fructidor an 12, les principales opérations des monts-de-piété :

Elles consistent dans le prêt, principalement en faveur

des indigents, sur engagement d'effets mobiliers déposés dans les magasins de l'établissement.

Pour être admis à déposer ces objets il faut être connu ou domicilié ou assisté d'un répondant, et en outre, si on est mineur, être accompagné de son père ou tuteur. En cas d'apport d'objets soupçonnés de provenir de vol, les préposés ont à remplir des formalités pour assurer la découverte et la poursuite des coupables. Lorsque le dépôt est jugé admissible, il est procédé à l'estimation par un fonctionnaire désigné par la loi, et ensuite au règlement de la somme à prêter sur leur valeur, savoir : pour les nantissements en vaisselle, en bijoux d'or et d'argent aux 4|5mes de leur valeur au poids, et pour les autres effets aux 2|3 du prix d'estimation ; l'acte de dépôt est signé par le déposant ou son répondant.

Le garde-magasin délivre au déposant une reconnaissance du nantissement. Cette reconnaissance est au porteur. Elle contient la date du dépôt, la désignation du nantissement, le numéro sous lequel il a été enregistré, l'estimation qui en a été faite, la quotité du prêt et les conditions ; sur le vu de cette reconnaissance, le caissier remettra à l'emprunteur la somme qu'elle indiquera comme devant lui être prêtée. Dans le cas où l'emprunteur perdrait cette reconnaissance, il devra en faire aussitôt la déclaration au directeur qui sera tenu de la faire insérer sur le registre des prêts et sur celui du garde-magasin, en marge de l'article dont la reconnaissance serait adirée.

Les prêts sont accordés pour un an ; on peut avant ce terme dégager les objets déposés.

Le règlement peut fixer un maximum au-dessus duquel l'établissement ne pourra pas être obligé de prêter à la même personne, et un minimum au dessous duquel les dépôts ne seront pas reçus.

Le droit unique à percevoir par l'établissement pour frais généralement quelconques, y compris le service des intérêts, est fixé, pour chaque établissement, par le Ministre, sur la proposition de l'administration et l'avis du préfet ; les décomptes de ce droit se font par mois : un mois commencé est dû en entier.

A l'expiration de la durée du prêt, l'emprunteur peut être admis à renouveler l'engagement des effets donnés en nantissement et à en empêcher ainsi la vente. Pour obtenir ce renouvellement, l'emprunteur sera tenu de payer d'abord les intérêts dûs au mont-de-piété à raison du premier prêt ; de consentir à ce que le nantissement soit soumis à une nouvelle appréciation, et à payer le montant de la différence qui pourrait être trouvée, d'après la nouvelle estimation, entre la valeur actuelle du nantissement et celle qu'il avait à l'époque du premier prêt. Le renouvellement s'effectuera d'après la valeur actuelle du gage, dans la même forme, aux mêmes termes et conditions et pour le même délai que le prêt primitif. La reconnaissance délivrée sera retirée ; il en sera délivré une nouvelle.

Tout possesseur d'une reconnaissance de dépôt qui rembourse la somme prêtée et les intérêts et droits, peut retirer le nantissement soit avant le terme, soit même après son expiration, si la vente n'en a pas eu lieu. La revendication pour cause de vol, ou pour toute autre cause, ne peut avoir lieu que sur la justification du droit de propriété et le remboursement de la somme prêtée, intérêts et droits. Si l'effet donné en nantissement est perdu, la valeur en est payée au prix d'estimation fixée lors du dépôt, plus une augmentation d'un cinquième ou d'un tiers, suivant qu'il s'agit d'objets d'or et d'argent ou d'objets d'autre nature. Si l'objet est avarié, le propriétaire peut le laisser à l'établissement moyennant le prix d'estimation au moment du dépôt, si mieux il n'aime reprendre le dépôt et recevoir une indemnité fixée par l'appréciateur de l'établissement.

L'emprunteur qui a perdu sa reconnaissance et en a fait la déclaration ne peut retirer l'objet déposé qu'à l'expiration du terme et à charge de donner une décharge spéciale et de présenter comme caution une personne domiciliée et solvable.

Les objets déposés et non retirés dans le délai voulu seront vendus, sauf à l'administration à tenir compte à l'emprunteur de l'excédant sur la somme prêtée, intérêts et droits.

Les ventes se font aux enchères publiques, dans un local désigné pour cet objet, après affiches et annonces.

Le paiement du *boni* se fait sur la représentation de la reconnaissance; les créanciers des porteurs de ces reconnaissances pourront faire opposition à la délivrance de ces deniers entre les mains du directeur. Les boni non retirés dans les trois ans de la date des reconnaissances ne peuvent plus être réclamés.

Toutes les contestations qui s'élèveraient entre l'établissement et des particuliers sont du ressort des tribunaux ordinaires.

—

22

TITRE II.

INSTITUTIONS DE PRÉVOYANCE.

CHAPITRE I.

CAISSES D'ÉPARGNE.

Les caisses d'épargne sont des établissements publics destinés à recevoir en dépôt des sommes d'argent dans les limites d'une quotité déterminée et à les rembourser aux déposants en leur tenant compte des intérêts cumulés suivant le mode fixé par la loi.

Elles sont d'origine récente : la Suisse paraît être le premier pays où elles ont fonctionné. Etablies en Angleterre et en Ecosse au commencement du siècle, elles acquirent dans ces pays d'immenses développements.

Les administrateurs alors en exercice de la compagnie royale d'Assurances Maritimes, inspirés par les plus nobles sentiments, organisèrent, en 1818 à Paris, sous

leurs auspices, une société dans laquelle s'empressèrent
d'entrer toutes les notabilités de l'époque et qui dota
Paris d'une caisse d'épargne, dont l'ordonnance du
29 juillet 1818 autorisa l'ouverture.

Le gouvernement, qui comprenait l'utilité d'une
semblable institution, se fit un devoir d'en favoriser le
développement en France ; l'article 24 de la loi du
17 août 1822, les ordonnances des 30 octobre 1822,
14 mai 1826, 3 juin 1829, l'article 7 de la loi des
finances du 2 août 1829, l'ordonnance du 16 juillet 1833, témoignent de sa sollicitude à ce sujet.

Ces dispositions éparses, destinées à satisfaire les
besoins successifs que les développements de cette institution faisaient naître, durent être codifiées lorsque les
bienfaits du fonctionnement de ces caisses leur eut acquis
les sympathies des populations. M. le baron Delessert,
l'un des fondateurs de la caisse d'épargne établie à Paris
en 1818, développa dans la session de 1834 un projet
qui, devenu plus tard la loi du 5 juin 1835, garantis-
sait des immunités et des avantages à ces caisses et
réglait leurs rapports avec le trésor public. Pour avoir
l'ensemble de la législation sur la matière, il faut joindre
à cette loi celles des 31 mars 1837 sur le versement des
fonds à la caisse des consignations, 22 juin 1845 sur
la limitation des versements et l'emploi des fonds, du
30 juin 1851 sur le même objet, 7 mai 1853 sur le taux
des intérêts; les ordonnances des 25 août 1837, 12 décembre même année, 31 mai 1838, 11 novembre 1839,
16 juillet 1845, 28 juillet 1846, 9 août 1846, arrêté du
7 mars 1848, décrets des 9 mars, 7 juillet, 29 nov. 1848,

15 avril 1852. Il est impossible pour l'ouvrier de se
rendre compte de cette législation en combinant lui-
même ces textes ; il peut ê're dès-lors utile de déterminer les règles qui en résultent pour les déposants
qui se recrutent ordinairement parmi eux. Cette institution, de nos grandes villes, s'est d'ailleurs heureusement propagée jusque dans nos campagnes et est entrée
dans nos mœurs.

Les caisses d'épargne , a dit M. Cormenin, et c'est
l'éloge le plus vrai qu'on en ait fait, se mêlent par le
dépôt public de leurs fonds au mouvement et aux destinées de la fortune du pays, agissent avec la puissance
de l'intérêt composé, recueillent les plus petites économies de l'ouvrier et ne laissent rien à ses passions, à
l'éventualité du sort, précisent nettement le positif de
son épargne par le positif de son travail.

Versements.

Les caisses d'épargne reçoivent aux jours et heures
déterminés par les conseils de direction les versements
que veulent leur faire toutes personnes. Les sommes
ainsi versées produisent un intérêt qui est capitalisé à la
fin de chaque année et produit des intérêts pour l'année
suivante. Le minimum des versements est fixé à 1 fr.
Le maximum par semaine à 300 fr. Aucun versement
n'est reçu sur un compte dont le crédit aura atteint
1,000 fr. soit par le capital, soit par l'accumulation des

intérêts. Lorsque, par suite du règlement annuel des intérêts, un compte excède 1,000 fr., si le déposant pendant un délai de trois mois n'a pas réduit son crédit au-dessous de cette limite, l'administration de la caisse d'épargne achètera pour son compte 10 fr. de rente quatre et demi pour cent de la dette inscrite, lorsque le prix sera au-dessous du pair, et en trois pour cent, si le cours de la rente quatre et demi pour cent dépasse cette limite. Cet achat aura lieu sans frais pour le déposant.

Il n'y a d'exception à ces règles que pour les remplaçants des armées de terre et de mer à raison du prix du remplacement, les marins pour leur solde, décompte et salaires au moment de leur embarquement ou débarquement, les sociétés de secours non déclarées d'utilité publique dont le crédit peut atteindre 8,000 fr. en capitaux et intérêts, et les sociétés de secours mutuels déclarées d'utilité publique ou approuvées conformément au décret du 26 mars 1852 qui peuvent avoir un crédit égal au maximum de 1,000 fr. multiplié par le nombre total de leurs membres.

Un titre nominatif est donné à chaque déposant; c'est un livret.

On ne peut avoir qu'un seul livret à la fois aux caisses d'épargne sous son nom ou des noms supposés, à peine de perdre l'intérêt de toutes les sommes déposées.

Il ne peut y avoir des conditions particulières accompagnant un versement que s'il s'agit du prix d'un remplacement militaire, ou des sommes données et léguées; dans ce dernier cas, le versement peut être fait aux diverses conditions suivantes qui ne peuvent être stipulées que par les donateurs.

De remboursement différé pour un temps fixe, ou jusqu'à un moment déterminé.

D'incessibilité.

D'insaisissabilité, lorsque le dépôt est fait par des compagnies industrielles ou par des chefs d'établissement en faveur de leurs ouvriers et employés.

Chaque somme ronde de 1 fr. porte intérêt à courir du premier jour qui suit le versement ; il est le même que celui alloué aux caisses d'épargne par la caisse des dépôts et consignations, c'est-à-dire quatre pour cent (L. 7 mai 1853, art. 1), sous déduction d'une retenue variable au profit des caisses.

Transfert.

Il est des déposants, et notamment les ouvriers, qui sont dans le cas de subir de nombreux déplacements : dans ce cas, il était très important pour eux de n'avoir pas, avant leur départ, à retirer les fonds qu'ils avaient versés à la caisse d'épargne, et il leur était impossible d'un autre côté de laisser des intérêts peu importants à régler dans une localité qu'ils quittaient souvent pour toujours ; pour obvier à ces inconvénients, la loi a autorisé tout déposant à faire transférer ses fonds d'une caisse dans une autre.

Le transfert n'est admis que pour totalité de la somme due au déposant.

Les demandes de transfert doivent être écrites par le déposant ou son fondé de pouvoirs ; toutefois, pour faciliter ces opérations, on admet la déclaration faite devant le maire par le déposant portant qu'il ne peut ou ne sait signer, et qu'il demande le transfert de son crédit de telle caisse dans telle autre.

Remboursements.

Les remboursements peuvent être demandés pour toute la somme versée à la caisse, ou pour partie de cette somme.

Les remboursements sont payables en espèces. Toutefois, tout déposant, dont le crédit est d'une somme supérieure à celle qui est nécessaire pour obtenir 10 fr. de rente, peut faire faire cet achat par les soins de la caisse d'épargne, sans avoir à supporter aucuns frais.

Tant que les inscriptions de rente ne sont pas réclamées, les caisses en touchent les intérêts et les portent au compte des titulaires. Lors de la remise de ces titres, il en est réclamé récépissé du déposant ou de son fondé de pouvoirs.

Les remboursements doivent, autant que possible, être demandés par écrit par les titulaires ou leurs fondés de pouvoirs ; toutefois il peut être passé outre sur une simple demande verbale.

Dans la demande en remboursement, le déposant fait connaître le numéro de son livret, sa demeure actuelle et celle qu'il avait lors du premier versement, la somme dont il réclame le remboursement, ou la conversion en rentes.

Les remboursements sont faits entre les mains des titulaires ou de leurs fondés de pouvoirs, sur quittances ; toutefois lorsque la somme remboursée n'excède pas 150 fr., la signature de deux témoins attestant la remise de la somme, peut remplacer la quittance exigée par la caisse.

Dans le cas de remboursement total, le livret est retenu par la caisse; il est rendu avec mention des remises de sommes si le remboursement est partiel.

Dans les justifications que doivent exiger les caisses des déposants, elles doivent être aussi faciles que possible sans violer les règles de leur comptabilité. Les remboursements aux femmes mariées ne sont faits à l'un des époux que s'il a un pouvoir collectif; sinon on exige leur concours. Les héritiers doivent justifier de leur qualité ; le certificat de propriété qu'ils doivent produire dans ce cas est délivré par les notaires ou les juges de paix ; dans les versements conditionnels, le retrait ne peut avoir lieu qu'en justifiant de l'accomplissement de la condition.

Lorsqu'il s'est écoulé un délai de 30 ans à partir tant du dernier versement ou remboursement, que de tout achat de rente ou de toute autre opération effectuée à la demande des déposants, les sommes que détiennent les caisses d'épargne aux comptes de ceux-ci sont placées en rentes sur l'Etat; et les titres de ces rentes, comme les titres des rentes achetées à la demande des déposants ou d'office, lorsque leur crédit dépasse la somme qu'il

peut atteindre, sont remis à la caisse des dépôts et consignations pour le compte des déposants.

A partir du même moment et jusqu'à la réclamation
des déposants, le service des arrérages est suspendu.

Les reliquats des placements en rente ci-dessus énoncés
et les sommes qui, à raison de leur insuffisance, n'auraient pu être converties en rentes sur l'Etat, demeureront
à la même époque acquis définitivement aux caisses
d'épargne.

A l'égard des versements faits sous la condition sti-
pulée par le donateur que le titulaire n'en pourra dis-
disposer qu'après une époque déterminée, le délai de
30 ans ne court qu'à partir de cette époque.

A l'égard des sommes déposées pour le compte des
remplaçants dans les armées de terre et de mer, le délai
de 30 ans ne court qu'à partir de l'expiration de leur
engagement.

Dans tous les cas, les noms des déposants seront
publiés au *Moniteur* et dans les feuilles d'annonces judiciaires de l'arrondissement où est située la caisse
d'épargne dépositaire, six mois avant l'expiration du
délai de 30 ans fixé ci-dessus.

CHAPITRE II.

CAISSE DES RETRAITES POUR LA VIEILESSE.

———

La caisse des retraites pour la vieillesse est une institution créée sous la garantie de l'Etat, qui a pour objet de donner aux personnes qui ont fait un ou plusieurs versements, une rente viagère, à un âge déterminé où les forces manquent généralement à l'homme pour se livrer au travail.

Les ouvriers pour lesquels, plus spécialement, ces caisses ont été créées, ont le plus grand intérêt à connaître leur fonctionnement. Il est réglé par la loi de création du 18 juin 1850 modifiée par celle du 28 mai 1853, dont le règlement du 18 août 1853 est destiné à assurer l'exécution.

Cette caisse, dans laquelle les économies de chaque déposant se grossissent par le concours des intérêts composés et de la mortalité et s'accumulent de manière à donner pour l'âge de la retraite la plus grande somme de bien être possible, a reçu, dès le moment qu'elle a commencé à fonctionner, de nombreux dépôts qui témoignaient combien l'on comprenait les bienfaits qu'elle était destinée à répandre. Ouverte le 11 mai 1851, elle avait reçu, au 31 décembre suivant, c'est-à-dire après huit mois, 12 millions, montant de 8,459 versements; l'année suivante, en 1852, les versements se sont élevés à 31 millions produit de 28,346 versements. M. E. Beauvisage, commis principal à la caisse des dépôts et consignations, a publié un guide du déposant à la caisse de la vieillesse. Ce travail, par suite de la position de son auteur et de l'approbation qu'il a reçue de M. le directeur général de la caisse des dépôts et consignations auquel est confiée la gestion de la caisse des retraites pour la vieillesse, est en quelque sorte un guide officiel que tout déposant doit avoir et consulter, pour reconnaître exactement ses droits et ses obligations. De nombreux tableaux, des tarifs et calculs détaillés pour tous les âges, indiquent complètement le mode de fonctionnement de cette caisse; nous ne pouvons nous approprier le travail d'autrui au point de les reproduire ici, nous nous bornons à emprunter à l'auteur les instructions générales qu'il donne aux déposants, instructions qui, je le répète, soit à cause de leur source, soit à cause de l'approbation qu'elles ont reçues, ont une sorte de caractère officiel :

Des versements.

« Les versements sont facultatifs; ils peuvent être interrompus ou continués au gré des parties versantes, chaque versement donnant lieu à une liquidation distincte; ils peuvent être faits au profit de toute personne âgée de plus de trois ans, et jouissant de la qualité de Français.

« Les étrangers ne sont pas admis à participer aux avantages résultant de la loi du 18 juin 1850. Toutefois, les versements sont reçus au profit :

« 1° Des étrangers *admis à jouir des droits civils,* conformément à l'article 13 du Code Napoléon ;

« 2° Des mineurs nés en France de parents étrangers *ne jouissant pas des droits civils,* à la condition par eux de réclamer la qualité de Français dans l'année qui suivra l'époque de leur majorité, conformément à l'article 9 du Code Napoléon, ou plus tard en vertu de la loi du 22 mars 1849;

« 3° Des mineurs nés à l'étranger de Français ayant perdu cette qualité, à la condition par eux de la réclamer conformément à l'article 10 du Code Napoléon.

« Les versements peuvent être effectués à la Caisse des dépôts et consignations, ou chez ses proposés dans les départements, *les receveurs généraux et particuliers,* soit par les intéressés eux-mêmes, soit à leur profit par des tiers, soit enfin par des caisses d'épargne, sociétés de secours mutuels ou autres intermédiaires choisis par les déposants.

« Il n'y a pas d'obligation pour les déposants de faire leurs versements entre les mains du même préposé. Ainsi, les versements commencés dans un département peuvent être continués dans un autre.

« Les versements effectués par des déposants *mariés* et *non séparés de biens* profitent par moitié à chacun des deux conjoints. Un déposant ne peut pas priver son conjoint du bénéfice de cette division des versements; il ne peut même y renoncer pour son propre compte. Cependant, dans le cas où l'un des époux aurait déjà atteint le maximum légal de la rente viagère, les versements pourront profiter exclusivement à l'autre.

« Les versements ne sont reçus à la Caisse des dépôts et chez ses préposés que par sommes de 5 fr. au moins, et sans fraction de franc.

« Les versements effectués au profit de deux conjoints doivent être de 10 fr. au moins, et multiples de 2 fr.

« Les versements inscrits au compte d'une même personne ne peuvent excéder 2,000 fr. dans le cours d'une année. Sont remboursées sans intérêts, les sommes versées en excédant de ce maximum dans l'intervalle de 12 mois, ainsi que celles qui dépassent le capital nécessaire pour obtenir 600 fr. de rente viagère, et celles dont la liquidation ne produirait pas 5 fr. de rente.

« La limite de 2,000 fr. dans une année n'est pas applicable aux versements effectués par les sociétés de secours mutuels au profit de leurs membres.

« Les déposants qui ont fait des versements avec abandon du capital peuvent en faire d'autres avec réserve du capital ou réciproquement. Ils peuvent également, après avoir fixé un âge, entre cinquante et soixante ans, pour l'entrée en jouissance de la rente, fixer un autre âge, dans les mêmes limites, en effectuant des versements nouveaux. Mais les conditions des versements antérieurs n'en subsistent pas moins à l'égard desdits versements, et les déposants, en exprimant un chan-

gement de volonté sur ces deux points, ne stipulent que
pour les versements à venir.

Des rentes viagères.

« L'époque d'entrée en jouissance de la rente viagère
est fixée par le déposant à une année d'âge accomplie,
à partir de 50 ans (50 ans, 51 ans, 52 ans, etc.), sans
fraction trimestrielle.

« Le versement doit précéder de 2 ans au moins l'é-
poque fixée pour la jouissance de la rente.

« Il résulte de ces deux dispositions qu'un déposant
âgé de 50 ans 3 mois, par exemple, ne peut demander
la jouissance de sa rente pour un âge plus rapproché que
53 ans. Il ne peut la demander pour 52 ans, car il n'y
aurait que 21 mois entre la date du versement et celle
de la jouissance de la rente; et, d'un autre côté, il ne
peut fixer cette dernière époque à un âge fractionné
comme 52 ans 3 mois.

« L'époque d'entrée en jouissance de leur rente peut
être fixée par les déposants âgés de plus de 58 ans à 2
ans de la date du versement, sans qu'il soit nécessaire
que cette époque corresponde à une année d'âge accomplie.

« Les sociétés de secours mutuels, versant au profit
de leurs membres, peuvent demander pour ceux-ci la
jouissance immédiate de leur rente viagère.

« Les rentes viagères liquidées au profit de personnes

âgées de plus de 60 ans, sont calculées comme si ces personnes n'avaient que 60 ans.

« Les versements faits pendant les deux années qui précèdent l'époque fixée par le déposant pour l'entrée en jouissance de sa rente viagère, sont compris dans la liquidation de cette rente, pourvu qu'ils n'excèdent pas le quart de l'ensemble des versements antérieurs, c'est-à-dire ne dépassent pas, à l'époque de la liquidation définitive, le cinquième du total des versements.

« A l'époque fixée pour l'entrée en jouissance de la rente viagère, le déposant, qui a réservé son capital, peut l'aliéner en totalité ou en partie, à l'effet d'obtenir une augmentation de rente. Cette aliénation ne peut affecter que le capital nécessaire pour compléter le maximum légal de 600 fr. de rente, et ne peut, par conséquent, donner lieu dans aucun cas à un remboursement anticipé. Le chiffre de la rente additionnelle est calculé, d'après le tarif, de façon à ce que le déposant ne profite de la valeur de cet abandon qu'à partir du jour où il déclare modifier sa volonté première.

Des déclarations de versement.

« Tout premier versement effectué à la caisse des retraites, soit directement, soit par intermédiaire, est accompagné de la déclaration des nom, prénoms, âge, profession et domicile du titulaire, consignée sur une feuille spéciale qui constate, en outre, d'après la déclaration des parties :

« Si le capital versé est abandonné ou s'il en est fait réserve, au profit, soit des héritiers ou légataires du titulaire, soit du tiers-déposant ;

« A quelle année d'âge accomplie le titulaire doit entrer en jouissance de sa rente viagère.

« Si le déposant est marié, les mêmes déclarations sont faites en ce qui concerne son conjoint, et pour la portion des versements qui doit profiter à celui-ci. S'il n'a été fait qu'une seule déclaration concernant la réserve ou l'aliénation du capital et l'âge d'entrée en jouissance, cette déclaration sera réputée commune aux deux conjoints.

« La feuille de déclaration est signée par le préposé de la caisse qui reçoit le versement, et par la personne qui l'effectue, soit directement, soit comme intermédiaire; si le déposant ne sait pas signer, il en est fait mention sur la feuille.

« Dans le cas de versements effectués par des mineurs âgés de moins de dix-huit ans, l'autorisation des père, mère ou tuteur exigée par l'article 4 de la loi peut être consignée sur la feuille de déclaration. Elle doit s'appliquer aux conditions du versement relatives, soit à l'âge d'entrée en jouissance de la rente viagère, soit à l'abandon du capital, s'il a été stipulé.

« Elle peut être donnée d'une manière générale pour tous les versements subséquents, sauf la révocation, qui pourra toujours avoir lieu.

« A défaut de père, mère ou tuteur, ou en cas d'empêchement, cette autorisation peut être donnée par le juge de paix.

« Aucune autorisation n'est nécessaire, si le versement est fait par un tiers et de ses deniers au profit d'un
mineur.

« Lorsqu'un versement est fait par un tiers-donateur,
les nom, prénoms et domicile de celui-ci doivent être
indiqués sur le livret, comme dans la déclaration de
versement.

« Si le versement est fait par un tiers au profit d'une
femme mariée, le consentement du mari est nécessaire,
et doit être justifié dans les formes ci-dessus indiquées
pour les versements concernant les mineurs.

« Si le versement est fait par une personne mariée
dont le conjoint est absent ou éloigné depuis plus d'une
année, le déposant peut demander que le versement
soit appliqué à son profit exclusif; mais il doit rapporter l'autorisation à cet effet du juge de paix de son domicile. Il peut être appelé de la décision du juge de paix
devant la chambre du conseil du tribunal de première
instance.

« Lorsqu'un versement est fait en vertu d'une autorisation donnée par un juge de paix, un père, une mère,
un tuteur ou un mari, il est nécessaire d'indiquer dans
la déclaration de versement si cette autorisation est applicable aux versements ultérieurs, ou bien si elle est
spéciale au versement actuel seulement; cette indication
est également portée sur le livret.

« Lorsqu'un versement est effectué des deniers d'une
autre personne que celle qui a déposé précédemment,
ou lorsque le déposant veut soumettre de nouveaux
versements à d'autres conditions que celles des verse-

ments antérieurs, une nouvelle déclaration de versement devient nécessaire, et doit être faite conformément aux règles ci-dessus indiquées pour tout premier versement.

Des pièces à produire à l'appui des déclarations.

« Lors d'un premier versement, les pièces à produire sont :

« L'acte de naissance, dûment légalisé, du déposant, constatant sa qualité de Français :

(Dans le département de la Seine seulement, la signature des maires ou adjoints n'a pas besoin d'être légalisée).

« L'ampliation du décret d'admission à la jouissance des droits civils, s'il est étranger ;

« S'il est marié, non séparé de corps ou de biens, l'acte de naissance de son conjoint dûment légalisé ;

(En cas d'impossibilité de produire ces actes, il peut y être suppléé par des actes réguliers de notoriété, article 71 du Code Napoléon).

« L'autorisation accordée par le juge de paix ou par la chambre du conseil, s'il y a lieu, de faire des versements au profit exclusif du déposant, en cas d'absence ou d'éloignement de son conjoint depuis plus d'une année ;

« En cas de séparation de corps ou de biens, l'extrait du contrat de mariage ou du jugement d'où résulte la séparation ;

(L'extrait du jugement doit être accompagné des certificats et attestations prescrits par l'article 548 du Code de procédure civile, et en outre, dans le cas d'un jugement de séparation de biens, des justifications établissant que la séparation a été exécutée).

« En cas de versement fait par un mineur âgé de moins de dix-huit ans, l'autorisation des père, mère ou tuteur, si elle n'a pas été consignée sur la feuille de déclaration, ou, à défaut, celle du juge de paix ;

« Si le tuteur est datif, l'extrait de la délibération du conseil de famille qui l'a nommé ;

« Enfin, dans le cas de versement par un tiers au profit d'une femme mariée, l'acte de consentement du mari, si ce consentement n'a pas été consigné par lui sur la feuille de déclaration.

« Les actes de l'état civil dont la production est exigée doivent être libellés *in extenso* ; des extraits ou bulletins n'auraient pas un caractère suffisant d'exactitude et d'authenticité.

« Cette règle est applicable aux actes de naissance dont la production est faite par les déposants. Des copies ou expéditions de ces actes pourront être admises lorsqu'elles seront délivrées *in extenso* par des officiers publics, soit sur les originaux, soit sur des expéditions authentiques dont ils se trouveront dépositaires.

« Les actes de naissance, certificats, actes de notoriété, et en général toutes les pièces justificatives produites soit pour les premiers versements à la caisse des retraites, soit à l'occasion des versements subséquents, *doivent être délivrés gratuitement* par les maires, greffiers et autres fonctionnaires, et sont dispensés des droits de timbre et d'enregistrement. (Loi du 18 juin 1850, art. 11).

Des livrets.

« Lors du premier versement, il est remis un livret à chaque déposant, moyennant le remboursement du prix fixé à 25 centimes. Ce livret est revêtu du timbre de la caisse des dépôts et consignations et porte un numéro d'ordre.

« Dans le cas où un déposant aurait perdu son livret, il sera pourvu à son remplacement dans la forme prescrite pour le remplacement des rentes sur l'Etat (D. imp. du 3 messidor an XII).

« Ces nouveaux livrets seront délivrés par la direction générale à Paris, sur la demande du déposant.

« L'inscription des versements sur le livret est effectuée, pour les déposants directs, au moment même du dépôt. L'inscription de la somme de rente viagère correspondant à chaque versement peut être requise deux mois après la date du versement, sur la simple présentation du livret au préposé dans la caisse duquel le versement a eu lieu.

« S'il survient un changement dans l'état civil d'un titulaire de livret, la déclaration doit en être faite au premier versement qui suit. Cette déclaration est consignée sur une feuille spéciale, et mention doit en être faite sur le livret.

Liquidation des rentes viagères.

« Lorsqu'un déposant , ayant atteint ou dépassé l'époque fixée par lui pour entrer en jouissance de sa rente, veut en obtenir la liquidation définitive, et l'inscription au grand livre de la dette publique, il doit en adresser la demande au directeur général de la caisse des dépôts et consignations, soit directement, soit par l'entremise du préposé le plus voisin de sa résidence. Cette demande doit être accompagnée du dépôt de son livret et de la production d'un certificat de vie, constatant son existence au jour de l'entrée en jouissance de la rente.

« Ce certificat de vie, ainsi que celui que le titulaire de la rente viagère doit produire pour en toucher les arrérages, peut être indifféremment délivré par un maire ou par un notaire. Il est dispensé du timbre. »

TITRE III.

DES SOCIÉTÉS DE SECOURS.

CHAPITRE I.

SOCIÉTÉS DE SECOURS MUTUELS.

Les sociétés de secours mutuels ont pour but de réunir en un fonds commun des cotisations payées par les membres qui les composent, en vue de faire face aux éventualités malheureuses qui peuvent se présenter. Elles répartissent, au moyen de l'association, d'une manière égale, entre un grand nombre de sociétaires, les chances d'infortune auxquelles chacun d'eux est exposé. On pourrait les appeler, comme l'a fort bien dit M. Rivier, dans une brochure sur les sociétés de secours mutuels de Grenoble, des sociétés d'assurance mutuelle contre le malheur.

Ces sociétés réalisent au plus haut degré les conditions d'un bon système de secours formé par les économies de ceux même qui doivent en cas de besoin y prendre part ; le fonds de la société est une épargne commune où le sociétaire peut puiser sans rougir, parce qu'il ne perd rien de sa dignité. Il ne peut songer à abuser du secours, parce qu'il sait qu'il ne l'obtiendra que s'il remplit certaines conditions dont il faudra rigoureusement justifier. La seule participation à une association de ce genre est d'ailleurs, de la part du souscripteur, une garantie d'ordre, de prévoyance et d'économie. Sous le rapport du bon emploi des sommes, il ne saurait être mieux fait que par ceux que leur condition rapproche de la personne qu'il s'agit de secourir (Circ. du min. de l'intérieur du 6 août 1840).

C'est en Angleterre que ces sociétés ont été le plus anciennement répandues. En France, des essais très nombreux s'étaient produits à diverses époques et dans diverses localités ; le gouvernement avait suivi avec sollicitude ces essais et les avait même encouragés ; mais il manquait surtout à la plupart de ces sociétés libres un ensemble de règles sûres et réfléchies qui, en les empêchant de prendre des engagements excessifs et de faire des promesses irréfléchies, vinssent assurer leur durée.

La loi du 15 juillet 1850 a posé cet ensemble de principes généraux, que le décret du 14 juin 1851 vint bientôt développer; plus tard, une dotation de 10 millions avait déjà été accordée par le gouvernement à ces sociétés, lorsque le décret de la loi du 26 mars 1852 a posé des bases nouvelles et plus larges et développé considérablement l'application de cette institution. C'est de cette dernière législation que nous allons plus parti-

culièrement nous occuper; après avoir fait remarquer
que, de l'ensemble des lois sur la matière, il résulte,
comme le faisait observer le ministre de la police dans
sa circulaire du 28 octobre 1852, trois catégories de
sociétés de secours mutuels : les sociétés reconnues
comme établissements d'utilité publique par le gouvernement; les sociétés approuvées par les préfets; enfin les
sociétés qui ne réclament nullement le patronage ou la
protection de l'autorité et qui n'existent qu'en vertu
d'une simple autorisation de police, s'administrant librement, quoique surveillées. Développons le système du
décret du 16 mars 1852 sur les sociétés de secours approuvées qui sont destinées à devenir les plus nombreuses et à assurer les plus heureux résultats pour les
sociétaires.

SECTION 1.

SOCIÉTÉS APPROUVÉES,

Établissement de ces sociétés.

Une société de secours mutuels sera créée par les soins
du maire et du curé dans chacune des communes où
l'utilité en aura été reconnue. Cette utilité sera déclarée

par le préfet, après avoir pris l'avis du conseil municipal. Toutefois une seule société pourra être créée pour
deux ou plusieurs communes voisines entr'elles, lorsque
la population de chacune sera inférieure à mille habi-
tants (D. 26 mars 1852, art. 1). Le décret du 26 mars
a aussi changé la nature et le caractère de cette institution. Frappé des immenses services que les sociétés
de secours mutuels sont appelées à rendre aux populations ouvrières, le gouvernement a voulu les élever à la
dignité d'institutions publiques et leur faire des conditions et des avantages qui en préviennent les abus, en
assurent le succès et la durée et en répandent le bienfait dans toute la France. C'est au préfet qu'est confié le
soin d'appliquer cette généreuse pensée et de prendre
l'initiative des mesures nécessaires à sa réalisation (Instr.
min. du 29 mai 1852).

Composition.

Ces sociétés se composent d'associés participants et de
membres honoraires; ceux-ci paient les cotisations fixées
ou font des dons à l'association, sans participer aux
bienfaits des statuts (D. 1852, art. 2). Les membres honoraires, en augmentant les recettes sans rien ajouter
aux dépenses, multiplient le bien qui revient aux membres actifs et les font profiter des lumières et de l'expérience qui manquent trop souvent aux ouvriers et dont
l'abscence a entraîné la perte de tant d'associations ex-
clusives (Inst. min. du 26 mars 1852).

Cette fusion des diverses classes de la société dans ces réunions, au moyen de l'admission des membres honoraires, a été mis en vigueur pour la première fois par les associations des secours mutuels de Grenoble. Elle est un des traits les plus saisissants de la législation la plus récente ; elle est l'application directe d'une idée bien féconde que développait, il y a plus de trente ans, M. A. Delaborde, dans un ouvrage sur l'esprit d'association, et que rappelait, il y a peu de temps, M. Michel Chevalier.

« On peut se représenter la société sous la forme d'une échelle divisée en compartiments de plusieurs nuances marquant chacune les conditions. Le premier formant la base sera l'ouvrier et le paysan; plus haut viendront successivement les classes de plus en plus civilisées, de plus en plus éclairées et influentes, jusqu'aux illustrations de la science et des arts, aux puissances de l'industrie et du commerce, aux dignitaires de l'État. Si vous considérez cette échelle par ses divisions horizontales, vous aurez le système d'isolement ou de corporation qu'offraient jadis la France de l'ancien régime et la plupart des États de l'Europe; c'est-à-dire, une suite de rangs marqués qui s'excluent mutuellement ou dont les couleurs paraîtraient se tenir en se mêlant. Si au contraire, vous tracez des lignes perpendiculaires sur tous les compartiments, et que vous preniez les divisions du sommet à la base, vous aurez le système d'association tel qu'il se pratique en Angleterre, et qui n'a pas peut contribuer à épargner aux Anglais les vicissitudes des révolutions depuis soixante ans. Là, on rencontre

les pairs du royaume, les illustrations et les influences
de tout genre, la magistrature, la finance, la bourgeoi-
sie, les artisans, les petits propriétaires et les ouvriers
confondus dans presque toutes les institutions. De cette
manière, les rangs se croisent sans cesse et se prêtent
un mutuel appui qui garantit chacun de toute pertur-
bation et de toute atteinte. »

Présidence ; — Bureau ; — Nomination ; Attribution.

Le président dè chaque société sera nommé par l'empereur; le bureau sera nommé par les membres de l'association (D. 1852, art. 3).

Le président surveillera et assurera l'exécution des
statuts; le bureau administrera la société (Id. art. 4).

Le président est placé à la tête de l'association pour
la garantir contre les défiances, la défendre contre les
abus; il répond aux sociétaires de la protection et de la
bienveillance du gouvernement; au gouvernement de la
sage et bonne direction de la société; mais il n'enlève
rien à celle-ci de sa liberté dans le choix de son bureau
et de ses membres; la gestion des fonds, l'administration
des affaires resteront toujours entre les mains de ceux
à qui leurs co-associés en auront confié le mandat (Inst,
de 1852).

Admission des sociétaires.

Le président et le bureau prononceront l'admission des membres honoraires. Les associés participants ne pourront être reçus qu'au scrutin et à la majorité des voix de l'assemblée générale. Le nombre de sociétaires participants ne pourra excéder celui de 500. Cependant il pourra être augmenté en vertu d'une autorisation du préfet (L. 1852, art. 5). L'extension exagérée ne permet plus aux sociétaires de se connaître et de se visiter; ce n'est plus une œuvre de bienveillance et de services mutuels, c'est une administration avec ses fonctionnaires et ses employés; les frais augmentent, la surveillance et la charité diminuent. Autant que possible, dans les villes populeuses, les sociétés doivent être composées par quartiers, d'ouvriers de divers états (Inst. de 1852).

But de ces sociétés.

Les sociétés de secours mutuels ont pour but d'assurer des secours temporaires aux sociétaires malades, blessés ou infirmes, et de pourvoir à leurs frais funéraires. Elles pourront promettre des pensions de retraite si elles comptent un nombre suffisant de membres honoraires (D. 1852, art. 6 et D. 26 avril 1856); ce qui était défendu par les lois antérieures; parce que le plus souvent ces sociétés étaient dans l'impuissance de remplir des engagements de cette nature. La présence des membres honoraires peut permettre dans certains cas de réaliser ces promesses. Les préfets ne doivent les autoriser qu'après s'être assurés que le nombre et la quotité des cotisations des honoraires mettent la société à l'abri de toute erreur dans ses calculs et de toute infidélité à ses engagements; mais dans aucun cas, le préfet ne peut approuver la promesse de secours en temps de chômage ; dans ce cas, l'ouvrier peut recourir à la caisse d'épargne, et les sociétés de secours ne peuvent avoir pour résultat d'encourager les grèves et coalitions illicites (Inst. de 1852)..

Statuts;— Approbation;— Modification.

Les statuts de ces sociétés seront soumis à l'approbation du ministre de l'Intérieur pour le département de la Seine, et du préfet pour les autres départements. Ces statuts régleront les cotisations de chaque sociétaire, d'après les tables de maladie et de mortalité confectionnées ou approuvées par le gouvernement (D. 1852, art. 7)

Sont nulles de plein droit, les modifications apportées à ses statuts par une société, si elles n'ont pas été préalablement approuvées par le préfet (Id. art. 15).

Voici un projet de satuts présenté par la commission supérieure d'encouragement et de surveillance pour les sociétés de secours mutuels qui, résumant le régime auquel ces sociétés sont soumises, peut être de la plus grande utilité à consulter lorsqu'une société s'établit :

ARTICLES FONDAMENTAUX.

ARTICLES FACULTATIFS.

CHAPITRE I.

BUT DE LA SOCIÉTÉ.

Art. 1. La Société a pour but :

1° De donner les soins du médecin et les médicaments aux sociétaires malades ;

2° De leur payer une indemnité pendant le temps de leurs maladies ;

3° De pourvoir à leurs frais funéraires.

La Société peut aussi :

Pourvoir aux frais funéraires des épouses des sociétaires ;

En cas de décès d'un sociétaire, accorder une indemnité à sa veuve ou à ses enfants.

Admettre les femmes moyennant une cotisation spéciale. L'indemnité à laquelle elles ont droit est proportionnée à leur cotisation ; dans aucun cas, elles ne peuvent participer à l'administration ni aux délibérations de la Société.

Elle peut, enfin :

Constituer des pensions de retraite, en se conformant à l'article 27 des présents statuts.

CHAPITRE II.

COMPOSITION DE LA SOCIÉTÉ.

Art. 2. La Société se compose de sociétaires et de membres honoraires ou associés libres.

Art. 3. Les sociétaires sont ceux qui ont souscrit l'engagement de se conformer aux présents statuts et réglemens et qui participent aux avantages de l'association.

Art. 4. Les membres honoraires sont ceux qui, par leurs soins, leurs conseils et

ARTICLES FONDAMENTAUX.

ARTICLES FACULTATIFS

leurs souscriptions, contribuent à la prospérité de l'association, sans participer à ses avantages.

Art. 5. Le nombre des sociétaires ne pourra excéder cinq cents.

Le nombre des membres honoraires est illimité.

Toutefois, le nombre des sociétaires pourra être augmenté en vertu d'une autorisation spéciale du ministre de l'intérieur, à Paris, et du préfet, dans les départemens.

CHAPITRE III.

CONDITIONS ET MODE D'ADMISSION ET D'EXCLUSION.

Art. 6. Les sociétaires sont admis en assemblée générale, au scrutin et à la majorité. Pour être admis, il faut être valide, d'une conduite régulière, et être domicilié depuis six mois dans la circonscription de la société.

Dans l'intervalle des assemblées générales, le bureau peut admettre provisoirement au versement de la cotisation, sauf restitution dans le cas où l'assemblée ne validerait pas l'admission.

Art. 7. Les membres honoraires sont admis par le président et le bureau, sans condition d'âge ni de domicile.

Art. 8. Cessent de droit de faire partie de la Société les membres qui n'ont pas payé leurs cotisations depuis mois.

L'exclusion est prononcée en assemblée générale au scrutin et sans discussion, sur la proposition et le rapport du bureau :

Les sociétaires peuvent être admis, soit sur la présentation du bureau, soit sur celle de deux membres.

Le minimum d'âge pour l'admission est fixé à seize ans, et le maximum à cinquante ans.

La Société peut admettre, sans condition de domicile, et sans le délai fixé par l'article 21, le membre sortant d'une autre association, sur la présentation d'un certificat du président de cette association.

Il peut être sursis par le bureau à l'application du paragraphe 1 de l'article 8, lorsqu'il est justifié que ce retard de paiement de la cotisation est occasionné par des circonstances indépendantes de la volonté du sociétaire.

Sauf le cas de condamnation infamante prévu par

ARTICLES FONDAMENTAUX.

—

1° Pour condamnation infamante ;

2° Pour préjudice causé volontairement aux intérêts de la société ;

3° Pour conduite déréglée et notoirement scandaleuse.

La radiation et l'exclusion ne donnent droit à aucun remboursement.

Toutefois, les livrets inscrits à la caisse des retraites au nom des sociétaires exclus ou radiés leur restent acquis.

CHAPITRE IV.

ADMINISTRATION, SERVICE MÉDICAL ET PHARMACEUTIQUE.

Art. 9. L'administration est confiée à un bureau composé d'un président, d'un ou de plusieurs vice-présidents, d'un ou de plusieurs secrétaires, d'un trésorier et de plusieurs administrateurs.

Art. 10. Le président est nommé par l'Empereur.

Art. 11. Les autres membres du bureau sont élus en assemblée générale et pris parmi les membres actifs et honoraires.

Art. 12. Le président surveille et assure l'exécution des statuts. Il adresse chaque année à l'autorité compétente le compte-rendu exigé par l'art cle 20 du décret.

Le bureau administre la société. Il confère et retire le diplôme mentionné dans l'article 12 du décret. Le secrétaire est chargé de la ré-

ARTICLES FACULTATIFS.

—

l'article 8, le sociétaire dont l'exclusion est proposée sera invité à se présenter devant le bureau pour être entendu sur les faits qui lui sont imputés ; s'il ne se présente pas au jour fixé, il sera passé outre.

Le président est chargé de la police des assemblées ; il signe tous les actes, arrêtés ou délibérations, et représente la Société dans tous ses rapports avec l'autorité publique.

Les vice-présidents remplacent, au besoin, le président, qui peut leur déléguer tous ses pouvoirs.

ARTICLES FONDAMENTAUX.

—

daction des procès-verbaux, de la correspondance et de la conservation des archives. Le trésorier fait les recettes et les paiements de la société ; il paie sur mandats visés par le membre du bureau délégué à cet effet ; il délivre aux sociétaires, au moment de leur admission, des cartes ou livrets sur lesquels il constate les paiements des cotisations.

Art. 13. Le bureau est secondé par des visiteurs chargés de visiter les malades, et d'assurer à leur égard l'exécution du réglement.

Art. 14. La société se réunit en assemblée générale le   pour entendre le rapport sur sa situation et pour prononcer sur les questions qui lui sont soumises par son bureau. Le président peut, en outre, convoquer l'assemblée générale , soit d'office , soit sur la demande de   membres.

Art. 15. Le bureau se réunit tous les mois à jour fixe, et chaque fois qu'il est convoqué par le président.

Art. 16. Le règlement concernant la police des séances est arrêté par les soins du bureau.

ARTICLES FACULTATIFS.

—

Le trésorier inscrit régulièrement les recettes et dépenses sur un livre de caisse coté et paraphé par le président. Il tient, en outre , un grand-livre ainsi qu'un contrôle des sociétaires et des membres honoraires. A chaque assemblée générale , il présente le compte - rendu de la situation financière.

Les visiteurs sont choisis par le bureau.

Leur mission est d'aller visiter les malades , de leur porter l'indemnité due en cas de maladie, de s'assurer s'ils reçoivent exactement les visites du médecin et les médicaments prescrits, enfin de signaler au bureau tous les abus et les infractions aux statuts ou règlements qu'ils auront pu remarquer pendant le cours de leurs visites.

Le règlement prononce des amendes contre celui qui laisse passer le jour de recette sans verser sa cotisation.

ARTICLES FONDAMENTAUX.

Néanmoins, aucune peine pécuniaire ne pourra être établie sans l'assentiment de la majorité de l'assemblée.

Art. 17. Le service médical et pharmaceutique est réglé par le bureau.

ARTICLES FACULTATIFS.

Celui qui, étant en convalescence, aurait repris ses travaux sans l'autorisation du médecin ;

Celui qui aura troublé l'ordre dans les assemblées.

Les médecins ou chirurgiens qui donnent leurs soins aux membres de la Société, reçoivent des honoraires fixés à   pour chaque visite, ou sont payés par abonnement.

Les consultations données par les médecins et chirurgiens dans leur cabinet sont gratuites.

Leurs demeures et les heures où ils donnent leurs consultations sont indiquées sur les cartes de sociétaires.

Dès qu'un sociétaire est malade ou blessé, il envoie sa carte au médecin, s'il ne peut aller à la consultation, et fait prévenir le trésorier, qui doit immédiatement délivrer au malade une feuille de visite ou de consultation.

Les médecins ou chirurgiens inscrivent sur la feuille de consultation ou de visite, autant que possible :

1° La nature de la maladie, de la blessure ou de l'indisposition du sociétaire ;

2° Les circonstances principales qui les accompagnent ;

3° Les prescriptions et ordonnances essentielles ;

4° La permission ou la défense de travailler et de sortir ;

ARTICLES FONDAMENTAUX.

ARTICLES FACULTATIFS.

5° Les infractions aux prescriptions ordonnées.

Toute feuille de consultation ou de visite portera la
date du jour où le sociétaire
a dû cesser ses travaux, celle
du jour où il peut les reprendre : le tout arrêté par la signature du médecin ou du
chirurgien.

Les feuilles de consulta-
tion ou de visite doivent être
conservées par les sociétaires et remises, à l'issue de
chaque maladie ou blessure,
au trésorier, qui adressera
au médecin un bulletin portant le relevé des visites qu'il
aura faites.

Le bureau désigne le mé-
decin chargé de s'assurer si
le candidat est valide au moment de son admission.

Le bureau prendra des ar-
rangements avec des phar-
maciens, ou avec un établissement public de bienfaisance, ou avec des médecins
autorisés à fournir les médicaments.

Il ne sera délivré de médicaments pour le compte de
la Société que contre remise
d'un bon revêtu de la signature du médecin en titre,
indiquant les nom, prénoms
et domicile du sociétaire auquel ces médicaments sont
destinés, ainsi que le nom et
la demeure du pharmacien
chargé de la fourniture.

ARTICLES FONDAMENTAUX.	ARTICLES FACULTATIFS.

CHAPITRE V.

DES OBLIGATIONS ENVERS LA SOCIÉTÉ.

Art. 18. Les sociétaires s'engagent à payer une cotisation périodique de
et à s'acquitter avec zèle et exactitude des fonctions qui leur sont déléguées par le bureau ou par l'assemblée.

Les statuts pourront fixer un droit d'admission ou d'entrée. Ce droit, calculé d'après l'âge de l'individu, pourra être converti en cotisation périodique versée en sus de la cotisation imposée par les statuts à chaque sociétaire.

Les sociétaires devront, aux jours et heures indiqués par le règlement, porter chez le trésorier leur cotisation. Le sociétaire peut anticiper les époques de ses versements pour tout le temps qu'il juge convenable.

Art. 19. Les membres honoraires paient une souscription dont le minimum est fixé à

Art. 20. Dans le cas de décès d'un membre de la Société, une députation de sociétaires est convoquée par les soins du bureau pour assister aux obsèques.

CHAPITRE VI.

DES OBLIGATIONS DE LA SOCIÉTÉ ENVERS SES MEMBRES.

Art. 21. Les soins du médecin et les médicamens sont donnés au sociétaire pendant tout le cours de la maladie, sauf les exceptions indiquées spécialement dans les statuts.
- L'indemnité est fixée à

L'indemnité peut être fixée par proportion décroissante :
A   par jour pendant le premier mois de la maladie;
A   par jour pendant les deux mois qui suivent ;
A   par jour pendant les trois derniers mois du semestre.

ARTICLES FONDAMENTAUX.

ARTICLES FACULTATIFS.

Si la maladie se prolonge plus de six mois, le bureau décide s'il y a lieu de continuer l'indemnité, en fixant le chiffre et la durée.

Une indisposition de trois jours ne donne pas lieu à une indemnité ; une maladie plus prolongée donne lieu à l'indemnité à partir du premier jour.

L'obligation de fournir les soins du médecin et les médicaments peut cesser :

1° Lorsque la maladie a pris un caractère chronique;

2° Si cette maladie se prolonge plus de   mois.

Dans ce dernier cas, le bureau peut fixer la somme pour laquelle la Société contribuera aux frais de médication.

Art. 22. Le sociétaire n'a droit aux avantages de l'association que   mois après son premier versement.

Art. 23. Aucun secours n'est dû pour les maladies causées par la débauche ou l'intempérance , ni pour les blessures reçues dans une rixe, lorsqu'il est prouvé que le sociétaire a été l'agresseur, ni pour blessures reçues dans une émeute à laquelle il aura pris une part volontaire.

Art. 24. La Société assure aux sociétaires, en cas de décès , un enterrement convenable, dont tous les frais seront à sa charge.

ARTICLES FONDAMENTAUX.	ARTICLES FACULTATIFS.

CHAPITRE VII.

FONDS SOCIAL ET PLACEMENT DES FONDS.

Art. 25. Le fonds social se compose :

1° Des versements des sociétaires ;

2° De ceux des membres honoraires ;

3° Des subventions accordées par l'Etat, le département ou la commune ;

4° Des dons et legs particuliers ;

5° Des fonds placés ;

6° Du produit des amendes prononcées par le règlement.

Art. 26. Lorsque les fonds réunis dans la caisse excéderont la somme de 3,000f., l'excédant sera versé à la caisse des dépôts et consignations.

Si la Société a moins de cent membres, ce versement devra être opéré lorsque les fonds réunis dans la caisse dépasseront mille francs.

Art. 27. A la fin de chaque année il sera statué en assemblée générale sur l'emploi des fonds restés disponibles ; toutefois, pendant les cinq premières années d'existence de la Société, une moitié au moins de l'excédant sera nécessairement affectée à un fonds de réserve.

La Société pourra faire à la caisse d'épargne des dépôts des fonds égaux à la totalité de ceux qui seraient permis au profit de chaque sociétaire individuellement.

Les statuts pourront réduire à un chiffre inférieur à 3,000 francs la somme qui devra rester entre les mains du trésorier.

Dans le cas où les sommes non employées au fonds de réserve seraient appliquées au service des pensions de retraite, ces sommes devront être versées dans la caisse générale des retraites.

ARTICLES FONDAMENTAUX.

ARTICLES FACULTATIFS

CHAPITRE VIII.

MODIFICATIONS, DISSOLUTION ET LIQUIDATION, JUGEMENT DES CONTESTATIONS.

Art. 28. Toute modification aux statuts et règlement devra être soumise d'abord au bureau, qui juge s'il doit y donner suite.

Aucune modification ne pourra être admise qu'à la majorité des membres présents à l'assemblée générale.

Art. 29. Les statuts des Sociétés, ainsi que toutes modifications aux statuts, doivent être approuvés par le ministre de l'intérieur pour le département de la Seine, et par le préfet pour les autres départements.

Art. 30. La Société ne peut se dissoudre d'elle - même qu'en cas d'insuffisance constatée de ses ressources.

La dissolution ne peut être prononcée qu'en assemblée générale spécialement convoquée à cet effet, et par un nombre de voix égal aux deux tiers des membres inscrits.

Art. 31. Cette dissolution ne sera valable qu'après l'approbation du ministre de l'intérieur pour le département de la Seine, et par le préfet pour les autres départemens.

Art. 32. En cas de dissolution de la Société, la liquidation s'opèrera suivant les

ARTICLES FONDAMENTAUX.

conditions prescrites par l'article 15 du décret du 28 mars 1852.

ARTICLES FACULTATIFS.

DU JUGEMENT DES CONTESTATIONS.

Les contestations qui s'élèveraient au sein de la Société seront toujours jugées par deux arbitres, nommés par les parties intéressées.

S'il y a partage, il sera jugé par un tiers-arbitre nommé par les deux autres, et, à leur défaut, par le président de la Société-

CHAPITRE IX.

RÉVISION DES STATUTS.

Art. 33. Les présents statuts seront soumis à la révision, à l'expiration de la cinquième année de l'existence de la Société.

Cepacité civile des sociétés de secours mutuels approuvées.

Une société de secours mutuels approuvée peut prendre des immeubles à bail, posséder des objets mobiliers et faire tous les actes relatifs à ces droits. Elle peut recevoir avec l'autorisation du préfet des dons et des legs mobiliers dont la valeur n'excède pas 5,000 fr. (D. 1852, art. 8).

Obligation des Communes.

Les communes sont tenues de fournir gratuitement aux sociétés approuvées les locaux nécessaires pour leurs réunions, ainsi que les livres et registres nécessaires à l'administration et à la comptabilité (D. 1852, art. 9, Circ. du 18 août 1853).

Ces livres sont :

1° Un registre matricule pour les associés participants;

2° Un journal pour le trésorier ;

3° Un registre blanc pour y consigner les procès-verbaux et délibérations du bureau ;

4° Les livrets à l'usage des sociétaires ;

5° Des feuilles de visites pour le service des malades (Ar. min. du 15 avril 1853 et Circ. du 20 avril 1853, auxquels sont annexés les modèles de ces actes).

En cas d'insuffisance des ressources de la commune, cette dépense est à la charge du département (D. 1852, art. 9). Les préfets doivent veiller à ce que cette prescription de la loi soit scrupuleusement exécutée (Circ. 18 août 1853).

Dans les villes où il existe un droit municipal sur les convois, il sera accordé à chaque société une remise des deux tiers sur les convois, dont elle devra supporter les frais aux termes de ses statuts.

Franchises des droits de timbre et d'enregistrement.

Tous les actes intéressant les sociétés de secours mutuels approuvées seront exempts des droits de timbre et d'enregistrement (D. 1851, art. 11).

Diplômes, — Passe-ports.

Des diplômes pourront être délivrés par le bureau de la société à chaque sociétaire participant.

Ces diplômes leur serviront de passe-port et de livrets sous les conditions ci-après (D. 1852, art. 12).

Les sociétaires ne pourront en obtenir la délivrance qu'un an au moins après leur admission dans la société, et après le dépôt à son secrétariat du livret et du passe-port dont ils pourraient être nantis, ou, à défaut, d'une déclaration signée d'eux portant qu'ils ne sont munis d'aucun de ces titres. Les diplômes seront délivrés par le bureau de la société. Ils énonceront les nom, prénoms, âge, profession, domicile et signalement du sociétaire, l'époque de son entrée dans la société ; ils seront signés par le président, le secrétaire et le sociétaire et porteront le timbre de la société ; chaque feuillet du diplôme sera coté et paraphé par le président. Les diplômes devront être délivrés sur des feuilles à souche, fournies gratuitement à la société par la commune et, dans le ressort de la préfecture de police, par le préfet de police. La souche contiendra toutes les énonciations du diplôme et sera transmise par le bureau, à Paris, à la préfecture de police, ailleurs à la mairie.

Le diplôme ne pourra êtré délivré au sociétaire qu'un mois après cet envoi, et, à défaut d'opposition du préfet de police ou du maire dans cet intervalle. Les diplômes seront représentés à toute réquisition du bureau de la localité et des agents de l'autorité publique. Copie des énonciations du diplôme sera transcrite sur un registre spécial et signée par le président et le sociétaire. Ce registre sera paraphé à Paris par le préfet de police ou son délégué, ailleurs par le maire ; il sera représenté à toute réquisition de l'autorité administrative.

Le diplôme remplacera le livret pour l'ouvrier et servira aux mêmes usages.

Lorsque le sociétaire voudra voyager, il ne sera tenu qu'à faire viser sans frais son diplôme, à Paris par le préfet de police, ailleurs par le maire. Dans le cas où le titulaire ferait partie de plusieurs associations, il ne pourrait lui être visé qu'un seul diplôme comme passe-port. L'apposition de la signature du président et du timbre de la société devra être renouvelée tous les deux ans sous peine de nullité du diplôme comme passe-port. Avis du renouvellement sera donné par le bureau dans les 48 heures à Paris à la préfecture de police, ailleurs à la mairie. Dans le cas d'exclusion ou de sortie volontaire de la société, le diplôme devra être remis au bureau et annulé. Mention en sera faite sur le registre de la société et avis en sera donné par le bureau, dans les

48 heures, à Paris à la préfecture de police, ailleurs à la mairie (Ar. min. du 5 janvier 1853, art. 2 à 10).

Emploi des fonds.

Lorsque les fonds réunis dans la caisse d'une société de plus de cent membres excèderont la somme de 3,000 fr., l'excédant sera versé à la caisse des dépôts et consignations. Si la société est de moins de cent membres, ce versement devra être opéré lorsque les fonds réunis dans la caisse dépasseront 1,000 fr. Le taux de l'intérêt des sommes déposées est fixé à quatre et demi pour cent l'an (D. 1852, art. 13). Les sociétés de secours mutuels approuvées pourront faire aux caisses d'épargne des dépôts de fonds égaux à la totalité de ceux qui seraient permis au profit de chaque sociétaire individuellement. Elles pourront aussi verser dans la caisse des retraites au nom de leurs membres actifs les fonds restés disponibles à la fin de chaque année (Id. art. 14).

Suspension; — Dissolution.

La dissolution n'est valable qu'après approbation du préfet. Dans le cas de cette dissolution, il sera restitué aux sociétaires, faisant en ce moment partie de la société, le montant de leurs versements respectifs jusqu'à concurrence des fonds existants, et déduction faite des dépenses occasionnées par chacun d'eux.

Les fonds restés libres après cette restitution seront partagés entre les sociétés du même genre ou les établissements de bienfaisance situés dans la commune; à leur défaut, entre les sociétés de secours mutuels approuvées du même département, au prorata du nombre de leurs membres (D. 1852, art. 15).

Les sociétés approuvées pourront être suspendues ou dissoutes par le préfet pour mauvaise gestion, inexécution de leurs statuts ou violation des dispositions du décret organique du 26 mars 1852, (Id. art. 16).

Comptes-rendus annuels.

Les sociétés de secours mutuels approuvées adresseront chaque année au préfet un compte-rendu de leur situation morale et financière. Chaque année, la commission supérieure d'encouragement et de surveillance de ces sociétés présentera à l'empereur un rapport sur leur situation et lui soumettra les propositions propres à développer et à perfectionner l'institution (Id. art. 20).

Encouragements; — Subventions.

Les sociétés de secours mutuels autorisées ont été l'objet d'encouragements de la part du gouvernement, des départements et des communes. Le décret du 22 janvier

1852 leur alloue une dotation de dix millions qui, d'a-
près le décret du 28 novembre 1853, a dû être déposée
par le trésor à un compte-courant ouvert à la caisse des
dépôts et consignations. A l'occasion de la naissance du
prince Impérial, une somme de 500,000 fr. a été accordée par l'Empereur en faveur des vieillards inscrits
comme membres participants dans les sociétés approuvées. Le ministre, dans sa circulaire du 18 août 1853,
citait comme un exemple à suivre, le vote d'un conseil général qui avait autorisé le préfet à donner une
subvention de 300 fr. à toute société qui se ferait régulièrement approuver par ce fonctionnaire. Une commission supérieure d'encouragement et de surveillance des sociétés de secours mutuels instituée au ministère de l'Intérieur est chargée de provoquer et d'encourager la fondation et le développement des sociétés de
secours mutuels; elle propose des mentions honorables,
médailles d'honneur et autres distinctions honorifiques
en faveur des membres honoraires ou participants qui
lui paraissent le plus dignes (D. 1852, art. 9). Un décret
du 26 avril 1856 a constitué un fonds de retraite au profit des sociétés de secours mutuels approuvées.

SECTION II.

SOCIÉTÉS DE SECOURS MUTUELS
DÉCLARÉES ÉTABLISSEMENS D'UTILITÉ PUBLIQUE.

—

Origine de ces sociétés.

La loi du 15 juillet 1850 autorise les associations connues sous le nom de sociétés de secours mutuels, à se faire déclarer, sur leurs demandes, établissements d'utilité publique aux conditions déterminées par cette loi, par décret rendu après avis du préfet en la forme des règlements d'administration publique, portant approbation des statuts. J'indique rapidement les règles auxquelles ces sociétés ont été soumises par la loi de 1850.

Règles générales.

Leur but est d'assurer des secours temporaires aux sociétaires malades, blessés ou infirmes, et de pourvoir aux frais funéraires des sociétaires.

Les présidents et membres du bureau sont nommés par l'association.

Les cotisations sont fixées par les statuts d'après des tables approuvées par le gouvernement.

Les sommes excédant 3,000 fr. ou 1,000 fr., suivant que les sociétaires sont plus ou moins de cent, sont versées à la caisse des dépôts et consignations, qui paie quatre et demi pour cent d'intérêts.

Ces sociétés peuvent recevoir des legs et donations après autorisation. C'est le préfet qui est compétent, si le legs est mobilier et n'excède pas 1,000 fr.

Les communes, et à défaut les départements, fournissent les locaux et livres nécessaires à la société.

Leurs actes sont exempts des droits de timbre et d'enregistrement.

Les modifications aux statuts et la dissolution ne sont valables que lorsqu'elles ont été approuvées préalablement par le gouvernement.

En cas de dissolution, on suit, pour la répartition des fonds, les mêmes règles que celles que nous indiquions comme applicables aux sociétés de secours approuvées

Surveillance.

Les sociétés de secours mutuels reconnues comme établissements d'utilité publique sont placées sous la protection et la surveillance de l'autorité municipale ; le maire ou un adjoint par lui délégué ont toujours le droit d'assister à toute séance; lorsqu'ils y assistent ils les président. A cet effet, le conseil d'administration doit informer le maire au commencement de chaque année des jours de ses séances périodiques. Il doit l'avertir au moins trois jours à l'avance des séances non périodiques et assemblées générales.

Elles doivent fournir à la fin de chaque année au maire de la commune et au préfet du département un relevé de leurs opérations et un état de situation au 31 décembre.

Elles sont tenues de communiquer leurs livres, registres, procès-verbaux et pièces de toute nature aux préfets, sous-préfets et maires et à leurs délégués. Cette communication a lieu sans déplacement, sauf le cas où ce déplacement serait ordonné par arrêté du préfet.

Le préfet peut suspendre l'administration de la société en cas de fraude dans la gestion ou d'irrégularité grave dans la comptabilité ; les sociétaires convoqués par le maire doivent immédiatement remplacer l'administration suspendue ; à défaut, le maire y pourvoit d'office. Le préfet peut suspendre temporairement la société elle-même, si elle sort des conditions des sociétés mutuelles de bienfaisance. Les arrêtés de suspension sont notifiés à l'administration de la société et au maire chargé d'en assurer l'exécution ; ils sont transmis au ministre avec un rapport motivé.

La dissolution peut être prononcée par le gouvernement en cas d'inexécution des statuts et de contraventions aux lois, d'insuffisance du nombre des sociétaires. Elle est prononcée par décret rendu en la forme des règlements d'administration publique, sur l'avis du maire et du préfet et le rapport du ministre. La liquidation se fait sous la surveillance du préfet ou de son

25

délégué ; les comptes sont adressés au ministre, et la répartition des fonds a lieu suivant les règles déjà exposées.

Avantages dont elles jouissent.

Les sociétés de secours mutuels déclarées établissements d'utilité publique jouissent de tous les avantages accordés aux sociétés approuvées (D. 1852, art. 17). Nous indiquions tantôt quels étaient ces avantages.

SECTION III.

SOCIÉTÉS LIBRES DE SECOURS MUTUELS.

Leur légalité

En dehors des sociétés déclarées d'utilité publique et des sociétés approuvées, il existe des sociétés qui se forment dans des conditions non prohibées par l'art. 291 du Code pénal et la loi de 1834, qui ne réclament nullement le patronage ou la protection de l'autorité et qui, n'existant qu'en vertu d'une simple autorisation de police, s'administrent librement quoique surveillées. Ces sociétés, dont l'origine est la plus ancienne, ont été textuellement respec-

tées par la loi du 15 juillet 1850 sur les sociétés déclarées d'utilité publique et le décret du 26 mars 1852 sur
les sociétés de secours mutuels approuvées (Cir. min. de
l'int. du 29 mai 1852, §§ 13, et du min. de la police
du 28 oct. 1852).

Administration.

Les sociétés de secours mutuels libres s'administrent
librement, en exécution des statuts particuliers qui les
régissent (L. 1850, art. 12, inst. 29 mai 1852).

Approbation, —Avantages qu'elle leur procure.

Les sociétés non autorisées, actuellement existantes ou
qui se formeraient à l'avenir, pourront profiter des dispositions du décret du 26 mars 1852 en soumettant
leurs statuts à l'approbation du préfet (D. 1852, art. 18),
et en consentant à admettre des membres honoraires,
à faire nommer leur président par l'Empereur et à ne
pas promettre de secours pour le cas de chômage (Inst.
du 29 mai 1852).

Dissolution.

L'article 12 de la loi du 15 juillet 1850, en autorisant
la dissolution des sociétés libres de secours mutuels,
portait que cette dissolution ne pouvait être prononcée

que par le gouvernement, le conseil d'Etat entendu, dans le cas de gestion frauduleuse, ou si elles sortaient de leur condition de sociétés mutuelles de bienfaisance. Dans sa circulaire du 28 octobre 1852, M. le ministre de la police générale fait observer que la loi du 10 avril 1834 ayant été remise en vigueur depuis la loi de 1850, l'article 12 de cette loi a été tacitement abrogé en ce qui concerne la procédure à suivre pour la dissolution de sociétés de secours mutuels dites libres. Les préfets ont pouvoir suffisant pour opérer leur dissolution comme ils ont pouvoir suffisant pour les autoriser, sauf à rendre compte de leur acte au ministre compétent.

En cas de contravention à l'arrêté de dissolution, les membres chefs ou fondateurs sont punis correctionellement (L. 1850, art. 12 ; — L. 28 juillet 1848, art. 13).

Au moment où ces sociétés libres disparaissent sous les sages et prévoyantes dispositions de la législation nouvelle, qu'on me permette de rappeler rapidement l'existence de quelques-unes de celles auxquelles l'intelligence de leurs fondateurs et la sagesse de leurs règlements avaient donné une grande prospérité.

Sociétés de Grenoble.

Un magistrat de Grenoble, M. A Rivier, juge au tribunal civil, fils d'un ancien administrateur de la ville, dans un opuscule récemment publié, nous a fait connaître le degré de prospérité que les établissements de société de secours mutuels fondés à Grenoble avaient

atteint, après une existence de près d'un demi-siècle.
Au commencement du siècle, les ouvriers gantiers de
Grenoble y fondèrent une première société; leur exemple
trouva bientôt des imitateurs: les ouvriers de chaque profession s'associèrent successivement. A côté des sociétés
d'hommes s'établirent les sociétés de femmes, et aujour-
d'hui ces sociétés, qui ont traversé bien des révolutions,
forment comme un vaste réseau qui embrasse toutes les
industries exercées dans la ville, d'où elles se sont répandues parmi les populations rurales.

En 1848, il existait à Grenoble quinze sociétés
d'hommes, sept de femmes, plus quatre sociétés rurales.
Les quinze sociétés d'hommes comptaient 2,631 membres titulaires, 492 honoraires, payant une cotisation
mensuelle variant de 1 fr. à 1 fr. 50 c., et des droits de
réception suivant l'âge, variant depuis 5 fr. jusqu'à
100 fr. Les femmes comptaient 1,313 membres titulaires,
114 honoraires; leur cotisation mensuelle était de 1 fr.,
sauf une société où elle n'était que de 80 centimes; les
droits de réception variaient depuis 5 fr. jusqu'à 30 fr.
Les sociétés rurales comptaient 265 membres titulaires,
54 honoraires, payant une cotisation mensuelle de 1 fr.
et des droits d'entrée de 2 à 82 fr.

Les sociétés d'hommes avaient
réalisé en recettes............ 56,139 fr. 97 c.
et dépensé................... 48,982   36
Les sociétés de femmes avaient
eu en recettes............... 19,608   45
en dépenses... 11,657   15

Les sociétés rurales avaient eu
en recettes...................... 4,097 fr. 75 c.

en dépenses.................... 1,892   70

L'actif des sociétés d'hommes
en capitaux ou immeubles était de 156,721   32

Des sociétés de femmes...... 34,680   40

Des sociétés rurales........ 14,448   20

Je regrette de ne pouvoir entrer dans les détails bien plus intéressants, notamment sur la répartition des dépenses entre les malades ou les vieillards; mais cet exemple seul suffit pour prouver quelles ressources les populations ouvrières peuvent trouver dans ces institutions. L'un des principaux éléments de prospérité de ces sociétés est incontestablement l'introduction des membres honoraires, que le décret de 1852 a si heureusement fait passer dans la législation générale de cette institution en France.

Sociétés de secours mutuels à Marseille.

Le nombre des sociétés de secours mutuels à Marseille s'élevait, avant la loi de 1850, à 120. En première ligne figurait parmi elles celle de la corporation des ouvriers portefaix, corporation dont l'existence remonte à plusieurs siècles, composée aujourd'hui de 3,000 membres, parmi lesquels quelques-uns possèdent des fortunes de plus de 300,000 fr.

Les sociétés de secours mutuels comptent dans leur ensemble environ 15,000 membres. Grace à leur fonctionnement, sur 6,000 malades annuellement soignés à l'Hôtel-Dieu, il n'en est que 600 environ qui appartiennent à la ville.

La plupart de ces sociétés, outre leur bureau et leur administration particulière, relèvent d'un grand conseil local qui a reçu une sorte d'investiture du procureur du Roi le 20 juillet 1821. Ce conseil juge en dernier ressort les difficultés qui naissent entre les membres de ces sociétés, vide les embarras que peut faire surgir leur administration, arrête et vérifie leur compte, statue sur les demandes de secours. Il dirige la liquidation des sociétés qui cessent de fonctionner et statue sur les cas de dissolution. Le grand conseil est composé de treize membres, y compris le président et deux vice-présidents. Chaque société nomme un électeur chargé d'élire les membres du conseil; il siége au moins une fois par mois. Dans certaines affaires excessivement rares où sa décision n'avait pas été acquiescée par les parties, j'ai vu les tribunaux se montrer très empressés pour conserver à ces décisions le degré d'autorité qui est si utile aux sociétés placées sous la juridiction et le patronage du grand conseil.

Les sociétés de secours mutuels à Marseille, à **de** rares exceptions près, se composent d'ouvriers de professions diverses. Cent membres suffisent à plusieurs d'entre elles pour fonctionner utilement. La cotisation mensuelle est généralement de 1 fr. 50 centimes; l'associé malade reçoit 6 fr. par semaine. Dans certaines sociétés les familles ont droit à des secours. Les membres des sociétés, moyennant un supplément directement payé à un pharmacien, s'assurent les remèdes qui leur sont nécessaires à eux et à leur famille. Le médecin est le plus souvent payé par la société.

CHAPITRE II.

CAISSES DE SECOURS DES MINES.

La création des caisses de secours des mines, bien qu'elle n'existe pas comme obligation légale , doit être placée à la tête des obligations que la nature même des choses impose aux concessionnaires de ces établissements. Par l'édit du 14 mai 1604, sur le fait des mines et minières, Henri IV avait voulu que dans chaque mine qui serait ouverte dans le royaume, de quelque qualité et nature qu'elle fût, un trentième fût pris sur la masse entière de tout ce qui en proviendrait de bon et de net, pour être mis ès mains du trésorier, et être employé à entretenir un prêtre qui donnerait aux ouvriers les secours de la religion, et un chirurgien qui secourait gratuitement les pauvres ouvriers malades et blessés auxquels il fournirait les soins et les médicaments nécessaires. Si cette sage et prévoyante mesure n'est point restée de nos temps comme règle obligatoire , du moins subsiste - t - elle comme un royal conseil qu'il est utile de suivre, et comme une ancienne tradition qui s'est heureusement perpétuée.

En Belgique, il y a une caisse commune par arrondissement qui est alimentée : 1° par une retenue de un pour cent sur le salaire des ouvriers; 2° par le versement fait par chaque exploitant de un pour cent du montant total des salaires ; 3° par une subvention du gouvernement qui est réglée chaque année par les chambres ; 4° par des dons volontaires.

Cette caisse, administrée par un comité présidé par le gouverneur de la province et composé d'exploitants et d'ingénieurs, secourt principalement les ouvriers mutilés et infirmes et leurs familles.

Chaque concession a en outre sa caisse spéciale qui est alimentée par une retenue de deux pour cent sur le salaire des ouvriers et par les dons des exploitants. C'est surtout dans les maladies ordinaires que l'ouvrier puise des secours dans cette dernière caisse.

En France, la très grande majorité des concessionnaires ont établi des caisses particulières dont les statuts ont successivement reçu les modifications et améliorations indiquées par l'expérience. A plusieurs reprises le gouvernement a usé de son influence pour hâter le développement de ces sages institutions et leur création auprès de chaque exploitation (Circ. min. du 10 mai 1843). De nos jours le pouvoir, qui se préoccupe si justement avec tant de sollicitude de porter remède aux misères de toute espèce qui affligent les ouvriers, en érigeant en institution publique les sociétés de secours, ne peut manquer de donner une impulsion efficace pour la multiplication des caisses de secours des ouvriers mineurs.

Les mineurs, écrivait récemment M. l'ingénieur des

mines Dupont, directeur de l'école d'Alais , ne sont pas des ouvriers ordinaires ; séparés souvent de la mort par la longueur seule de leur pic, soumis aux coups de feu, aux éboulements, aux inondations, ils luttent toute leur vie contre le danger ; de sorte que s'il est vrai de dire que les caisses de secours sont utiles pour les autres industriels , il faut ajouter que dans les exploitations de mines elles sont nécessaires et elles devraient être obligatoires.

Dans ce même ouvrage M. Dupont consigne quelques renseignements sur les efforts tentés par le gouvernement pour instituer des caisses de secours et de prévoyance pour les ouvriers mineurs et sur les règlements établis dans les différents bassins de l'industrie minérale ; nous croyons utile d'en extraire les indications suivantes :

Décret du 26 mai 1813, pour organiser des caisses de secours à Liège.

Ordonnance du 25 juin 1817, qui institue à Rive-de-Giers une caisse de prévoyance en faveur des ouvriers mineurs des environs. Cette ordonnance fut suivie d'un règlement pour en assurer l'exécution.

Le décret de 1813 , comme l'ordonnance de 1817 , sont restés à peu près sans résultat.

Il n'en a pas été de même de l'ordonnance du 25 mai 1843 , qui institue une caisse de secours en faveur des ouvriers des mines de fer de Rancié (Ariège).

1835, établissement de la caisse de secours et d'épargne des mines de plomb argentifère de Pont-Gibaud (Puy-de-Dôme).

1 février 1854 , caisse de secours et d'épargne des mines de houille de Blanzy (Saône et Loire).

Il y a encore des caisses de secours dans les établissements suivants :

Mines de houille de Decazeville (Aveyron).

Mines d'Anzin (Nord) ; du moins pour cette exploitation, s'il n'y a pas de caisse, la compagnie fournit intégralement les fonds distribués aux ouvriers à titre de pension et de secours, les frais de médicaments, de médecins, etc.

Mines de plomb et argent de Poullaouen (Finistère).

Mines de la Loire.

Mines de houille de Firminy (Loire).

Mines de houille de Carmaux (Tarn).

Mines d'anthracite de la Mayenne et de la Sarthe.

Mines de houille de la Grand--Combe (Gard).

Mines de houille de Bessège (Gard).

Mines de fer de Bessège (Gard).

Mines de fer de Palmesalade (Gard).

Usines de Terre noire, La Voulte et Vienne

Mines de cuivre des Mouzaïas (Alger).

D'après les règlements de ces sociétés , les éléments divers qui concourent séparément en plus ou en moins grand nombre pour alimenter les caisses de secours et de prévoyance sont :

1° Fonds obtenus de la munificence impériale ; fonds alloués sur le budget de l'Etat , des départements , des communes; dons volontaires faits par des personnes étrangères à la société et à l'établissement.

2° Versement fait par les ouvriers, sociétaires, soit au moyen d'une retenue sur leurs salaires et variant de 2 à 5 pour cent; soit au moyen du produit d'un travail extra-

ordinaire représentant 1 fr. 10 c. par mois; soit au moyen
d'amendes imposées dans des cas déterminés ; soit au
moyen de versement à l'entrée; tantôt une somme fixe de
10 ou 5 francs, tantôt une journée de travail ; soit au
moyen de cotisations mensuelles s'élevant à 50 ou 75 c.
et allant jusqu'à un jour de paie. En général, les cotisations varient suivant l'âge de l'ouvrier, suivant sa paie ,
suivant qu'il travaille dans l'intérieur ou à l'extérieur des
mines.

3° Contribution payée par les exploitants : c'est demi
pour cent ou un pour cent calculés sur le montant des
salaires des ouvriers ; un centime par hectolitre de houille
extraite ; une subvention mensuelle fixée et déterminée;
un apport égal au montant de la retenue des ouvriers ;
l'engagement de combler le déficit de la caisse ; des obligations diverses, telles que l'obligation de fournir le logement nécessaire aux malades, les médicaments, l'engagement de payer et entretenir le médecin, l'instituteur, etc.

4° Dans une des sociétés, les propriétaires de la surface de la mine exploitée versent dans la caisse de secours deux centimes par hectolitre de houille livrée en
payement de la redevance qui leur est due.

Administration de la caisse.

Elle varie à l'infini. Dans quelques sociétés, il y a
un comité général et une commission permanente; dans
la plupart, il n'y a qu'une commission ou bureau d'administration. Tantôt on fait entrer dans ces commissions
les principaux fonctionnaires de la localité appartenant

à l'administration centrale, municipale, à la justice ou aux finances. Généralement des ministres des cultes, des ingénieurs y figurent; d'autrefois on n'y place que des exploitants et des ouvriers, quelquefois des ouvriers seuls. Dans tous les cas, ces fonctions sont gratuites.

La caisse et les écritures sont confiées à des employés des compagnies qui ne perçoivent que des gratifications peu élevées pour ce surcroît de travail, quand ils ne s'en chargent pas sans rétribution.

Secours.

Ces sociétés sont appelées avant tout à donner des secours aux ouvriers malades ou blessés à la suite des travaux. Elles leur fournissent les médicaments et elles paient les frais de médecins; elles donnent en outre au malade une somme qui varie, suivant les sociétés, de 25 centimes à 1 franc par jour, et va quelquefois jusqu'au paiement intégral du prix de journée. Généralement dans la fixation de la somme à laquelle le malade a droit pour secours, on a égard à sa paie lorsqu'il est en santé, à son âge, à sa position de famille : c'est 25 centimes plus ou moins en sus par jour, s'il est marié, et 25 centimes plus ou moins par chaque enfant hors d'état de travailler, ou soit âgé de moins de 10 ans.

Dans certaines compagnies, les vieillards, après 60 ans, s'ils sont hors d'état de travailler, ont droit à 75 c. par jour. Ailleurs après 30 ans de service, ils ont droit à une retraite liquidée suivant les facultés de la caisse.

Ici, s'ils sont estropiés par suite des travaux, ils ont droit à 75 c. par jour et à des secours pour leurs femmes et leurs enfants; une de ces sociétés accorde, dans ce cas, à l'ouvrier, une somme qui peut s'élever annuellement de 200 à 240 fr.

Les veuves des ouvriers ont également droit à des secours et à des pensions; elles en sont déchues si elles se remarient.

C'est 12 à 15 fr. par mois, plus 3 fr. pour chaque enfant de moins de dix ans, sans pouvoir dépasser une somme déterminée.

Ou une somme fixe de 90 fr., payable par fraction de 10 fr. et chaque mois.

Ici, les orphelins de père et mère ont droit jusqu'à 12 ans à une pension de 6 fr. par mois.

Nous avons indiqué ces données, comme utiles à consulter, dans la création des sociétés de secours mutuels. Je ne saurais trop recommander de se montrer sobre de promesses impossibles à réaliser. C'est une cause infaillible de ruine pour elles. Appelées surtout à atténuer le mal, ils ne faut pas qu'elles promettent d'une manière irréfléchie de le faire disparaître. A moins que des ressources exceptionnelles ne leur permettent d'étendre leurs bienfaits, elles doivent restreindre dans les limites étroites du besoin les secours qu'elles donnent pour pouvoir les fournir longtemps et utilement.

Sagement règlementées, ces sociétés ont l'influence la plus heureuse sur le sort des ouvriers, et en France comme à l'étranger (voyez notamment la circulaire du

4 janvier 1841 du ministre des travaux publics de Belgique), elles ont été puissamment encouragées par le gouvernement et les compagnies concessionnaires.

CHAPITRE III.

DU COMPAGNONNAGE.

En m'occupant des délits qui peuvent être commis plus spécialement par les ouvriers et des peines qui en assurent la répression, j'ai déjà dit que dans notre législation actuelle, le compagnonnage était une illégalité. Qu'on me permette, en m'occupant des diverses sociétés de secours, de revenir sur ce sujet, pour établir que les associations de cette nature seraient inutiles dans l'intérêt des ouvriers, si elles n'étaient dangereuses et illégales.

L'esprit d'association sur lequel se base le compagnonnage est loin de s'affaiblir dans notre époque; son développement est appelé à rendre les plus grands services au commerce, à l'industrie et à nos populations, et à modifier les sociétés modernes. Mais cet esprit d'association si puissant de nos jours reçoit son impulsion d'idées bien différentes de celles sous le régime desquelles s'est produit le compagnonnage. Le compagnonnage est né pour la défense du corps des associés; en grandissant, il est devenu agressif ; tandis que les associations modernes sont nées sous l'influence des idées de paix et de fusion, non seulement entre toutes les corporations, mais encore entre toutes les classes. D'un côté, nous trouvons au fond de l'institution la résistance et la violence, de l'autre la fusion et la paix.

Utile et même indispensable à son origine, le compagnonnage ne répond plus aujourd'hui aux besoins de la société moderne; proscrit par nos lois, il disparaît de nos mœurs et ne doit plus exciter d'intérêt qu'au point de vue historique.

Quelques mots sur cette histoire.

Le compagnonnage remonte à une époque très reculée: on place le berceau commun du compagnonnage et de la franc-maçonnerie, chez les Égyptiens et les Juifs, d'où ces institutions seraient passées aux Grecs et aux Romains.

Sans rechercher quel était le fonctionnement de ces sociétés à ces époques reculées, nous retrouvons cette institution dans le moyen-âge ayant pour objet de procurer aux membres de chacune de ces sociétés ou devoirs l'assistance dont ils pouvaient avoir besoin et qu'ils pouvaient se prêter entre eux.

L'idée était en elle-même excellente : elle devait être féconde en heureux résultats. L'ouvrier appelé, pour faire son éducation professionnelle ou pour trouver du travail, à voyager dans les pays qui lui étaient les plus inconnus, était on ne peut plus heureux de rencontrer des compagnons qui pussent le défendre contre les agressions dont

il était l'objet et qui pussent lui servir de guide utile pour
trouver un atelier qui employât ses bras. Le besoin de
résister aux oppressions des maîtrises faisait du compagnonnage une institution utile pour ceux-là même qui ne
changeaient pas de résidence.

Le compagnonnage méritait donc de réussir. Malheureusement cette institution renaissante dans les temps de
barbarie du moyen-âge fut bientôt détournée de son but
utile par l'influence des mœurs barbares du temps et
l'esprit de lutte et de passion qui agite les époques d'enfan-
tement. Chaque profession eut plusieurs sociétés qui devinrent bientôt des sectes rivales et ennemies entre lesquelles
la guerre la plus implacable et la plus sanglante fut déclarée, et lorsque dans les temps modernes, au milieu
des progrès de la civilisation, l'institution n'eut plus à
à atteindre le but utile qu'elle s'était proposée à l'origine,
lorsqu'il n'y eut plus à craindre pour les ouvriers voyageurs les attaques des personnes étrangères à leur corps;
les sociétés créées pour la défense ne restèrent plus que
comme des corps aggressifs, versant sur les routes et
dans les villes le sang des membres divers du même
corps de métiers. Aussi, déjà avant la révolution,
l'Église et les Parlements, frappés de ces abus, pour-
suivirent le compagnonnage. La révolution de 1789,
en abolissant les maîtrises et les jurandes, ne laissait
plus au compagnonnage aucune raison d'être. Il semble disparaître alors, et ce n'est que comme reste d'un
passé déjà loin de nous que cette institution, sous le
Consulat et en 1814, a essayé de reprendre sa place dans
la société à mesure que les idées de l'ancien régime re-

prenaient faveur. C'est toujours vainement que l'on a essayé de lui redonner une vie inutile, et quels que soient les vœux et les espérances de quelques esprits, les excès même des compagnons à ces diverses époques ont perdu une institution qui, devenue inutile aux ouvriers, s'était attiré la défaveur des hommes d'ordre et de paix.

Le compagnonnage est aujourd'hui inutile; car les ouvriers n'ont plus besoin dans leurs voyages de se protéger les uns les autres contre les brigandanges des voleurs des grandes routes, ni les exactions des seigneurs châtelains;

Car ils n'ont plus à lutter contre les associations tyranniques de leurs patrons réunis en maîtrises et jurandes;

Car les ateliers et établissements industriels dans les villes sont facilement abordables aujourd'hui, et il n'est pas nécessaire qu'un guide sûr y conduise l'ouvrier qui vient y chercher du travail, et qui a mille facilités pour s'en procurer sans être affilié dans une corporation.

Le compagnonnage est dangereux, car il facilite ces coalitions d'ouvriers qui, sous prétexte de défendre la liberté des travailleurs, dictent par la menace et les violences leurs tyranniques volontés, soit aux patrons, soit aux ouvriers paisibles et laborieux, qui sont souvent plongés ainsi dans la misère et quelquefois conduits au crime. A ce point de vue le compagnonnage est un instrument de désordre et de discorde civile.

Il est un élément de discorde entre les ouvriers eux-mêmes; il entretient entre les divers corps de métiers, et même entre les diverses sociétés d'un même corps, un esprit d'antagonisme et de lutte qui, sous l'influence de la

civilisation moderne, placerait la classe ouvrière au milieu des époques les plus sauvages et les plus barbares.
Voyez , en effet , comment se sont traduites toutes les
manifestations de cette institution aux époques où elle a
essayé de reprendre de la vie et de la force. Ce sont des
rixes déplorables ou des luttes acharnées que caractérise
la plus odieuse barbarie. La plupart des chants destinés
à conserver le souvenir de ces luttes criminelles ne dif-
fèrent en rien de ceux des peuplades cannibales. Il n'est
pas un greffe de cour et de tribunal qui n'ait eu à en-
registrer les condamnations qui ont suivi des rencon-
tres de compagnons, pas de livre sur le compagnonnage
où l'on ne déplore les scènes fâcheuses auxquelles elles ont
donné lieu. L'histoire de ces luttes c'est toute l'histoire
du compagnonnage depuis 1790 ; et , le croirait-on,
on fait remonter le prétexte de ces haines à des luttes
qui auraient existé entre des maîtres et ouvriers du
temps de Salomon ! On refuse à tel corps le droit de
porter des rubans de telle couleur, longueur ou largeur
ou des cannes de telle hauteur ! On refuse à tel corps
de métier le droit de se réunir en compagnons.

Mais à côté de ces excès déplorables, pourrait-on, au
moins, trouver une série d'actes de dévouement ou de
bienfaisance entre des compagnons du même devoir ?
Oh ! certes, de ces actes entre ouvriers il en existe et de
nombreux ; mais ils sont bien moins inspirés par l'institution du compagnonnage que par ces élans du cœur
qui sont si souvent la règle de conduite de l'ouvrier ,
lorsque ses instincts généreux ne sont pas égarés par

des conseils perfides. Quant aux manifestations de dévouement dictées par le compagnonnage, elles se traduisent par des libations communes au cabaret où l'ouvrier
perd son temps et son argent.

Enfin, s'il est permis d'ajouter: le compagnonnage est
ridicule, et c'est ce qui chaque jour le repousse de nos
mœurs. Il est surtout ridicule dans ses manifestations
extérieures lorsqu'elles sont pacifiques ; ces promenades
avec appareils de longues cannes et de rubans flottants,
ces saluts, ces amendes qui se traduisent en pot de vin,
et qui sont imposées parce qu'on ne retourne pas son
pain sans dessus dessous, ou parce qu'on appelle un ca-
marade, monsieur, au lieu de coterie, etc. etc. tout cela
n'est pas sérieux ; cela excite le rire et la moquerie ,
parce que le bon sens public le trouve ridicule.

Le compagnonnage a fait son temps, comme tant
d'autres institutions anciennes qui ne s'approprient plus
à nos mœurs. Ces associations restreintes nées pour la
lutte, ne sont plus de notre temps ; l'ouvrier , comme
nous venons de le dire, n'a plus à défendre ni sa vie contre
les bandes organisées de malfaiteurs, ni son indépendance contre les maîtrises. Il a à se défendre contre l'ignorance, contre les mauvais jours et la gêne qu'ils peuvent
imposer à sa famille, les mauvaises passions, les influences funestes; le compagnonnage ne peut lui être d'aucun
secours contre ces maux ; les associations mutuelles de
secours et autres institutions modernes peuvent seules
remplir plus ou moins ce but.

Nous avons cru devoir dire ailleurs que le compagnonnage était une illégalité; nous croyons devoir ajouter

ici avec autant de raison, que c'est une institution surannée, inutile, dangereuse pour la société, nuisible à l'individu, ridicule au moins en la forme.

TITRE IV.

HYGIÈNE.

On appelle hygiène, en général, l'art de conserver la santé. S'il est impossible de réglementer une pareille matière, il est facile de comprendre d'un autre côté que le pouvoir a pu prendre l'initiative d'un grand nombre de mesures destinées, en assurant la salubrité publique, à conserver la santé des citoyens. Nous n'avons pas à entrer dans les détails de cette législation ; nous nous bornerons à indiquer que depuis 1848 les comités et commissions d'hygiène et de salubrité de l'empire, et notamment du département de la Seine, ont reçu une organisation nouvelle pour assurer un fonctionnement utile, et nous rappellerons certaines mesures hygiéniques adoptées dans l'intérêt des ouvriers particulièrement.

Logements insalubres,

Une loi du 13 avril 1850 a créé dans les communes où le conseil municipal l'aura jugé nécessaire l'établissement de commissions spéciales chargées de rechercher et d'indiquer les mesures indispensables d'assainissement des logements et dépendances insalubres, mis en location ou occupés par d'autres que le propriétaire, l'usufruitier ou l'usager. A la suite des visites et rapports de ces commissions, les propriétaires peuvent être soumis à des travaux d'assainissement, et si ces habitations insalubres n'en sont pas susceptibles, la location peut en être interdite.

Dans les cas où par application de cette loi, destinée surtout à l'assainissement des logements des ouvriers dans les grands centres de population, il y a lieu à résiliation des baux, cette résiliation n'emporte, en faveur du locataire, aucuns dommages-intérêts (L. 13 avril 1850, art. 11).

Cités ouvrières.

Dans diverses villes, pour assurer aux ouvriers des logements salubres et suffisants, sans les charger de frais de loyers excessifs, des sociétés, à la tête desquelles se trouvent les personnes les plus honorables, ont entrepris la création de cités ouvrières. Ces entreprises, encouragées au moment de leur création par les autorités, ont même reçu dans certaines villes des subventions fournies par la caisse municipale. Les conditions d'admission varient dans chacun de ces établissements, qui constituent de simples propriétés privées. Le décret du 22 janvier 1852 avait affecté diverses sommes aux logements des ouvriers dans les villes manufacturières.

Bains et Lavoirs publics.

Une loi du 3 février 1851 a ouvert au ministre de l'agriculture et du commerce un crédit pour encourager dans les communes la création d'établissements modèles pour bains et lavoirs publics gratuits ou à prix réduits. Chaque commune ne pouvait recevoir de subvention que pour un établissement ; chaque subvention ne pouvait dépasser le tiers de la dépense totale, ni excéder dans aucun cas 20,000 fr. Les bureaux de bienfaisance et autres établissements d'utilité publique, sur l'avis conforme du conseil municipal, pouvaient jouir de la subvention établie en faveur des communes en se conformant aux obligations qui leur étaient imposées (L. 3 fév. 1851, art. 1 et 3. — D. 3 janv. 1852, art. 1 et 2).

Secours en cas d'accident.

Dans la plupart des grandes villes se trouvent des lieux déterminés où, en cas d'accident imprévu, les ouvriers peuvent recevoir les premiers secours et où l'on

doit dès lors s'empresser de les transporter le cas échéant.
Il est plusieurs maires qui par des arrêtés municipaux
ont sagement rappelé à leurs concitoyens comment devaient être portés les premiers secours à donner dans
ce cas aux malades avant de pouvoir les transporter et
en attendant les médecins ; ce sont là des conseils utiles
que l'on doit suivre ; mais on comprend que ce ne sont
pas des prescriptions qui puissent présenter un caractère
obligatoire. Dans ces cas tout doit être fait pour rappeler
à la vie et à la santé de malheureuses victimes ; les ins-
pirations du cœur et le dévoûment sont plus féconds
dans ces circonstances que ne le seraient les prescriptions les plus sages et les mieux combinées.

FIN.

TABLE ANALYTIQUE DES MATIÈRES

Introduction 1

LIVRE I. — ENSEIGNEMENT. 9

TITRE PRÉLIMINAIRE. — DES CRÈCHES 12
Admission des enfants dans les crèches ; soins que l'enfant reçoit à la crèche de ses parents et des employés
de la crèche ; temps pendant lequel sont ouvertes les
crèches ; rétribution à exiger des parents . . . .

TITRE I. — ENSEIGNEMENT PRIMAIRE 17

CHAPITRE I. — SALLES D'ASILE 17
Des salles d'asile ; de l'enseignement et des exercices ;
de l'admission des enfants dans les salles d'asile ;
gratuité ; rétribution mensuelle ; temps pendant lequel les salles d'asile restent ouvertes ; soins que
doivent recevoir les enfants ; encouragements, punitions, exclusion.

CHAPITRE II. — ÉCOLES PRIMAIRES 27
L'enseignement primaire est-il obligatoire ; des écoles ;
conditions d'admission, âge, santé ; gratuité ; rétribution ; enseignement ; heures de classes, absences ;
récompenses et peines ; dimanches, fêtes, vacances.

CHAPITRE III. — ÉTABLISSEMENTS DIVERS D'INSTRUC-
TION PRIMAIRE 37

TITRE II. — ENSEIGNEMENT PROFESSIONNEL 38

CHAPITRE I. — ÉCOLE DES ARTS ET MÉTIERS 40
But ; conditions d'admission à l'école ; au concours ;
réunion du jury, programme d'examen, liste d'admissibilité ; régime de l'école, nombre des élèves ; prix
de pension, bourses ; durée des études ; enseignement, encouragements.

CHAPITRE II. — CONSERVATOIRE IMPÉRIAL DES ARTS
ET MÉTIERS............................... 46

CHAPITRE III. — ÉCOLE CENTRALE DES ARTS ET MA-
NUFACTURES............................... 48
Objet; conditions d'admission, âge, examen; prix,
bourses, régime de l'école, enseignement, diplômes.

CHAPITRE IV. — ÉCOLES DES MINES............. 50

SECTION I. — *École des mineurs*................. 50
Conditions d'admission; enseignement; régime de
l'école; brevets; classe d'ouvriers mineurs.

SECTION II. — *École des maîtres ouvriers mineurs*.. 53
Objet; conditions d'admission; enseignement; régime
de l'école, prix; mesures d'ordre et de discipline;
brevets, récompenses.

TITRE III. — ENSEIGNEMENT PROFESSIONNEL PRATIQUE. 58

CHAPITRE I. — DE L'APPRENTISSAGE.............. 58

SECTION I. — *Du contrat d'apprentissage*.......... 60
Nature du contrat, prix; forme du contrat; des conditions requises pour pouvoir stipuler dans un contrat
d'apprentissage; devoirs et responsabilité des maîtres; devoirs de l'apprenti; résolution du contrat, difficultés à raison de son exécution; tribunaux compétents
pour juger les difficultés naissant du contrat d'apprentissage; contraventions, pénalité, compétence.

SECTION II. — *Institutions de patronage pour les
apprentis*................................. 80

LIVRE II. — LÉGISLATION PROFESSIONNELLE 85

TITRE I. — RELATIONS CIVILES DES OUVRIERS ENTRE
EUX ET AVEC LEURS PATRONS.................. 87

CHAPITRE I. — DES CONVENTIONS ENTRE LES PATRONS
ET LES OUVRIERS........................... 87
SECTION I. — *Louage de services à temps*.......... 89
Constatations des conventions; engagement, durée,

rupture ; gages et salaires, quotité ; gages et salaires, paiement, à-comptes ; privilége pour le paiement des salaires ; salaires, retenues ; sont saisissables ; prescription ; avances, constatation, remboursement ; responsabilité des maîtres et patrons.

SECTION II. — *Louage de services et d'industrie, devis et marchés*...................................... 99

Constatation des conventions ; constatations des conventions relatives au tissage et bobinage, coupe de velours de coton, teinture, blanchiment et apprêt des étoffes ; exécution des conventions, difficultés auxquelles elle peut donner lieu, perte de la chose ; réception de l'ouvrage, responsabilité de l'ouvrier ; responsabilité des maîtres ; résiliation et résolution du contrat ; prix, fixation, paiement ; garanties accordées aux ouvriers pour le paiement de leurs salaires ; prescription ; avances ; compétence.

SECTION III. — *Obligation des patrons, droit des tiers.* 113

SECTION IV. — *Bureaux de placement*.............. 114

CHAPITRE II. — RÈGLEMENTS DE COMPTE ENTRE LES MAITRES D'ATELIER ET LES NÉGOCIANTS............. 118

CHAPITRE III. — DES ASSOCIATIONS.............. 121

TITRE II. — POLICE DES ATELIERS ET MANUFACTURES, DÉLITS ET PEINES.................................. 124

CHAPITRE I. — TRAVAIL DES ENFANTS DANS LES MANUFACTURES, USINES ET ATELIERS............... 124

Établissements auxquels s'applique la loi de 1841 sur le travail des enfants dans les manufactures ; conditions d'admission, âge ; fréquentation des écoles ; vaccine ; livrets et registre spécial ; durée du travail, travail du jour, travail de nuit, travail du dimanche ; travaux interdits ; police des établissements industriels ; inspections ; contraventions, pénalités, récidive, compétence ; prescription ; travail dans les mines.

CHAPITRE II. — LIVRETS D'OUVRIERS, REGISTRES DES
PATRONS 142
Professions et ouvriers auxquels s'applique l'usage des
livrets ; de la délivrance des livrets ; diplôme équiva-
lant au livret ; obligations pour les chefs des établissements industriels de se faire représenter les livrets,
mentions qu'ils doivent y faire, avances, acquit des
engagements ; détention du livret; registre spécial
des chefs et directeurs des établissements industriels ; obligation de représenter le livret et le registre aux autorités ; livret tenant lieu de passe-port ;
contraventions, action publique, pénalités ; contraventions, action privée, dommages-intérêts, livrets
spéciaux.

CHAPITRE III. — POLICE DES ATELIERS ET MANUFACTURES.   162
Marchandage ; durée du travail ; de l'observation du
dimanche ; règlements particuliers ; délits tendant à
troubler l'ordre et la discipline de l'atelier; manquement grave des apprentis ; coalitions ; compagnonnage ; révélations des secrets de fabrique ; embauchage ; refus d'obéissance aux réquisitions de l'autorité publique ; abandon des forges et fourneaux ;
contrefaçon ; contraventions aux prescriptions de
police spéciale à l'exploitation des mines.

CHAPITRE IV. — INFLUENCE DE LA QUALITÉ DE PATRON
ET D'OUVRIER SUR LA PÉNALITÉ ENCOURUE PAR LES
AUTEURS DE CERTAINS DÉLITS ET CRIMES.......... 183
Contrefaçon ; marchandises gâtées volontairement ;
abus de confiance ; vols ; contrefaçon de clefs; at-
tentat aux mœurs.

TITRE III. — JURIDICTIONS INSTITUÉES POUR CONNAITRE
DES CONTESTATIONS ENTRE OUVRIERS ET ENTRE OUVRIERS
ET PATRONS................................. 189

CHAPITRE I. — CONSEILS DE PRUD'HOMMES........ 189
Institution ; nomination des membres ; électeurs, éligi-

bles ; listes électorales ; votations ; fonctions, durée, serment, gratuité ; bureau particulier et bureau général ; dissolution des conseils ; attributions des prud'hommes ; compétence ; modes de procéder ; jugements ; frais et dépens.

CHAPITRE II. — JUGES DE PAIX.................. 223
Compétence; avances des frais et dépens.

CHAPITRE III. — TRIBUNAUX.................... 226

CHAPITRE IV. — ASSISTANCE JUDICIAIRE........... 227

SECTION I. — *Assistance en matière civile*......... 228
Personnes auxquelles elle est accordée ; juridictions devant lesquelles on y est admis ; qui admet à l'assistance; à qui doit être adressée la demande, bureau compétent pour statuer ; pièces à joindre à la demande, peines en cas de fausses déclarations ; décisions du bureau, recours ; effets de l'assistance ; retrait de l'asssistance.

SECTION II. — *De l'assistance judiciaire en matière criminelle et correctionnelle*.................. 240

SECTION III. — *Franchises et immunités diverses, mariages, légitimation, retrait d'enfants déposés dans les hospices, rectification des actes de l'état civil.*. 242

TITRE IV. — PROPRIÉTÉ INDUSTRIELLE............. 247

CHAPITRE I. — BREVETS D'INVENTION............. 247
Objets susceptibles d'être brevetés ; durée des brevets ; taxe ; demandes de brevet, délivrance des brevets ; certificats d'addition ; transmission et cession des brevets ; communication et publication des descriptions de brevets ; étrangers ; nullités ; déchéances ; actions en nullité et déchéance, contrefaçon ; usurpation de qualité, obligation imposée au breveté qui se prévaut de ce brevet par un moyen de publicité.

CHAPITRE II. — MARQUES DE FABRIQUE ET DE COM-
MERCE 264
Des marques de fabrique ; marques obligatoires et facultatives ; propriété des marques ; dépôt des marques ; contrefaçon, étrangers ; poursuites, pénalités ;
juridiction et procédure ; dispositions générales ou
transitoires.

CHAPITRE III. — NOMS DES FABRICANTS, DÉSIGNATIONS
PARTICULIÈRES , ENSEIGNES....................... 279

SECTION I. — *Noms des fabricants*............... 279
Usurpation de nom ; pénalités ; noms auxquels s'applique la loi du 18 juillet 1824 ; homonymes ; caractères de la propriété du nom.

SECTION II. — *Désignations diverses*............. 282

SECTION III. — *Enseignes*........................ 283

CHAPITRE IV. — DESSINS DE FABRIQUE............ 287
Caractères légaux du dessin de fabrique ; durée de la
propriété ; du dépôt des dessins ; contrefaçon ;
poursuites.

TITRE V. — ENCOURAGEMENT A L'INDUSTRIE........ 297
Encouragements divers ; sociétés libres d'encouragements ; exposition des produits de l'industrie.

TITRE VI. — PATENTES.......................... 304

TITRE VII. — OUVRIERS DES ARSENAUX MARITIMES ... 305
Composition , recrutement et admission du personnel
ouvrier ; salaires ; avancement ; dispositions diverses.

LIVRE III. — ASSISTANCE   323

TITRE I. — ASSISTANCE PUBLIQUE................. 326

CHAPITRE I. — HOPITAUX........................ 327

CHAPITRE II. — HOSPICES....................... 329

CHAPITRE III. — BUREAUX DE BIENFAISANCE........ 333

CHAPITRE IV. — MONTS-DE-PIÉTÉ............... 334

TITRE II. — INSTITUTIONS DE PRÉVOYANCE......... 338

CHAPITRE I. — CAISSES D'ÉPARGNE.............. 338

Versements; transfert; remboursements.

CHAPITRE II. — CAISSE DES RETRAITES POUR LA
VIEILLESSE 346

Versements; rentes viagères; déclarations de versements; pièces à produire à l'appui des déclarations;
livrets; liquidation des rentes viagères.

TITRE III. — SOCIÉTÉS DE SECOURS MUTUELS...... 358

CHAPITRE I. — SOCIÉTÉS DE SECOURS MUTUELS.... 358

SECTION I. — Sociétés approuvées............... 360

Établissements de ces sociétés; composition; présidence, bureau, nomination, attribution; admission
des sociétaires; but de ces sociétés; statuts, approbation, modification; capacité civile des sociétés
de secours mutuels approuvées; obligation des communes; franchises des droits de timbre et d'enregistrement; diplômes, passe-ports; emploi des fonds;
suspension, dissolution; comptes-rendus annuels;
encouragements, subventions.

SECTION II. — Sociétés de secours mutuels déclarées
d'utilité publique............................. 382

Origine de ces sociétés; règles générales; surveillance;
avantages dont elles jouissent.

SECTION III. — Sociétés libres de secours mutuels... 386

Leur légalité; administration; approbation, avantages
qu'elle leur procure; dissolution; sociétés de Grenoble; sociétés de secours mutuels à Marseille.

CHAPITRE II. — CAISSES DE SECOURS DES MINES... 392

Administration de la caisse; secours.

CHAPITRE III. — DU COMPAGNONNAGE............ 399

TITRE IV. — HYGIÈNE......................... 405

Logements insalubres; cités ouvrières; bains et lavoirs
publics; secours en cas d'accident.